권위, 책임, 교육

Authority, Responsibility and Education

권위, 책임, 교육

리처드 피터스 저 | 김정래 역

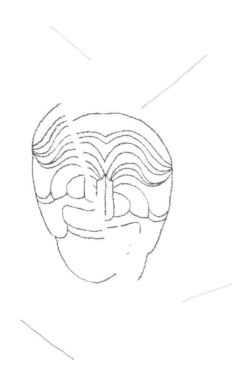

학지사

🔷 일러두기

1. 이 책의 초판은 1959년 런던 George Allen & Unwin 출판사에서 출간 되었다. 당시 출간된 내용은 주로 본서 제1부와 제2부의 방송 강연이 다. 이후 저자의 1962년 런던대학 교육과학원 교육철학과 학과장 취임 강연을 포함하여 이후 발표한 글들을 모아서 1973년 제3판으로 출간된 바 있다. 이 번역서의 대본은 제3판이다. 시중에서 구할 수 있는 2015년에 나온 이 책의 Routledge 판은 1973년 제3판의 내용을 그대로 담은 영인본이다.

2. 이 책은 원래 방송 강연과 취임 강연 등을 토대로 한 것이어서 저자와 역자의 주를 제외하고 번역의 진술 방식을 경어체로 하였다.

3. 주로 강연 원고로 이루어진 이 책의 본문은 학술적인 내용을 담고 있지만 참고문헌이 없는 것이 특징이다. 번역서 본문에 부기된 각주는 역자의 주이다. 역자 각주는 본문에 저자가 밝히지 않은 중요 인용문 출처를 밝히는 역할을 한다. 저자가 이 글을 세상에 내놓았을 시기의 상황, 영국의 제도적 특성이나 관련 인물을 간략하게 소개함으로써 독자로 하여금 글을 읽는 데 막히지 않도록 하고 다소나마 흥미를 높이는 데 도움이 되도록 하였다.

4. 다만, 본서의 제3장, 제7장, 제8장과 제9장에는 저자 각주가 표기되어 있다. 번역의 통일성을 기하기 위하여 이 네 장의 저자 각주는 장말에 미주로 부기하였다.

5. 역자 각주는 매 장마다 1), 2), 3) …으로 표기되었으며, 저자의 주는 해당 장의 끝에 [1], [2], [3] …으로 표기되었다.

6. 역자 각주에서 설명하지 않은 주요 원문 용어는 본문에 작은 글씨로 병기하였다.

◈ 역자 해제

『권위, 책임, 교육』을 번역한 이유는 두 가지이다. 하나는 저자의 학문적 배경과 입지를 밝히고자 한 데 있으며, 다른 하나는 이 책의 배경이 되는 20세기 중반 영국의 사회상이 오늘날 우리 사회의 그것과 다르지 않다는 데 있다.

전자와 관련하여, 이 책은 저자가 서문에서 이미 밝힌 바와 같이 자신의 강연을 토대로 엮은 책으로서 몇 편을 제외하고는 저자가 세상에 교육철학의 명성을 얻기 이전에 쓴 내용을 담고 있어서 철학자로서 그의 학문 형성 과정을 엿볼 수 있다. 따라서 우리나라에 알려진 피터스의 사상적 맥락을 가늠할 수 있고, 그의 교육학적 위상을 확인할 수 있다. 후자와 관련하여, 이 책은 중요한 가치를 은연중에 잃어 가고 있는 우리 사회에서 벌어지는 '남 탓', '네 탓', '내로남불'의 세태를 그대로 꼬집어 논의하고 있기 때문이다. 후자는 다음 절에서 다루기로 하고, 전자부터 언급하도록 한다.

리처드 피터스Richard Stanley Peters, 1919~2011는 영국의 전형적인 사립학교인 브리스톨 소재 클리프턴 칼리지Clifton College, Bristol를 졸업하고 옥스퍼드 대학 퀸스 칼리지Queen's College, Oxford에서 고전학을 공부하였다. 당시 그의 관심사는 종교와 철학이었다. 종교적 소신에 따라 제2차 세계대전 중 군 복무를 대신하여 의무부대에서 봉사하였으며, 이후 사회복지사업에 몸담은 바 있다. 1949년 런던대학 버크벡 칼리지Birkbeck College, London에서 심리철학을 공부한 저자가 받은 박사학위 논문 제목은 *The Nature of Psychological Enquiries: A methodological examination of psychological enquiries with special reference to the 'schools' of psychological discussed by R. S. Woodworth in his 'Contemporary Schools of Psychology'*이다. 그는 박사과정 공부를 하면서 일선 학교에서 고전학을 가르친 바 있다. 본인이 밝히고 있듯이 이때 경험들이 향후 교육철학으로 학문적 관심을 바꾸는 데 상당한 영향을 미쳤다고 한다. 이어 그는 같은 대학에서 철학과 교수직lecturer와 reader을 수행하였다. 박사학위 논문 제목과 초기 저작에서 알 수 있는 것처럼, 이때까지만 해도 피터스 교수는 홉스를 중심으로 한 사회철학과 동기 등을 다룬 심리철학을 전공한 학자로 알려져 있었다.

저자가 교육철학으로 '전향'하게 된 동기는 매우 남다르다. 자신의 사회봉사와 교육 경험을 토대로 권위와 책임 문제를 중심으로 방송 강연을 하게 되었으며, 이것이 교육목적 논의에 깊은 관심을 가지게 하였다. 『권위, 책임, 교육』이라는 제목이 시사하는 바와 같이, 그리고 저자가 서문에서 밝히고 있는 바와 같이, 이 책은 이러한 과정을 통하여 탄생하였다.

『권위, 책임, 교육』은 또한 그의 주된 학문적 관심사를 교육철학으로 바꾸면서 버크벡 시절부터 자신이 전념했던 심리 탐구의 논리를 중심으로 한 철학적 심리학과 정치철학 주제를 교육철학에 접목시키는 가교역할을 한 책이다. 뒤에 부기한 저자의 저서와 연구논문 목록을 살펴보면 알 수 있듯이, 이 시기의 저작은 심리학사*Brett's History of Psychology*, 1953, 홉스 평전*Hobbes*, 1956, 동기의 개념*The Concept of Motivation*, 1958, 사회철학*Social Principles and the Democratic State*, 1959에 관한 내용이다. 이어 이 책이 1959년 출간되는데, 이것이 피터스 교수가 교육철학에 '입문'하는 계기라고 볼 수 있다.

이 책에 담긴 내용이 주로 방송 강연 등을 통하여 세상에 알려지자, 미국 하버드 대학의 이스라엘 쉐플러 교수Israel Scheffler, 1923~2014, Professor of Education and Philosophy at the Graduate School of Education of Harvard University는 1961년 저자를 방문교수로 초청한다. 미국 체류 기간 동안 그와의 경험은 곧 피터스 교수가 런던대학 교육과학원의 교육철학과 학과장 '자리'[1]로 옮기는 계기가 된다. 이어

---

1) the Chair of Philosophy of Education at the University of London Institute of Education. 연한과 업적에 따라 승급하는 우리나라의 대학과 달리 영국 대학의 교수직(professorship)은 곧 학과장(Head of Department)을 뜻한다. '교수(professor)'라는 직 말고도 리더(Reader), 선임강사(Senior Lecturer), 강사(Lecturer)라는 교수 직책이 있지만, 모든 교수 직책이 '교수'가 되지 않고 정년퇴임할 수도 있다. [이 네 가지 교수 직책은 우리나라로 보면 모두 전임 교수직이다.] 교수직이 되면 대부분 학과장을 맡는다. 하지만 '교수' 없는 학과가 있을 수 있고, 이 경우에는 예외적으로 '교수'직이 아닌 다른 교수 직책을 지닌 이가 학과장을 수행한다. 영국에서 학과장은 그 학과의 학문적 방향을 비롯하여 교육과정 운영은 물론 교수 인사, 재정까지 결정하는 막강한 권한을 지닌 '자리(chair)'이다. 그러한 막강한 권한이 부여되는 것은 바로 이 자리에 앉는 사람이 학문적으로 '자신만의 독창적인 이론'을 수립했기 때문이다. 본서의 내용은 바로 저자가 세계적인 학자로 인정받게 되는 계기가 된 글이며, 특히 제8장은 그 '자리'에 취임하면서 행한 강연이다. '교수' 자리는 관습적으로 종신직이며, 또한 유명 교수에 의하여 계승되기도 한다. 참고로, 얼마 전 작고한 케임브리지

1971년부터 교육과학원의 학장직을 겸임하였다. 다시 말해서, 이 책은 피터스 교수 자신의 학문적 생애를 전환시키는 계기를 제공했다는 점에서 그 가치를 평가할 수 있다.

당시 피터스 교수가 교육철학자로서 입지를 굳건히 하는 데 영향을 준 당대 학자로는 방금 언급한 쉐플러 교수, 영국 케임브리지 대학(후에 런던 정치경제대학)의 마이클 오우크쇼트 교수, 옥스퍼드 대학의 길벗 라일 교수를 꼽을 수 있다. 쉐플러 교수의『교육의 언어』에 들어 있는 교육의 비유, 즉 주형과 성장의 비유는 피터스 교수가 '성년식' 모형을 설정하는 토대가 된다. 교육을 성년식에 비유하는 것은 곧 주형으로서 교육과 성장으로서 교육이 지닌 한계를 극복하는 새로운 교육 모형의 제시이기 때문이다.

하지만 피터스의 성년식 개념은 오우크쇼트 교수의 글에서 비롯된다. 오우크쇼트가 자유교육과 정치교육 그리고 대학교육의 방향을 설정하면서 제시한 공적 전통에 입문하는 일이 바로 피터스의 성년식 개념으로 직접적으로 이어지기 때문이다. 오우크쇼트의 관련 글들이 피터스의 교수 취임 강연 이전 것임을 감안하면 결코 그릇된 추정이 아니다. 이후 발표된 오우크쇼트의 교육 관련 논문도 피터스의 성년식 이론과 일관되어 있다. 그의 '정보'와 '판단'은 피터스의 성년식을 이해하는 또 다른 개념 기제이다.

라일과 피터스의 관련은 오우크쇼트의 관련과 성격이 다르다. 피터스 교수는 '성년식' 모형과 자신이 설정한 세 가지 개념적 준

대학의 이론물리학자 호킹(Stephen Hawking) 박사는 루카스직(Lucasian Chair of Mathematics) 교수이다. 이 '자리'는 아이작 뉴턴이 재직했던 직위였으며, 이후 유명 교수들에 의하여 면면히 계승되어 호킹 박사에 이른다.

거를 설명하면서 라일의 과업어-성취어 구분을 원용하고 있다. 하지만 라일이 철학적 논의에서 성취어보다는 과업어에 초점을 둔 것과는 반대로 교육을 성취어 측면에서 이해하려고 하였다. 그리하여 피터스는 규범적 준거를 바로 라일의 성취어에 견주어 설명하였다. 또한 라일이 전통 철학이 경시해 온 방법적 지식을 부각시킨 데 비하여, 피터스는 이와는 반대로 방법적 지식의 속성을 인지적 안목의 결여된 상태를 설명하는 데 원용하고 있다. 한마디로, 피터스는 두 대학자의 영향을 받았지만, 한쪽 입장은 그대로 수용하고, 다른 한쪽 입장은 반대로 수용한 셈이다.

무엇보다도 피터스가 공헌한 것은 영국교육철학회를 창립하고 회장Chairman of the Philosophy of Education Society of Great Britain에 취임한 사실에서도 찾을 수 있다. 주지하는 바와 같이, 이 학회는 영미권을 비롯하여 전 세계적으로 인정을 받는 권위 있는 학회이다.

이 학회의 학술대회는 대회가 개최되는 런던이나 옥스퍼드로 세계 각국의 교육철학자들을 모이게 하는 강력한 흡인 역할을 하였으며, 지금도 변함없다. 또한 이 학회가 발간하는 학술지 *Journal of Philosophy of Education*에는 교육철학의 다양한 주제를 다룬 수준 높은 논문들이 게재되고 있으며, 초창기에는 *Proceedings of the Philosophy of Education Society of Great Britain*이라는 제호로 출간되었다. 피터스 교수는 이 학술지의 초대 편집장을 맡기도 하였다. 창간 당시 이 학술지는 '본업'이 교육철학이 아닌 세계적 명성을 지닌 철학자들의 교육철학 논문도 담고 있다. 물론 학회 활동과 학회지가 학계에 지대한 공헌을 한 것은 초창기에 피터스와 더불어 허스트 교수Paul Haywood Hirst의 결정적인 역할 때문이다. 실제로 1970년을 전후로 하여 영국 학계에서 독자적인 학문으로 인정받지 못했던 교육철학에 중요한 학문적 논의의 장을 마련하는 데 이 두 사람의 기여가 크다.

다른 한편으로, 피터스 교수는 학술서적 발간에도 남다르게 공헌한 바 있다. 우리나라에도 잘 알려진 영국 라우틀리지 앤 키건 폴Routledge and Kegan Paul 출판사가 발간하는 교육철학 시리즈인 International Library of the Philosophy의 총편집인General Editor, 그리고 Student Library of Education 시리즈의 교육철학 분과 편집인으로 봉사하면서 이전에 볼 수 없었던 역작을 간행함으로써 교육철학의 격을 높이는 데 획기적으로 기여하였다. 이러한 저작들에는 지금도 우리가 세심하게 집중해서 읽어야 할 주옥같은 교육철학 논문들이 실려 있다. 이 시리즈 중 한 권을 꼽으라고 한다면, 역자는 허스트, 디어든Robert F. Dearden 교수와 함께 편집하여 1972년 출간된 *Education and the Development of Reason*을 추천하고 싶다. 이 책에는 특히 라일G. Ryle, 햄린D. W. Hamlyn, 오우크쇼트M. Oakeshott, 퀸튼A. Quinton 교수 등을 비롯한 당시 영미권의 쟁쟁한 철학자들의 글이 망라되어 있다.

런던대학 교육과학원을 중심으로 형성된 학맥, 흔히 '런던 라인 London Line'으로 불리는 교육철학의 인맥은 피터스 교수를 정점으로 한 일련의 교육철학자들을 말한다. 허스트를 비롯하여 디어든, 엘리엇R. K. Elliot, 쿠퍼David Cooper, 화이트 부부John and Pat White 교수는 우리에게 잘 알려진 인물에 속하며, 초창기 영국 교육철학회의 창립 멤버들 또한 쟁쟁한 학자군을 형성하고 있다. 이후 미국은 물론 영연방 국가를 포함한 세계 각국으로 영국교육철학회의 인적 구성이 확장되어 갔다. 이 또한 피터스 교수가 범세계적으로 교육철학에 기여한 훌륭한 업적으로 평가되어도 마땅하다.

피터스 교수는 건강상의 이유로 64세인 1983년 런던대학 교수직에서 은퇴하였으며, 그의 평생 업적을 새기기 위하여 출간된 책이 쿠퍼 교수가 1984년 편집하여 출간한『*Education, Values and Mind*』이다. 학문적으로 여러 가지 측면에서 자주 비교되는 듀이Dewey보다 60년 후에 태어난 피터스 교수는 2011년 만 92세의 나이로 서거하였다. 듀이의 서거보다 정확하게 59년 후의 일이다.

* * * * *

저자가『권위, 책임, 교육』을 통하여 비판하고 있는 사회상은 20세기 중반의 영국과 영국교육이다. 그럼에도 불구하고 이 책의 제1부와 제2부에서 저자가 통렬하게 비판하는 내용은 21세기 작금의 대한민국 현실에서 숙연하게 받아들여야 할 내용을 포함하고 있다. 오늘날 우리가 가장 먼저 짚어 보아야 할 내용은 과거로부터 내려온 전통을 모두 적폐로 보는 태도이다. '남의 탓', '주변 환경 탓'을 하는 행태가 그것이다. 그러면 건전한 사회에 요구되는 동력인 주인의식과 책임의식은 상실된다. 기계론적 평등, 또는 저자가 표현한 대로 동지애적 평등주의에 입각하여 권위를 적폐로 삼아 몰락시킨다. 기존 질서를 무분별하게 '적폐'라고 규정한 이들의 선민의식選民意識은 편 가르기에 그치지 않고 '내로남불'이라는 또 다른 질이 나쁜 적폐를 낳았다. 그 결과, 그 적폐들이 우리의 의식 저변과 사회 전반에 팽배하게 되었다.

비록 초점은 저자 자신의 새로운 교육 모형인 '성년식'을 구축하는 데 맞추어져 있지만, 제3부에서 논의된 내용도 이러한 맥락을 크게 벗어나지 않는다. 목전의 근시안적이고 단기적인 이익을 추구하면 교육의 본령을 온전하게 이해할 수 없다. 앞서 다룬 현대 사회의 병리 현상은 사회상의 급격한 변화가 큰 요인이기는 하지만, 교육의 일그러진 초상도 한몫하고 있다. 저자가 강조하는 교육의 내재적 가치는 '내재적-외재적'이라는 이분법적 사고의 산물이 아니다.

이 책은 제목이 뜻하는 바와 같이, 권위, 책임, 교육을 각기 다루고 있다. 그렇다고 세 가지 주제가 병렬적으로 따로 다루어진 것이 아니라, 상호 일관되게 논의되어 있다. 요점을 말하자면, 제1부는 실종되어 가는 권위 문제를, 제2부는 책임을 교묘하게 회피하는 사회상을 각기 다루고 있다. 이와는 달리, 제3부는 향후 교육이 지향해야 할 이론적 모델을 설정하고 있다. 연결 방식으로 보면, 일그러진 사회상에 대하여 이에 대한 해결 방안으로 새로운 교육 모형을 제시하는 형태를 띠지만 반드시 그렇다고 할 수가 없다. 제3부는 자신의 학문적 독창성과 입지를 드러내는 내용을 담고 있기 때문이다.

* * * * *

이제 각 장별로 그 내용을 개괄하도록 한다. 제1장은 권위의 본질, 즉 권위의 속성과 특징을 다룬다. 권위는 힘이나 알력이 아니라 사회적 순응, 규칙 준수에 따라 성립한다. 개념적으로 권위는 준수해야 할 규칙과 합당한 절차와 이를 뒷받침하는 합리성이 요구된다. 반면, 현실적으로 권위 행사자와 권위를 드러내는 언행이 따라야 권위가 구현된다. 이를테면 군 지휘관의 명령, 운동 경기 심판의 결정, 법관의 판결, 교황의 성좌선언 등은 권위가 구현된 대표적인 예이다.

권위는 사회적 상황에 따라 다양하게 인식된다. 베버Weber의 구분에 따라 권위는 권위 행사자 'auctor'가 출신 배경과 신분에 의하여 성립하는 전통적 권위, 합법적 근거에 따른 합리적 권위, 개인적 특성에 의하여 규정되는 카리스마로 구분된다. 그러나 저자는 카리스마와 '권위자'를 구분한다. 카리스마와 달리 권위자는 합리적 권위에 근거한 판단능력을 지닌 인물을 가리키며, 그의 경륜, 역량, 성공 등의 성취 측면에서 사회적 존경을 받는다. 이에 비하여 카리스마는 합리적 측면이 약하다.

법리상 권위와 실질적 권위의 구분은 사회 현실에서 관찰되는 권위를 설명해 준다. 실질적 권위의 측면에서 보면, 카리스마와 권위자는 명백하게 구분하기 어려운 측면이 있다. 가면을 뜻하는 라틴어 'persona'의 후광과 그에 따르는 눈덩이 효과가 발휘되는 상황을 구분하기 쉽지 않기 때문이다. 아울러 계몽의 연장에서 성립한 현대 사회에서 카리스마가 양산되는 희한한 상황은 계몽의 역설임을 지적한다.

권위가 사회적 순응 또는 사회적 복종을 가져오더라도, 그것은 알력, 협박, 선동, 회유 등의 비합리적인 방법을 동원함을 뜻하지 않는다. 만약 힘의 부당한 사용을 통하여 사회적 복종을 강요하면 사회의 권위체계가 붕괴되고 개인의 권위가 상실된다는 점을 강조한다. 따라서 권위는 질서 유지, 의사결정, 합리적 판단을 찾아내는 가장 합리적 수단을 제공한다. 또한 권위는 정치적 권력과 무관하지 않지만 면밀하게 구분되어야 함을 지적한다. 현대 사회의 권위는 과학적·도덕적 근거 위에서 성립된다. 그러나 과학적 근거가 도덕적 근거와 성격이 다른 만큼, 과학적 권위가 확보되었다고 해서 도덕적 권위가 성립하는 것은 아니다. 분명한 점은 과거의 전통적 권위에서 볼 수 있는 절대적 권위는 과학과 도덕 문제를 다루는 데 있어서 성립하기 어렵다. 하지만 사회체제로서 권위가 존속되어야 한다면, 현대적 권위에 의하여 대체될 수 없는 특성을 지니고 있는 만큼, 전통적 권위를 모두 부정해서는 안 된다.

현대 사회는 전통적 권위의 비합리적인 폐해로 인하여 새로운 권위, 즉 베버의 합리적 권위를 요구하지만, 동시에 권위 없는 삶, 어른 없는 삶이 가능하게 되었다는 점이 제2장의 논거이다. 우선 과거 권위를 대체할 새로운 형태의 권위는 크게 과학적 권위와 도덕적 권위 두 가지이다. 그 결과 기독교적 세계관과 종교관은 진화론과 천체물리학에 권위를 내주게 되었고, 성직자는 의사와 과학자에게 권위자 지위를 양보할 수밖에 없게 되었다. 또한 가부장의 책무와 부담은 상담사와 같은 전문가 집단의 출현으로 경감된 만큼 권위도 쇠퇴하게 되었다.

기존 여러 권위의 쇠퇴는 곧 동지애적인 평등사회의 도래를 가져왔다. 그 이유 중 하나가 도덕성과 과학은 반권위주의적이기 때문이다. 그러나 과거 권위를 대체한 새로운 권위로서 과학과 도덕성의 등장은 과거 권위주의를 부정한 점에서 타당할 수 있을지 모르지만, 현대 사회가 요구하는 새로운 권위의 토대를 제대로 제공해 주었는지 의문이 남는다. 현대 권위의 새로운 토대는 이성에 근거한 합리적 판단이며, 거기에는 공평무사함이 뒤따라야 한다. 또한 과거 권위주의를 타파하는 데 요구되는 것은 공평무사함을 포함하는 합리성이다. 이를 무시하면 21세기 작금의 대한민국의 소수 위정자들이 자행한 '내로남불'의 행태가 벌어진다는 점을 마치 예언이라도 하듯이 제2장은 통렬하게 지적한다. 그럼에도 불구하고 일체의 사회적 관습을 구습이라 하여 폐기할 경우 심각한 문제가 야기된다. 아무리 합리성에 근거한 개혁도 예상치 못했던 바람직하지 못한 결과를 초래할 수 있기 때문이다. 합리성은 개인의 책임을 경감시켜 준 것이 아니라 가중시켜 준다. 그 결과, 사회적 관습에 따라 결정되었던 모든 사안을 자기 스스로 일일이 판단해서 결정해야 할 지경에 이르고 말았다. 그러나 그것이 과연 현실적으로 가능한 일인가를 저자는 지적하고 있다. 또한 이러한 상황에서 당면한 도덕적 사안에 대하여 의분의 성향을 드러낼 때 과연 합리적 판단이 저해되지 않을까 하는 문제도 당면하게 된다. 결론적으로 아들을 아버지 자리에 앉혀 놓은 동지애적인 평등사회는 모든 개인이 합리적 판단을 내리는 권위자 역할을 하는 데 아무런 도움을 주지 못한다.

제3장은 제1장과 제2장의 연속선상에서 기존 전통적 권위의 붕괴가 낳은 폐해를 지적하면서, 후반부에서는 남녀 간의 동등한 성적 결합을 토대로 한 현대 가정의 문제에 초점을 맞추어 논의한다. 무엇보다도 20세기 중반 대중의 관심을 모았던 문학작품과 대중의 인기를 끌었던 영화작품 속에 묘사된 기존 권위의 몰락을

예시한다. 거기에는 정치 권력, 범죄 집단, 관료사회, 대학 교수사회 등이 망라된다. 그러면서 이러한 권위 몰락의 원인을 가족 문제에 맞추어 분석한다. 권위 몰락의 가장 큰 이유를 가정 내 권위의 혼란에서 찾는다. 현대 사회에서 국가가 행사하는 권위에 비하여 가정 내 권위가 제대로 설정되지 못하고 있음은 매우 심각한 문제이다. 제2장에서 논의한 바와 같이 기존 권위의 몰락은 합리적 개인이 모든 사안을 일일이 판단하고 선택해야 하는 국면을 야기한다. 이는 어색한 생활양식에 따른 가정 붕괴와 부모의 역할 혼란을 가져온다. 아울러 아이들의 정체성 형성의 문제도 발생한다. 결국 가정의 재건이 필요한데, 기존 가정의 복귀는 불가능하더라도 가정의 가치는 심사숙고해야 한다는 것이 저자의 처방이다. 특히 현대 사회가 안겨 준 편의에 편승하여 권위 문제를 자의적으로 다루어서는 안 되며, 권위의 온전한 면모가 무엇인지 고민해야 하며, 만약 이를 위해 치러야 할 대가가 있다면 감수해야 한다는 것이다.

제4장은 제1장에서 제3장까지 다룬 현대 사회의 권위 문제를 연장하여 교육상황, 구체적으로 학교상황에서 교사의 권위를 논의하고 있다. 제4장은 몇 가지 전제를 비판하면서 논의를 전개한다. 첫째, 권위로 인하여 아이들의 선한 본성이 모두 변질된다는 마르크스주의자들의 입장이다. 둘째, 교육에서 권위는 곧 일체의 간섭을 가져온다는 권위주의적 입장이다. 이는 권위적 간섭주의 paternalism와 관련하여 많은 논쟁을 낳는다.

그럼에도 불구하고 교육에서 추구해야 할 두 가지가 있다. 하나는 교사에게 교과 편성에 관한 권한을 부여하는 것이다. 이는 교사에게 일종의 학문적 자유를 부여하는 일이다. 다른 하나는 학문에 관한 권위를 교사에게 부여하는 일이다. 여기에는 나름대로 타당한 이유가 있다. 학교에 처음 온 아이들은 미숙하고 무지한 상태에 놓여 있다. 그래서 아이들은 가치 있는 활동에 입문해야 할 당위성을 지닌다. 이러한 교사의 의무는 어떠한 교육 외적 관점으로도 설명될 수 없다.

이 두 가지가 교사가 권위를 부여받을 수 있는 근거가 된다. 무엇보다도 교사가 수행하는 교육적 과업, 즉 가치 있는 활동에 아이들을 입문하도록 하여 아이들 스스로가 자율적 판단 능력을 갖게 될 때까지 교사의 권위는 필연적으로 요구된다. 교사에 대한 권위 부여와 학생들의 자율적 인간으로서 성장은 일종의 패러독스를 낳는다. 하지만 교사의 권위를 놓고 교사와 학생의 등가적 동등성을 주장해서는 안 된다. 그럴 경우 해괴한 상황이 벌어진다.

물론 교사의 권위를 존중하는 데에는 여러 문제가 수반될 수도 있다. 순수 학문적 입장에서 권위와 교육상황에서 권위의 차이를 인식하는 일, 학교에서 학생만이 향유하는 특권이 교사의 권위를 격하시켜서는 안 되도록 해야 하는 문제, 학생 참여를 비롯한 민주적 원리와 실천이 교사의 권한과 상충하는 문제 등이 있다. 특히 영국에서 교장의 막강한 권한 행사가 교사의 의사결정 참여와 충돌하는 문제도 있다. 이러한 여러 문제에도 불구하고 저자는 교사의 권위의 중요성과 교육적 필연성을 강조하고 있다. 교사의 권위가 타당하지 못한 사유로 붕괴되면 교육이 온전하게 이루어질 수 없다는 것이다.

20세기 중반에 드러난 사회병리 증후군을 다루는 제5장은 그

논거를 프로이트Freud와 마르크스Marx에서 찾고 있다. 사회병리 현상의 원인으로서 의사擬似진리 문제를 다룬다. 즉, 그릇되게 형성된 사회적 신념이 그릇된 사회적 실체를 낳는다는 것이다. 프로이트와 마르크스는 본인들의 의도와는 관계없이 이러한 그릇된 사회적 신념 형성에 기여한 인물이며, 이들의 생각은 곧 허황된 사회적 실체를 낳게 했다는 것이다. 사회병리 증후를 지닌 이들은 그 원인을 자신의 성장배경 탓[프로이트], 주변 환경 탓[마르크스]으로 잘못 돌려 섞어 놓았다. 이 점에서 프로이트와 마르크스는 결정론자들이다. 게다가 '탓하기'는 일종의 원인 혼란이다. 본문에서 '문제아'로 번역한 'mixed-up'이라는 용어가 암시하는 바가 바로 그것이다. 그들은 스스로를 사회 희생양이라고 강조하면서, 스스로가 짊어져야 할 책임을 회피하는 또 다른 병리 현상을 만들어 낸다.

저자는 사회병리 증후군을 유도하는 원인이 전적으로 프로이트와 마르크스의 주장에 근거한다고 단정하는 것은 그들의 이론을 범독하는 것이라고 지적한다. 그보다 책임 회피의 단초는 '원인'과 '이유'를 혼동하는 개념 혼란에서 비롯된다. 과학적 탐구의 목표인 원인은 인간 행동에 대한 책임을 규명할 근거인 이유와 엄격히 구분됨에도 불구하고 자신의 책임을 행동의 원인에 그릇되게 기댐으로써 자신의 책임을 회피한다는 것이다. 또한 변명은 책임을 규명하는 데 사용되어서는 안 된다는 점도 유의해야 한다.

제6장은 원인의 구속을 받는다는 결정론과 그것을 불가피하게 받아들여야 한다는 운명론을 혼동함으로써 책임 회피라는 사회병리 현상이 나타났음을 지적한다. 사회병리 현상은 모든 사건에 원

인이 있다는 믿음과 원인을 지닌 모든 사건은 피할 수 없다는 믿음을 동일시한 데서 비롯된다. 우선 저자는 책임 회피의 병폐 현상을 가져오게 한 논거가 인간이 사회적 결정을 피할 수 없다는 마르크스의 입장에서 비롯되었다고 비판한다. 이 연장에서 자본주의 붕괴가 운명적 필연이라는 자신의 주장과는 반대로 마르크스는 사회적 운명을 바꿀 수 있다고 예언하는 해괴한 입장을 견지한다. 마르크스 이론에는 인간 행동을 포함한 모든 사건이 원인을 갖는다는 결정론이 그러한 사건을 피할 수 없다는 운명론과 섞여있다. 프로이트 이론은 결정론에 비하여 운명론적 요소가 약하지만, 무의식을 강조함으로써 의식 작용으로 이루어지는 의사결정의 중요성을 격하시켜 버린다. 그리하여 인간을 '과거의 포로'로 만들어 버렸다. 마르크스와 프로이트에게서 정작 중요한 문제는 단순히 개인이 져야 할 책임의 중요성을 폄훼하는 데만 있는 것이 아니라 책임을 회피하는 변명거리를 제공했다는 점이다.

제7장은 사회병리를 일으키는 원인 혼란을 다른 각도에서 조망하고 이에 비추어 마르크스와 프로이트의 주장을 비판한다. 첫 번째 혼란은 원인과 이유를 구분하지 못하는 데서 나온다. 원인은 관찰자적 관점에서 객관적으로 규명해야 할 사안인 반면, 이유는 행위자적 관점에서 주관적 행위 근거를 지칭한다. 사회병리 현상으로 드러난 책임 회피는 행위의 합당한 근거인 이유 대신에 원인을 들이대면서 행위자 스스로 변명거리를 찾게 만든다. 이와 관련하여 프로이트는 정당화 대신에 합리화를 위한 심리적 기제를 제공하였다. 심리적 방어기제인 합리화를 통하여 정당화 논의가 자신이 강조하는 행위의 실체를 드러내기보다는 은폐시킴으로써 혼

란을 일으킨다고 저자는 주장한다. 같은 맥락에서 마르크스는 자본주의 착취 구조를 은폐하는 데 정당화 논의가 악용되고 있다고 주장한다. 그들이 제기하는 문제는 각기 '합리화'와 '이데올로기'로 표현할 수 있다. 이것이 둔갑하여 모든 것을 사회악으로 치환하여 기존 질서와 제도, 그리고 합리성의 근거를 흔들어 놓고 있다고 주장한다.

제8장 '성년식으로서 교육'은 저자 피터스 교수의 철학을 대표하는 글이다. 그런 만큼 역자가 여기서 몇 마디로 해제하는 것은 과분한 일이다. 그러나 이 글에 포함된 내용을 토대로 저자는 평생을 일관된 입장을 견지하여 왔기 때문에 그의 철학을 접하지 못한 초심자를 위하여 간략하게 소개한다. 이 글은 실증주의 발달이 교육과 교육학에 미친 부정적인 영향을 단초로 시작한다. 교육학이 분과학문으로 자리 잡은 데 기여한 실증주의적 입장, 즉 교육을 사회적 필요의 충족, 인적 자원의 개발, 사회화 과정 등으로 보는 관찰자적 관점을 비판한다. 교육은 어떤 형태를 띠건 간에 가치지향적 활동이라는 점에서 규범적 준거를 만족시켜야 한다고 주장한다. 그러나 교육이 지향하는 규범을 교육 외적 가치에서 찾는 것을 경계해야 하며, 교육의 내재적 가치를 추구해야 한다고 주장한다. 이 점에서 교육목적 논의를 '의도'나 '동기'에 초점을 맞추는 것은 적절하지 않다. 교육이 마땅히 내재적 가치를 추구해야 한다면 교육목적 논의는 동어 반복인 셈이다. 이 점에서 교육은 개념상 '자유교육'과 동의어이다. 이것이 피터스의 세 가지 개념적 준거 중 하나인 규범적 준거의 설정근거가 된다. 가치를 지향하는 한 교육은 성취어로 파악해야 한다고 주장한다.

교육의 두 번째 준거로 제시한 과정적 준거는 진보주의 교육에 대한 대안으로 볼 수 있다. 성장, 흥미 등 교육이론에서 다루어지는 주요 개념이 지니는 여러 한계를 지적한다. 세 번째 준거인 인지적 준거는 교육은 폭넓은 인지적 안목을 갖추게 해야 한다는 것이다. 이 세 가지 준거를 통하여 자신이 새롭게 구축한 '성년식 모형'을 설명한다. 역자는 'initiation'이라는 용어가 두 가지 측면에서 각기 적절하게 이해되도록 번역되어야 한다고 본다. 행위자 측면에서 '입문'이며, 관찰자 측면에서 '성년식'이다. 이는 피터스가 인용하고 있는 라일의 과업어-성취어 구분에 상응한다. 그러나 방법적 지식이 지닌 과업적 측면을 강조한 라일과 정반대로 피터스는 교육을 '성취어'로 파악한다. 그러나 '교육'의 개념 속에 과업적 측면이 없는 것이 아니다. 인지적 안목을 갖게 해 주는 몇몇 가치 있는 활동을 통하여 성취가 이루어지므로, 규범적 준거는 성취적 측면에, 인지적 준거는 과업적 측면에 상응한다고 볼 수 있다. 교육의 과정에서 교육받은 사람이 얻게 되는 혜택은 무엇보다도 자신의 의식이 분화된다는 점이다. 또한 피터스가 라일과 정반대 입장을 취한 것은 그가 강조한 방법적 지식에는 인지적 안목이 결여된다는 점 때문이다.

피터스는 자신의 성년식 모형을 제시하면서 라일만이 아니라 오우크쇼트와 화이트헤드의 개념을 원용하고 있다. 무엇보다도 '성년식'이라는 개념은 오우크쇼트의 주장에 근거하여 원용한 것이다. 이와 관련하여 피터스는 교육을 성년식에 빗대어 설명하는 가운데 드러나는 교사의 과업과 책무를 강조한다. 교사가 수행하는 일 속에서 진보주의자들이 강조하는 아동의 동기와 흥미가 고양된다는 것이 저자의 입장이다. 피터스의 '성년식'을 교육 모형에 맞추면, 그것은 기존의 교육 모형인 주형 모형과 성장 모형에 대한 변증법적 도약으로 볼 수 있다. 즉, 그는 화이트헤드의 교육의 리듬 중 '일반화 단계'에 견주어 '성년식'에 이른 성취 상태를 설명한 것이다. 또한 오우크쇼트의 '정보'와 '판단'은 피터스가 설정한 성년식 모형을 설명하는 데 사용된 '언어'와 '문헌'에 상응하는 측면이 있다.

끝으로, 피터스는 '성년식'을 통하여 보수-진보의 이분법을 나름 극복한 인물로 평가될 수 있다. 그는 이른바 보수주의 또는 전통주의 교육자로 인식되기도 한다. 그도 그럴 것이, 그가 성년식 모형을 제시한 논거가 진보교육이 안고 있는 단점과 폐해에 있기 때문이다. 그러나 그가 제안하는 '성년식'이 철학사적으로나 교육학적 견지에서 '상호 주관성'을 정당화하는 데서 성립한다는 점에 주목한다면, 피터스는 보수-진보의 이분법을 극복한 인물로 평가되어야 마땅하다. 물론 그가 극복했다고 평가할 수 있는 이분법이 구체적으로 무엇인지는 엄밀하게 검토해야 할 향후 과제임에는 틀림없다. 이 책 제8장은 그의 『윤리학과 교육』의 제2장에 실린 글과 제목이 동명이지만 전혀 다른 글이라는 점을 밝혀 둔다. 물론 두 글에 담긴 저자의 생각이 다른 것은 아니다.

제9장은 피터스의 교육의 개념적 준거 중 인지적 준거와 직접 관련을 맺는다. 그러나 제9장은 교육에서 인지적 안목이 왜 중요한가를 현실생활에 비추어 논의한다. 만약 교육이 개인의 세속적 욕망이나 사회적 과시에 초점을 두거나 중시한다면, 자신만의 '경로 시각'과 단세포적인 근시안을 갖게 된다고 경고한다. 그렇게

되면 사람들은 좋아하는 것만 보게 되고, 객관적인 관점에서 세계를 파악한다는 것은 요원해진다. 가공적인 허구와 자기중심적 사고는 일종의 사회병리 현상인 셈이다. 결과적으로 허구적인 판단에서 벗어나 자신과 세계의 실상을 파악하는 일은 교육을 통해서 이루어야 할 과업이다.

교육에서는 '실상을 보는 일'이 중요하다. 그러나 보수와 진보는 모두 이 일에 실패하였다. 진보는 미래가 좋아진다는 자신만의 믿음에서 현실을 이를 위한 수단으로 악용하고, 보수는 과거의 거울로 미래를 조망하여 현실을 보는 데 실패하였다. 결국 '실상을 보는 일'은 현재 순간에 충실하고 가치 있는 활동에 관심을 기울이는 내재적 관점을 요구한다. 내재적 관점은 가치 있는 활동의 관점에만 그치는 것이 아니라 사회적 관심과 배려를 요구한다. 제9장에서 피터스는 교사의 정체와 역할이 중요함을 부각시킨다. 즉, 교사는 교과의 가치를 존중하는 화신일 뿐만 아니라 이를 아이들에게 전수하기 위하여 아이들에게 관심을 갖고 각종 학습 여건을 배려할 수 있어야 한다.

실상을 보는 일의 특징은 '보는 일'에 달려 있다. 여기에는 두 가지가 있다. 하나는 생리적인 눈을 가지고 보는 일이다. 이는 수동적이고 기본적 욕구와 관련된다. 다른 하나는 인지적인 눈으로서 구조화된 개념과 이론을 가지고 세계와 실상을 파악하는 일이다. 인지적 안목을 가지고 세상을 보는 일은 종교, 도덕, 수학, 과학, 예술 전반에서 확인할 수 있는 일이다. 인지적 준거와 관련해서, 교육받은 사람의 특징은 세상을 제대로 볼 줄 아는 것(즉, 자기 마음대로 편협하게 보지 않는 것)이며, 곧 문명화된 삶의 특징이다. 이를 위하여 교사가 주의해야 할 일이 있다. 교사의 역할은 보수 쪽에서 보면 교사 자신만의 관점과 삶의 방식을 강요하지 말아야 하며, 진보 쪽에서 보면 아이들이 입문해야 할 공적 유산을 방기해서도 안 된다는 점이다. 두 극단을 배제하고, 교사는 가치 있는 것을 체현하는 주체이며, 동시에 아이들의 가능성을 실현하는 주체이다. 교사는 대중의 선동자도, 신비스러운 마력을 지닌 자도 아니며, 더욱이 세속적인 가치에 매달려 끌려가는 존재도 아니다.

제10장에서 피터스 교수가 말하고자 하는 바는 다음과 같이 요약할 수 있다. 교육자가 교육목적을 가져야만 한다면 그것은 '교육'의 개념에서 도출되어야 한다. 비록 교육현장에서 이 외의 어떤 교육목적이 제기된다고 하더라도 그것은 교육의 본질에서 벗어난 것이다. 그렇다고 일상에서 벌어지는 모든 일로부터 우리가 교훈을 얻을 수 있다고 하여 그것을 모두 교육으로 인정한다는 뜻은 아니다. 이와 관련하여 교육목적 논의에서 '정신 건강' 문제를 검토한다. 정신 건강만큼 중요한 사안으로 자유교육의 중요성이 강조되지만, 그렇다고 이것이 전인교육의 경우처럼 마냥 특정 교과가 지닌 가치의 진술 없이 교육을 서술할 수 있는 것이 아니다. 이 점에서 교육목적의 진술은 일종의 절차적 원리이다. 민주주의가 절차적 원리임에도 불구하고 이를 절대 선으로 간주한 결과 민주사회의 질서가 교란되는 것과 유사하다. 이렇게 하지 않을 경우 교육목적 논의는 다시 수단-목적의 연쇄, 즉 외재적 가치에 종속되어 버리거나 가치 진술을 배제한 채 흥미와 같은 자연적 특성을 가치 있는 것으로 간주하는 자연주의적 오류를 범하게 된다. 반대로 교육목적 논의가 실현 불가능한 이상이나 공허한 주장에 함몰

되어서도 안 된다. 결국 교육목적 논의는 '교육'에 내재해 있는 가치 있는 활동에 대한 절차적 논의이며, 교육에 몸담고 있는 이들은 이 절차를 존중해야 한다는 것이다.

이 책의 마지막을 구성하는 제11장과 제12장은 도덕교육을 주제로 한다. 제11장은 도덕교육의 두 가지 방식, 즉 지적 능력과 습관의 형성을 중심으로 하여 도덕적 인격을 어떻게 길러 내야 하는가를 다루고 있다. 저자는 이 두 가지를 서적과 지식 중심의 알렉산더Alexander식 교육과 습관과 품성 위주의 페스탈로치Pestalozzi식 교육으로 나누어 논의하고 있다. 이 두 가지는 저자가 제8장에서 성년식 모형을 설정하면서 비판한 주형 모형과 성장 모형에 상응하는 도덕교육이라고 할 수 있다. 최종적인 목표는 스스로 비판할 줄 아는 사람을 길러 내는 것이 도덕교육에도 유효하다고 본다. 도덕교육 차원에서 인격은 세 가지로 고려할 수 있다. 첫째, 기질trait을 통해서 설명하는 것이다. 둘째, 가치중립적인 성격, 인성으로 설명하는 것이다. 셋째, 도덕적 인격을 지니도록 하는 것이다. 저자는 세 번째 것에 초점을 맞추어, 여러 상황에서도 도덕적 판단을 내릴 수 있는 총체적 능력을 갖춘 도덕적 인격을 강조한다. 여기서 총체적 능력을 도모하기 위한 구체적인 절차가 무엇인지 단언할 수는 없다. 하지만 여러 심리학적 연구결과만 가지고 이러한 도덕적 인격을 길러 낼 수 있다는 것은 불가능하다. 이것이 교육이 지닌 난점이며 동시에 교사가 헤쳐 나가야 할 난관이다. 적어도 교사는 아이들에게 도덕성 형성에 요구되는 지성을 계발하도록 하면서 자신이 겪은 경험과 사례를 바탕으로 아이들이 도덕적 판단을 할 수 있도록 해야 한다. 여기에다 교사는 지성과 인성을 통한 일종의 변증법적 절차를 활용할 수 있다고 주장한다.

　제12장은 도덕교육의 형식과 내용은 구분되어야 하지만, 초점은 합리적 도덕성의 함양에 맞추어져야 한다는 점을 논의한다. 현대 사회에서 도덕성을 가늠하는 합리적 기준이 없다는 상대주의와 주관주의를 비판하고, 동시에 도덕교육은 합리적 근거 없이 성립할 수 있는 교화에 불과하다는 주장을 비판한다. 현대 사회에서 당면하는 윤리적 문제가 복잡한 만큼 학교 현장에서 교사가 부딪치는 문제도 복잡하다. 그런 만큼 교육에서 다루어지는 도덕성은 이성을 구사하는 일이 더욱 요구된다. 이 점에서 도덕적 사고의 형식과 내용을 구분할 필요가 있다. 내용 면에서는 전통적 규범을 전수하는 것에 그치면 안 되며, 형식 면에서는 문제되는 현실과 무관한 공허한 것이 되어서는 안 된다. 우리가 현실 상황에서 겪는 경험을 구조화해 주는 사고의 형식을 획득하는 것이 중요하다. 그럼에도 불구하고 의견불일치 문제, 타당성 근거 확보 등의 현실적인 문제가 야기되지만, 인류가 공통적으로 공유해야 할 공통의 가치를 기본원리로 삼아 해결해 가야 한다. 결국 도덕교육의 형식과 내용을 다루는 문제는 합리적 도덕성을 어떻게 가르쳐야 하는가의 문제로 귀결된다. 이와 관련하여 저자는 피아제Piaget와 콜버그Kohlberg 이론에 집중한다. 즉, 도덕성의 내용보다는 형식에 집중하여 도덕교육 문제를 다루어야 한다고 주장한다. 그러나 피아제-콜버그 이론 체제에서도 동기부여와 같은 감성적인 측면을 보완해야 한다는 점을 강조한다. 그리고 저자는 진보교육이 중시하는 방임적인 발견학습이 아니라 일러 주기 방식을 존중할 필요가 있다는 점과, 전례를 들어주는 등의 인지 자극의 중요성, 인지와

판단이 불가분하다는 점도 피아제-콜버그 이론 체제에서 추가적으로 고려되어야 한다고 주장한다. 이 연장에서 피터스는 콜버그가 '덕 주머니'의 중요성을 간과했다고 비판한다. 덕 주머니가 일종의 교화 형태를 띠더라도 그중 어떤 덕목은 도덕교육의 내용으로 다루어져야 하고, 이를 기반으로 하여 도덕적 판단능력이 함양될 수 있다는 것이다. 왜냐하면 덕 주머니에 담긴 내용이 도덕 판단의 근원이 되는 일반 원리일 수 있기 때문이다. 또한 덕 주머니가 자율적 판단능력을 함양하는 교육방법상 단초를 제공해 줄 수 있음을 강조한다.

결론적으로, 도덕교육의 형식과 내용은 구분되어야 하지만 함께 고려해야 한다. 여기서 교사가 수행해야 할 과업이 명백해진다. 교사의 과업 수행이 성공적이려면, 전통과 권위를 존중해야 한다. 일종의 도덕교육의 패러독스가 야기되어도 교사의 권위가 존중되지 않는다면, 도덕적 인간 대신에 세속의 이익에 종속되는 선동가를 양산하는 중우정치 사회가 될 것이다. 21세기 중반으로 가는 요즈음의 한국 사회의 실상을 우려하는 말인 듯하여 우리가 기필코 새기고 실천해야 할 메시지임에 틀림없다.

* * * * *

역서의 제목은 원서명 *Authority, Responsibility and Education*에 따라 『권위, 책임 그리고 교육』이어야 마땅하지만, 『권위, 책임, 교육』으로 하였다. 그 이유는 앞서 지적한 바와 같이, 권위와 책임에 관한 논의가 제3부에 전개된 교육 논의에 토대가 되지 않기 때문이다. 이 책은 권위, 책임, 교육의 대주제가 서로 일관된 논의 형태를 취하는 것은 사실이지만, 그들 상호 간 인과관계보다는 병렬관계의 성격이 강하다. 그렇기 때문에, 비록 제1부 제4장이 제3부의 제8장과 제9장의 내용과 밀접하게 관련되어 있는 것이 사실이지만, 이 책 세 부분의 어느 것을 먼저 읽어도 무방하다. 사족이지만, 원서명에서 우리말 '그리고'에 해당하는 영어 'and'는 영어 표기상의 관례로 보아야 한다. 그래서 번역의 서명을 『권위, 책임, 교육』으로 하였다. 이렇게 보면 이 책을 통해서 저자가 전하고자 하는 메시지는 세 개이다. 과학기술과 정보가 아무리 발달한 현대사회라고 하더라도, 권위는 존중되어야 한다. 책임을 회피하는 개인과 사회를 경계해야 한다. 교육은 면면히 내려오는 전통과 가치 있는 활동의 세계 속으로 입문하는 일이다.

* * * * *

피터스 교수는 다작을 낸 사람에 속하지만, 오늘날 관점에서 보면 꼭 그렇지는 않은 듯하다. 다만 그가 낸 저작들이 모두 자신의 일관된 입장과 소신을 담아 정합된 이론을 보여 준다는 점에서 역작들이며, 그를 대가라고 칭하는 근거가 된다. 그가 낸 저서가 13권, 자신의 글을 포함하여 편집자로 출간한 책이 8권, 강연문과 기고 형식을 포함하여 세상에 나온 논문이 73편이다. 이를 출간된 연도별로 제시하면 다음과 같다. 이하 [ ] 안의 내용은 우리나라에 번역되어 소개된 책이다.

단행본 출간

1953   *Brett's History of Psychology.* Allen & Unwin. (Revised 2nd edition 1962).

1956   *Hobbes.* Pelican. (Revised 2nd edition 1967, Peregrine Books).

1958   *The Concept of Motivation.* Routledge & Kegan Paul. (2nd edition 1960).

1959   *Social Principles and the Democratic State* (with S. I. Benn). Allen & Unwin. (Republished in the USA as The Principles of Political Thought, Colliers, 1964).

1959   *Authority, Responsibility and Education.* Allen & Unwire. (Revised and enlarged 1973). [* 본서]

1966   *Ethics and Education.* Allen & Unwin. [이홍우 역, 1980,『윤리학과 교육』, 교육과학사.]

1970   *The Logic of Education* (with P. H. Hirst). Routledge & Kegan Paul. [이병승 역, 2016,『교육의 의미와 논리』, 박영사.] [문인원·김재범·최희선·노종희 역, 1977,『교육의 재음미』, 배영사.]

1972   *Reason, Morality and Religion.* The Swarthmore Lecture. Friends Home Service Committee.

1973   *Reason and Compassion*: The Lindsay Memorial Lectures. Routledge & Kegan Paul.

1974   *Psychology and Ethical Development.* Allen & Unwin.

1977   *Education and the Education of Teachers.* Routledge & Kegan Paul.

1981   *Essays on Educators.* Allen & Unwin. [정희숙 역, 1989,『교육철학자 비평론』, 서광사.]

1981   *Moral Development and Moral Education*. Allen & Unwin.

편집 출간

1967   *The Concept of Education*. Routledge & Kegan Paul.

1969   *Perspectives on Plowden*. Routledge & Kegan Paul. [김정래·권영민 역, 2021, 『플라우든 비평』, 교육과학사.]

1972   *Hobbes and Rousseau: A Collection of Critical Essays* (with M. Cranston). Doubleday-Anchor.

1972   *Education and the Development of Reason* (with R. F. Dearden and P. H. Hirst). Routledge & Kegan Paul.

1973   *The Philosophy of Education*. Oxford University Press.

1975   *Nature and Conduct*. Royal Institute of Philosophy Lectures, Volume 8, Macmillan.

1976   *The Role of the Head*. Routledge & Kegan Paul.

1977   *John Dewey Reconsidered*. Routledge & Kegan Paul.

논문

1950   'Cure, Cause and Motive', *Analysis 10*, 5.

1951   'Observationalism in Psychology', *Mind, LX*, 237.

1951   'Nature and Convention in Morality', *Proceedings of the Aristotelian Society, LI*.

1952   'Motives and Causes', *Supplementary Proceedings of the Aristotelian Society XXVI*.

1956   'Motives and Motivation', *Philosophy, XXXI*, 117.

1956   'Freud's Theory', *British Journal for the Philosophy of Science, VII*, 25.

1957   'Hobbes and Hull: Metaphysicians of Behaviour' (with H. Tajfel). *British Journal for the Philosophy of Science, VIII*, 29.

1958 'Authority', *Supplementary Proceedings of the Aristotelian Society, XXXII*.

1958 'Psychology and Philosophy 1947−56' (with C. A. Mace), *in Philosophy in the Mid-Century* (ed. Klibansky).

1960 'Freud's Theory of Moral Development in relation to that of Piaget', *British Journal of Educational Psychology, 30, 3*.

1961−2 'Emotions and the Category of Possibility', *Proceedings of the Aristotelian Society, LXII*.

1962 'The Non-Naturalism of Psychology', *Archives de Philosophie*, Jan.

1962 'The Autonomy of Prudence' (with A. Phillipps−Griffiths). *Mind, LXXI*, 282.

1962 'Moral Education and the Psychology of Character', *Philosophy, XXXVII*, 139.

1962 'C. A. Mace's Contribution to the Philosophy of Mind', in *A Symposium: C. A.* Mace (ed. V. Carver), Methuen & Penguin.

1963 'A Discipline of Education' in *The Discipline of Education* (ed. Walton & Kuether), University of Wisconsin Press.

1963 'Reason and Habit: The Paradox of Moral Education', in *Moral Education in the Changing Society* (ed. W. Niblett), Faber & Faber.

1964 'Education as Initiation' (Inaugural Lecture), Evans Bros (Harrups 6).

1964 'Mental Health as an Educational Aim', *Studies in Philosophy and Education*, Vol. 3 No. 2.

1964 'John Locke', in *Western Political Philosophers* (ed. M. Cranston), Bodley Head.

1964 'The Place of Philosophy in the Training of Teachers', ATCDE —DES Hull Conference, and reprinted in *Paedogogica Europaea*, 111, 1967.

1965 'Emotions, Passivity and the Place of Freud's Theory in Psychology' in *Scientific Psychology* (ed. E. Nagel and B. Wolman), Basic Books.

1966 'Authority' and 'Education', in *A Glossary of Political Terms* (ed. M. Cranston) Bodley Head.

1966 'An Educationalist's View', in *The Marlow Idea: Investing in People* (ed. A. Badger), Geoffrey Bles.

1966 'The Authority of the Teacher', *Comparative Education*, 3, 1.

1966 'The Philosophy of Education', in *The Study of Education* (ed. J. Tibble), Routledge & Kegan Paul.

1966 'Ritual in Education', *Philosophical Transaction of the Royal Society*, Series B, 77, 251.

1967 'More About Motives', *Mind, LXXVI*, 301.

1967 'A Theory of Classical Education V', *Didaskalos*, 2, 2.

1967 'Hobbes, Thomas—Psychology', in *Encyclopedia of Philosophy*, vol. 4 (ed. P. Edwards) Macmillan and Free Press.

1967 'Psychology–Systematic Philosophy of Mind', in *Encyclopedia of Philosophy*.

1967 'The Status of Social Principles and Objectives in a Changing Society', in *The Educational Implications of Social and Economic Change* (Working part No. 12) HMSO.

1967 'Aims of Education—A Conceptual Inquiry', in *Philosophy of Education*, Proceedings of the Ontario Institute for Studies in Education International Seminar.

1967   'Reply' (to Comments by Wood and Dray on 53) in *Philosophy and Education*.

1967   'The Concept of Character', in *Philosophical Concepts in Education* (ed. B. Komisar and C. MacMillan), Rand McNally.

1967   'Education as an Academic Discipline', ATCDE–DES Avery Hill Conference.

1967   'Michael Oakeshott's Philosophy of Education', in *Politics and Experience*, Essays presented to Michael Oakeshott, Oxford University Press.

1969   'Motivation, Emotion and the Conceptual Schemes of Common Sense', in *Human Action: Conceptual and Empirical Issues* (ed. T. Mischel), Academic Press.

1969   'The Basis of Moral Education', *The Nation*, 13 Jan.

1969   'Must an Educator Have an Aim?', in *Concepts of Teaching: Philosophical Essays* (ed. C. MacMillan and T. Nelson), Rand McNally.

1969   'Moral Education: Tradition or Reason?', in *Let's Teach Them Right* (ed. C. Macy), Pemberton Books.

1969   'The Meaning of Quality in Education', *Qualitative Aspects of Educational Planning*, (ed. Beeby) UNESCO International Institute of Educational Planning.

1970   'The Education of Emotions', in *Feelings and Emotions*, Academic Press.

1970   'Education and Human Development' in *Melbourne Studies in Education* (ed. R. Selleck), Melbourne University Press.

1970   'Teaching and Personal Relationships', in *Melbourne Studies in Education*.

1970 'Education and the Educated Man', *Proceedings of the Philosophy of Education Society of Great Britain*, 4.

1970 'Reasons and Causes', in *Explanation in the Behavioural Sciences* (ed. R. Borger and F. Cioffi) Oxford University Press.

1970 'Concrete Principles and the Rational Passions', in *Moral Education* (ed. T. and N. Sizer), Harvard University Press.

1971 'Moral Development: A Plea for Pluralism' in *Cognitive Development and Epistemology* (ed. T. Mischel), Academic Press.

1971 'Education and Seeing What is There', The Bulmershe Lecture, Berkshire College of Education.

1971 'Reason and Passion', in *The Proper Study* (ed. G. Vesey) Royal Institute of Philosophy Lectures, vol. 4, Macmillan.

1972 'The Role and Responsibilities of the University in Teacher Education', *London Educational Review*, 1, 1.

1973 'Freedom and the Development of the Free Man', in *Educational Judgments* (ed. J. Doyle), Routledge & Kegan Paul.

1973 'The Philosopher's Contribution to Educational Research' (with J. P. White), in *Research Perspectives in Education* (ed. W. Taylor), Routledge & Kegan Paul.

1973 'The Justification of Education', in *The Philosophy of Education* (ed. R. S. Peters), Oxford University Press.

1973 'Farewell to Aims', *London Educational Review*, 2, 3.

1973 'Behaviourism', in *Dictionary of the History of Ideas* (ed. P. Wiener), Scribner.

1973 'Education as an Academic Discipline', *British Journal of*

Educational Studies, XXI, 2.

1974   'Personal Understanding and Personal Relationships', in *Understanding Other Persons* (ed. T. Mischel), Blackwell.

1974   'Subjectivity and Standards', in *Science, the Humanities and the Technological Threat* (ed. W. F. Niblett), University of London Press; and in *The Philosophy of Open Education* (ed. D. Nyberg), Routledge & Kegan Paul, 1975.

1974   'Moral Development and Moral Learning', *The Monist, 58*, 4.

1974   'Psychology as the Science of Human Behaviour', (Chairman's Remarks) in *Philosophy of Psychology* (ed. S. C. Brown), Macmillan.

1974   'A Tribute to H. L. Elvin', *Institute of Education Newsletter*, March.

1975   'Was Plato Nearly Right about Education?', *Didaskalos*, 5, 1.

1975   'The Relationship between Piaget's and Freud's Developmental Theories', in *The Psychology of the 20th Century* (ed. G. Steiner) University of Bern.

1975   'On Academic Freedom' (Chairman's Remarks), in *Philosophers Discuss Education* (ed. S. C. Brown) Macmillan.

1976   'The Development of Reason' in R*ationality and the Social Sciences* (ed. S. Benn and G. Mortimore), Routledge & Kegan Paul.

1977   'Ambiguities in Liberal Education and the Problem of its Content', in *Ethics and Educational Policy* (ed. K. Egan and K. Strike) Routledge & Kegan Paul.

1977   'The Intractability of Educational Theory' (in Danish), *Paedagogik*, no 3.

1978 'Motivation and Education' (in Danish), *Paedagogik*, no. 2.
1978 'The Place of Kohlberg's Theory in Moral Education', *Journal of Moral Education*.
1979 'Democratic Values and Educational Aims', *Teachers College Record*, 8, 3.
1983 'Philosophy of Education 1960–80' in *Educational Theory and its Foundation Disciplines* (ed. P. H. Hirst), Routledge & Kegan Paul.

앞서 소개한 저서 중에 그가 자신의 발표 논문들을 주제별로 모은 저작에 주목할 필요가 있다. 거기에는 각기 여러 곳에 실린 논문이 주제별로 편집되어 수록되어 있기 때문이다. 끝으로, 피터스를 포함한 '런던 라인'을 중심으로 한 당대 쟁쟁한 석학들이 발표한 논문은 다음 제목의 책에 거의 망라되어 있다.

Paul H. Hirst and Patricia White (eds.), 1998, *Philosophy of Education: Major Themes in the Analytic Tradition*. London: Routledge.
  - Volume I *Philosophy and Education*
  - Volume II *Education and Human Being*
  - Volume III *Society and Education*
  - Volume IV *Problems of Educational Content and Practices*

◇ 제3판 서문

이 책은 1956년 4월부터 1959년 1월까지 BBC 방송 제4채널[1]과 제3프로그램[2]으로 방송된 내용을 기초로 한 것이다. 이 중 대부분은 『리스너』지[3]에 출간된 바 있다. 개설서로서 설명 일변도로 서술한 것이 아니다. 이 내용은 영국과 미국에서 사람들에게 큰 반향을 일으킨 바 있다. 이를 계기로 하여 저자는 1961년 미국 하버드대학 교육대학원에 방문교수[4]로 초빙을 받을 수 있었다. 이후 저자는 교육철학에 대한 학문적 관심을 갖게 되었으며, 그 결과 1962년 영국 런던대학 교육과학원의 교육철학과 학과장[5]에 임명되었다.

---

1) BBC Home Service: 1939년부터 1967년까지 송출하던 영국 BBC 라디오 방송 채널이며, 현재는 BBC Radio 4이다.

2) Third Programme of the BBC: 1946년부터 1970년까지 송출했던 BBC 라디오 방송 프로그램.

3) *The Listener*: 현재는 발행되지 않는 영국의 시사 잡지. 현재 발행되는 것은 *The New Zealand Listener*.

4) Visiting Professor to Harvard Graduate School of Education. 이때 하버드 대학의 이스라엘 쉐플러(Israel Scheffler) 교수와 학문적 교류를 통하여 자신의 교육철학적 입지를 공고히 한 것으로 알려져 있다. 역자 해제 참조.

5) the chair in Philosophy of Education at the University of London Institute of Education. 역자 해제 각주 1) 참조.

사회철학과 교육철학에 대한 기본적인 소양을 원하는 일반 독자와 대학생들이 끊임없이 응용 철학에 대한 관심을 가지고 있다는 사실에 힘입어 지난 10년 간 발표했던 교육철학 논문을 엄선하여 수정본을 출간하기로 하였다. 이에 맞추어 "심리학자와 교사"와 "'경험'과 교육자의 역할"이라는 두 강좌는 원래 방송 강의에 포함되어 있으나 이 책의 학문적 사안과 맞지 않는 듯하여 이 수정본에서는 삭제하였다. 그 대신 거기에 런던대학 교육철학과장 취임 이후 행한 강연 가운데서 현재 고조되고 있는 관심 사안인 논문들로 대체하였다.

원래 강연한 내용 중에는 드골de Gaulle의 예처럼 통계 수치나 자료가 다소 시의에 뒤처진 경우도 있다. 하지만 10년이 지난 지금 보아도 글의 흐름이나 논의의 타당성에 지장이 없어 보인다. 오히려 학생들이 갖는 권위에 대한 불안감과 도전적 태도로 인하여, 그리고 허여許與 사회[6] 분위기 속에서 도덕교육의 관심이 증가함으로 인하여 논점이 더욱 타당해 보인다.

저자는 방송 내용을 출간하게 도와준 BBC 방송의 웰트만J. Weltman, 그레고리T. S. Gregory 선생과, 『리스너』지에 합당하게 원고로 실릴 수 있도록 도와준 관계자 여러분에게 적지 않은 빚을 진 셈이다. 또한 런던대학 학과장 취임 강연인 '성년식으로서 교육'[7]을 출간하도록 허가해 준 런던대학과 1971년 벌머쉬 강연

6) permissive society: 옛 관습을 허물고 새것을 허용하고 권장하는 사회를 지칭하는 것으로 이른바 '진보'의 맥락에서 나온 개념이다. 여기서 전통을 타파해야 할 일종의 '적폐'로 간주하는 적극적인 정책이 나온다.

7) Education as Initiation: 본서 제8장. 이 글은 D Archambault, (ed.). 1965. *Philosophical Analysis and Education*. London: Routledge and Kegan Paul. pp.

Bulmershe Lecture인 '교육과 있는 그대로 보는 일'[8]을 출간하도록 해 준 버크서 교육대학 측에 감사의 뜻을 표한다. 나머지 두 강연인 '교육제도에서 권위'[9]와 '도덕교육의 형식과 내용'[10]은 영국은 물론 미국, 캐나다, 호주 및 뉴질랜드의 여러 대학에서 강연한 것이지만, 현재와 같은 형태로 출간된 적은 없다.

1972년 7월

뉴질랜드 크라이스 처치에서

87-1H에도 수록되어 있다. 한편, '성년식으로서 교육'이라는 동명의 글이 저자의 『윤리학과 교육』의 제2장에도 수록되어 있으나, 본서의 제8장의 글과는 전혀 별개의 글이다. 물론 두 글이 모두 '교육'을 '성년식'에 비유한 것이 공통점이지만, 『윤리학과 교육』의 글은 '성년식으로서 교육'을 본서의 그것보다 전통철학 맥락에서 논의하고 있다.

8) Education and Seeing What Is There: 본서 제9장.

9) Authority in Educational Institutions: 본서 제4장.

10) Form and Content in Moral Education: 본서 제12장.

차례

제1부 변화하는 권위의 면모

제2부 프로이트, 마르크스 그리고 책임

제3부 교육과 도덕교육

변화하는 권위의 면모

제1장

권위의 본질

  '권위'는 신비한 마력같은 분위기를 자아내는 말입니다. 우리는 프랑스에서 권위가 되살아났다고 들었습니다. 그 결과 드골[1]에 대한 모종의 신비스러움에 수백만의 프랑스 국민이 자석에 이끌려 가는 쇳조각처럼 일사불란한 패턴을 보인 마력과 같은 힘을 머릿속에 그릴 수 있습니다. 게다가 프랑스 철학자인 드 주브넬[2]은 이러한 현상을 다음과 같이 묘사한 바 있습니다. "내가 파악한 바로 자발적인 사람들의 연합체라면 거기에 모종의 힘이 작용함을

---

1) Charles de Gaulle (1890~1970). 프랑스 레지스탕스 운동가, 정치인. 제2차 세계대전 이후 총리 2번을 지내고 1958년 프랑스 제5공화국 대통령으로 취임하여 1969년까지 재임하였다. 드골이 본문에 자주 언급되는 것은 그의 권력 장악 과정, 과거 청산 등의 통치 스타일과 관련한 카리스마 때문이다. 저자는 그러한 카리스마의 한계를 지적한다.

2) Bertrand de Jouvenel (1903~1983). 프랑스의 미래학자. 1964년 『추측의 기술 (*L'Art de la conjecture*)』을 출판해 미래 예측에 철학적 원리를 제공하고, 『퓌티리블(Futuribles)』이라는 잡지를 창간해 가능한 미래 예측에 대한 성찰에 많은 기여를 한 바 있다. 여기서 '퓌티리블'은 미래를 뜻하는 프랑스어 'futurs'와 '가능한'을 뜻하는 'possibles'을 결합한 말이다.

알 수 있다. 그 힘이 권위이다. … 사회적 삶에서 그것이 어떤 경우이건 모두 지도자가 대중을 끌어당기는 힘이 작용하는 광경을 권위의 일차적 기능으로 목격할 수 있다. 그 결과 지도자는 대중에게 권하여 그들의 불분명한 의지를 특정 방향으로 몰아가는 자신의 의지가 우세함을 보인다." 이렇게 보면 권위는 모종의 신비스러운 것, 즉 드골이나 아데나우어[3]와 같은 사람들의 말투나 용모에서 나오는 모종의 힘이라고 마땅히 인정해야 할 것 같습니다.

권위가 특정인의 말투나 용모와 관련된다고 인정할지라도, 권위를 모종의 힘이라고 단정하는 것은 분명 그릇된 것입니다. 물론 권위는 자석에 이끌려가는 쇳조각의 움직임처럼 사람이 순응[4]하게 하는 것입니다. 이러한 '순응'이 존속하는 한, 나는 '권위'라는 말이 사람을 규율하는 순응의 한 가지 유형에 해당한다고 봅니다. 암탉들도 모이를 쪼는 순서가 있습니다.[5] 그러나 그것이 암탉 한 마리가 다른 암탉들에 대하여 권위를 행사했다고 보기는 어려울 것입니다. 권위를 힘이라고 단정하는 것은 물리현상이나 동물의 세계에서 일어나는 것과는 확연하게 다른 인간의 순응이 지니는 독특한 성격을 희석시키고 맙니다.

---

3) Konrad Adenauer (1876~1967). 독일 통일 전 서독의 초대 수상(1949~1963)으로 제2차 세계대전 후 잿더미의 독일을 재건, '라인강의 기적'을 일군 주역으로 평가되는 인물이다.
4) conformity: '齊一性'이 가장 적합한 번역어인 듯하지만, 본문의 맥락에 비추어 보면 사람들이 순응하는 성향을 뜻하여, '순응'이라고 하였다. '제일성'은 '쭉 골라서 가지런하게 함'을 뜻하므로, 이를 '권위'에 대입하면 권위에 정연하게 순응하는 것이 된다.
5) Hens have a pecking order. 우리말로 의역하자면, '냉수도 위아래가 있다'에 해당한다. 이른바 '위아래'를 따지는 사회적 관습이 곧 물리적인 힘으로 나타나기도 하지만 그것이 곧 권위 행사를 뜻하지 않는다는 것이다.

그러면, 인간이 정연하게 순응하는 독특한 성격이란 무엇일까요? 오래전 홉스[6]는 인간의 시민사회가 스펀지나 바위 또는 벌집과 같은 자연현상과 다르며, 또한 개인의 산술적인 집합이 아니라는 점을 부각시킨 바 있습니다. 단순한 산술적 집합 상태가 사회적 체제로 변하게 되는 요인은 무엇일까요? 가장 핵심적인 논점은 인간이 규칙을 준수하는 동물[7]이라는 데 있습니다. 사람들은 주로 언어를 통하여 세대 간을 면면히 이어 주는 행위 기준을 만듦으로써 사회체제를 형성해 왔습니다. 이때 언어는 인간사를 규율하는 중요한 기능을 수행합니다. 언어는 인간의 독특한 삶의 형식을 형성하게 합니다. 언어를 사용함에 있어서 인간이 활용하는 계책은 동물들의 야생에서는 찾아볼 수 없는 순응체제를 낳았습니다. 이 체제는 인간의 행위가 '옳다', '합당하다'라고 기술될 수 있는 기준이 되며, 이에 따라 사회적으로 옳거나 합당하다고 판단될 경우 행해집니다. 이러한 행위 판단이 '권위'의 근원이 됩니다. 여기서 판단 기준은 인위적이고 가변적이며 어느 정도 자의적이기는 하지만, 옳고 합당한 기준을 결정하는 데 모종의 '절차'를 요

---

6) Thomas Hobbes (1588~1679). 자신의 『리바이어던(Leviathan)』에서 주장한 사회계약론으로 유명한 영국의 정치철학자. 그 외에도 역사학, 법리학, 기하학, 물리학, 신학, 윤리학 등 다방면에 기여한 바 있다. 여기서는 자연 현상과 사회 현상이 달리 설명된다는 홉스의 가정을 토대로 논의를 전개한다.

7) Men are rule-following animals. 피터스가 즐겨 선호하는 이 말은, 인간 행동이 조건-반응의 연쇄라 보는 행동주의나 무의식의 지배를 받는다고 하는 프로이트 정신분석학, 사회경제적 구조에 의하여 결정된다는 마르크스주의에 극명하게 반대하는 저자의 논점을 잘 드러낸다. 이에 관하여 본서 제2부 제5~7장을 참조. 즉, 권위는 인간의 자율적 특성과 관련된다는 것이다. 따라서 '권위'의 근원이 행위자의 자발적인 규칙 준수와 관련이 있다는 점을 설명한 것이다.

구합니다. 즉, 누가 기준을 설정하며 그 기준을 특정 상황에 어떻게 적용하며, 또 기준을 바꿀 경우 누가 그 일을 할 자격이 있는가 하는 규정한 절차를 말합니다. 이러한 절차가 시장이나 판사와 같은 사람들에게 행정집행과 법령공포를 할 '권리'[8]를 부여해 줍니다. 규칙을 다룸에 있어서 이러한 행정권한의 성립 또는 심판 기능을 합당한 것으로 여긴다면, 우리는 권위를 받아들이게 됩니다.

언어학적으로 보아도 이러한 유추가 타당합니다. '권위'라는 말은 라틴어 'auctor', 'auctoritas'에서 비롯되었습니다. 제안자, 창시자를 뜻하는 이 말은 의견, 변론, 명령을 행함에 있어서 모종의 힘을 창출, 고안해 내거나 원인을 제공한다는 뜻을 갖습니다. 규칙이 정당하거나 내려진 결정이나 공포된 내용이 수용할 만할 때, 이를 제안하는 사람 X가 그렇게 언명하기만 하면 권위는 존재합니다. 여기시 'X'와 '언명'을 동등하게 강조해야 합니다. 라틴어 'auctor'의 제안자라는 뜻을 지닌 X는 자신이 옳다고 판단한 결정이 구현되도록 언어적 또는 상징적인 제스처를 반드시 구사해야 합니다. 군 지휘관의 명령, 크리켓 경기 심판의 결정, 법관의 판결, 도덕과 종교 영역에서 교황의 교시하는 성좌선언[9]이 그 대표적인 예가 됩니다. 이러한 절차에 의한 권위에 순응하는 것은 무

---

8) 호펠드(Wesley Newcomb Hohfeld, 1879~1918)의 분석에 따르면, 'rights'의 개념적 속성에는 개인이 자의적 선택에 따라 임의적으로 행동하는 자유권이 있지만, 이와 달리 의사, 판사, 정치가 등이 행사하는 권리가 있다. 후자는 우리말 용법에 비추어 '권리'보다는 '권한'이 더욱 적합한 용어로 보인다. 본문에서 말하는 권리는 후자에 속한다. 이하 전개되는 본문 참조. W. N. Hohfeld, 1919, *Fundamental Legal Conceptions as Applied in Judicial Reasoning*, Westport: Greenwood Press, 참조.

9) *ex cathedra*. 이 말은 곧 가톨릭 교황의 무오류성(Papal infallibility)을 뜻한다. 권위를 설명하기 위하여 동원된 용어이지만, 이 말은 본질상 도그마이다.

쇠의 담금질이나 암탉이 모이 쪼는 순서에 복종하는 것과는 전혀 다릅니다. 무쇠와 암탉은 준수해야 할 규칙이 없으며, 자신이 무엇을 해야 하는지 알 필요도 없으며, 자신의 주장을 펼 권리가 이들에게 주어진다 한들 자신이 무엇을 언급해야 하는지도 모릅니다.

이러한 나의 분석이 매우 진부하다고 반론을 제기할 수도 있습니다. 그러나 이 경우에 드골이 행사한 신비로운 권위와 같은 것을 찾을 수 있습니까? 사실을 말씀드리자면, 권위에 관한 거의 대부분의 경우에 신비스러움이 없어야 합니다. 나의 분석이 매우 진부해 보이는 것은 모름지기 '권위'라는 용어를 사용함에 있어서 그 함의하는 바가 매우 분명하기 때문입니다. '권위'의 뜻이 너무 뻔하게 보이는 것은 그만큼 기존의 철학적 분석이 잘 되어 있다는 뜻입니다. 하지만 이에 대한 철학적 분석은 이제 시작에 불과합니다. 왜냐하면 '권위'는 매우 변화무쌍한 개념[10]이기 때문입니다. 즉, 권위의 의미를 온전하게 확립하기 위해서는 그 이전에 여러 가지 형태로 사용되는 뜻을 밝혀야 할 것입니다.

우리는 절차적 규칙에 따라 명령, 의사결정, 공포 등의 권한을 갖는 이들을 '관계당국'[11]이나 '제도적 권위'에 있는 사람이라고 칭

---

10) Protean concept. 희랍 신화에서 바다의 신인 'Proteus'의 형용사형인 'Protean'이 '변화무쌍하다'는 뜻을 갖는 것은 바다의 신이 상황에 따라 걷잡을 수 없을 만큼 변덕스러워서 그 진의를 파악하기 어렵다는 뜻이다. 이와 마찬가지로 그 말이 사용되는 맥락이나 상황에 따라 '권위'는 그 의미가 전혀 다르게 파악된다는 뜻이다.

11) authorities. 권위에 해당하는 'authority'가 계수명사로 사용되면, 그것은 '권위'를 행사하는 관계기관, 당국이라는 뜻이 된다. 추상명사로 사용되면 '권위', '권한' 등의 뜻을 갖는다.

합니다. 그러므로 드골의 권위는 이 유형에 해당되지 않습니다. 드골의 경우에는 그가 대통령이 되기 이전에 제도상의 권위를 누릴 수 없었습니다. 그러면 사람들이 드골을 권위를 가진 사람이라고 생각하는 연유는 무엇일까요? 여기서 사회학자 막스 베버[12]를 언급하지 않을 수 없습니다. 그는 사람들에게 힘을 행사하는 규칙은 여러 가지가 있다고 강조한 바 있습니다. 법적 적합성을 토대로 볼 때 다른 종류의 권위가 성립하는 셈입니다.

먼저, 그가 '법적-합리적 권위'라고 명명한 권위는 정당성의 근거가 '합법성'에 대한 믿음에 있으며, '합법성은 규범적 규칙의 유형과 규칙에 따라 명령을 내리는 권위를 행사할 권리를 갖는 것'입니다. 두 번째로 전통적 권위는 '태곳적부터 형성된 전통에서 비롯된, 기존의 사회적 믿음에 근거하며, 그 정당성은 권위를 행사하는 권위지의 지위에서 찾아집니다.' 시의회 의장은 법적-합리적 권위를 가진 사람에 해당하며, 중세 귀족은 전통적 권위를 가진 사람에 해당합니다.

이 두 가지 권위 유형은 'auctor'가 개인의 출신 배경이나 신분상 자격, 뛰어난 성취 업적을 뜻하는 데서 비롯된 세 번째 유형의 권위와 매우 세심하게 구분할 필요가 있습니다. 베버는 그 전형적인 형태에 주목하여 이를 '카리스마' 권위라고 명명한 바 있습니

---

12) Maximilian Karl Emil Weber (1864~1920). 독일의 법률가, 정치가, 정치학자, 경제학자, 사회학자. 그는 마르크스, 에밀 뒤르켐과 함께 가장 영향력 있는 사회학자로 평가된다. 특히 그는 과학적 문제에서 마르크스의 경제적 환원주의를 비판한 인물이다. 본문에서처럼 그는 자신의 저서 『직업으로서 정치(*Politik als Beruf*)』에서 권위를 전통적 권위, 법적 권위, 카리스마로 구분하여 관료제를 근간으로 하는 근대 국가 조직의 기반이 합리적 권위에 있음을 주장하였다.

다. 카리스마는 '개인의 특출난 성스러움, 영웅적 행위, 또는 귀감이 되는 성품 또는 그가 지도적으로 이룩해 놓은 업적'에 근거해서 성립합니다. 두 말할 필요 없이, 베버는 예수와 같은 뛰어난 종교 지도자나 군사 지도자인 나폴레옹을 염두에 두었을 것입니다.

베버가 주장하는 바는 개인적 권위를 높이 사는 것은 직업, 기적, 계시 등에 따르는 과시 요소가 작용한다는 것입니다. 그럼에도 불구하고 카리스마 지도자가 지닌 특출난 면모가 다소 과장되어 있기는 하지만, 자신의 독특한 주장이나 개인적 성격에서 권위가 서는 '천부적' 지도자와 공유하는 측면이 있습니다. 왜냐하면 개인적 특성은 '그가 특별한 인물이라는 이유로' 판결을 내리고 명령을 내릴 권한을 지녔다는 징표가 됩니다. 그리고 한 사회에서는 비전을 제시한 사람이 환각상태에 빠져서 전기충격 치료를 받을 필요가 있다고 여길지라도, 다른 사회에서 같은 증상이 어떤 측면에서 권위자an authority로 인식되는 징표일 수 있습니다.

사실상 우리가 어떤 사람을 권위자라고 부르는 것은 '관계당국' 또는 '제도적 권위'에 기대어 명령이나 결정을 내리는 경우보다는 그 사람의 판단능력 때문입니다. 따라서 우리가 어떤 사람을 미술, 음악, 핵물리학의 권위자라고 부를 수 있는 것입니다. 이러한 사람은 제도적 권위에 의거하거나 일련의 법령이 부여하는 권위를 지닌 것이 아닙니다. 그러나 특정 분야에서 경륜, 역량, 성공 때문에 그는 권위자로 인정받는 것이며, 그에 따른 판단의 권한을 지니게 됩니다. 그리고 그의 권한은 특정 분야에서 그의 '개인적personal' 성취와 연륜에서 비롯됩니다. 이와 관련하여 권위의 정당성이 개인의 특성에 근거한다는 점에서, 우리가 아무렇지 않게 권위자라고 하는 부르는 경우는 베버의 카리스마 권위와 유사합니다.

드골 현상은 분명 이 세 번째 경우에 해당합니다. 이 경우는 한 개인이 직업과 관련하여 매우 괄목할 만한 성취와 프랑스 국민에게 묘한 호소력을 지닌 사람의 프랑스의 운명을 가를 신비한 능력이 결합된 것입니다. 더욱이 라디오와 텔레비전과 같은 매체를 독점함으로써 그는 프랑스의 모든 안방에 친숙한 인물로 자리매김하게 된 것입니다. 모든 장면은 카리스마적 충격을 주기 위하여 연출된 것입니다. 이러한 충격은 다른 종류의 권위를 부정하지 않았다면 결코 드러날 수 없는 것입니다. 그 결과 프랑스에서 합법적–합리적 권위의 설정이란 곧 강한 정부의 성립을 어렵게 하는 것을 뜻하며, 제도적 권위를 부여받은 사람을 구체제의 잔재라고 선동해 버리는 것을 뜻합니다.

그럼에도 이 세 번째 유형의 권위조차도 신비적인 분위기를 자아내게 해서는 안 된다고 말할 수 있을지도 모릅니다. 하지만 교장이 학급의 아이들을 실질적으로 통제할 수 없는 것처럼 제도적 권위를 지닌 어떤 사람이 실질적으로 권위를 행사하지 못하는 경우가 있으므로, 우리는 법리상 de jure 권위와 실질적 de facto 권위를 구분해야만 합니다. 반면에 귀재 크리치턴[13]과 같은 사람이라면 제도적 권위가 부여되지 않았다고 하더라도 실질적으로 권위를 행사할 수 있을 것입니다. 드골과 같은 인물은 카리스마로 일관되어 있고, 반대로 어떤 사람들은 이 권위에 복종하고 신뢰해야 하

---

13) Admirable Crichton. 본명은 James Crichton (1560~1582). 인문 예술, 과학 등 여러 분야에서 두각을 나타내었던 스코틀랜드의 귀재.

는 처지에 놓여 있다면 이들을 가르는 경계는 어떻게 지어야 한다는 말입니까? 내가 '권위'가 무엇을 의미하는지를 개념적으로 분석하면서 권위의 여러 유형을 보여 주지 않았습니까? 앞서 드 주브넬이 언급한 영향력에 이끌리는 '사람'은 도대체 무엇이란 말입니까?

사회심리학자들은 어떤 사람을 지도자로 만드는 데 작용하는 모종의 신비스러운 힘과 같은 특정한 실체가 존재한다는 주장에 강하게 반발합니다. 그들에 따르면, 지도자란 지도자를 필요로 하는 일이나 집단에 의하여 만들어집니다. 그럼에도 불구하고 신비스러움을 일소해 버리는 명백한 경험적 증거는 아주 드물지만 찾아볼 수 있다고 합니다. 잘 알려진 바와 같이, 자리가 그 사람을 만든다는 말이 있습니다. 사람들은 자신들에게 기대되는, 이를테면 회장과 같은 직책에 '페르소나'[14]를 채택하게 되고, 이것이 눈덩이 효과snowball effect를 발휘합니다. 여러 분야에서 사람들이 권위를 행사하는 것도 이와 같은 이치입니다. 하지만 간혹 의심의 여지없이 권위로 인정받았다가 그렇지 못한 것으로 입증되는 불길한 경우가 있기는 합니다. 과학자가 정치적 역량을 발휘하는 경우처럼 다른 분야에서 권위를 더 발휘하는 경우도 있습니다.

눈덩이 효과에 관하여 덧붙일 점은 제도와 관계없이 더비 경마 우승자처럼 재주를 한껏 펼치는 경우에만 성공할 수 있는 카리스

---

14) *persona*. 라틴어의 가면에 해당하는 말. 여기서는 어떤 직책에 오르게 되면 그에 기대되는 수행해야 할 역할을 스스로 설정하게 된다는 것을 뜻한다. 그리고 그 역할 설정이 처음에는 미미했지만, 나중에는 눈덩이처럼 커진다는 것이다. 권위도 마찬가지로 형성되는 것이며, 카리스마와 같은 신비스러운 특성은 없다는 주장이다. 결국 '페르소나'는 '기대 역할을 행하기 위해 요구되는 가면'이라는 뜻을 지닌다.

마의 경우도 있습니다. 그가 할 수 있는 말이라고는 그것을 해낸 사람이 자신이었다는 것뿐입니다. 그가 지닌 번뜩이는 자질은 말로서 표현할 수 없으며, 말로 표현하지 못하는 만큼 그에 대한 열광은 더욱더 커져만 갑니다. 실제로 어떤 사회에서는 권위가 결코 그릇될 수 없음을 보여 주기 위하여 실패를 은폐할 의도적인 장치도 고안해 낸다고 합니다.[15]

성공은 또한 열광, 추종, 맹종의 기대감을 고조시킴으로써 권위가 보다 효과적으로 실행하게 하는 필요조건으로 작동합니다. 사람들은 자신들이 특정인에게 기대를 증폭시키는 만큼 그가 내린 결정을 그저 받아들이고 명령에 복종하려고만 할 것입니다. 성공적인 교장이라면 누구나 이 사실을 압니다. 그래서 우리는 '권위에 편승해서an air of authority'라는 말을 하게 됩니다. 단언컨대, 소년 예수는 성지에서 '권위를 가지고' 말을 함으로써 사람들을 감복시켰습니다. 음성과 용모는 권위를 행사하는 데 있어서 필수적으로 요구되는, 내적 확신이 외적으로 드러나는 통로입니다. 왜냐하면 어떤 개인의 권위를 드러내는 데에 그의 현명하고 오묘한 예언만 가지고는 불충분하기 때문입니다. 그도 이 사실을 너무나 잘 알고 있습니다. 등불을 켜서 그것을 말 아래 두는 것[16]으로는 자신의 권위를 드러낼 수 없습니다. 그리고 그의 '페르소나'는 군중이 공유할 만한 이미지에 어울리는 권위에 상응합니다. 진보적

---

15) 전체주의 사회에서 독재자가 스스로를 우상화, 신격화하는 경우를 가리킨다.

16) He hides his light under a bushel. 성경 마태복음 5장 15절에 나오는 말로서, 자신의 선행을 감춘다, 또는 겸손하게 처신한다는 뜻. 이 말을 통해서 피터스는 외양상 권위를 드러내는 일은 일종의 위선이라는 점을 지적하고 있다.

학교에서는 군대의 원사가 하는 방식으로 권위를 행사하려는 사람은 하찮은 존재로 여기고 있습니다. 상당히 권위주의적인 사립학교에서도 자신의 견해를 벗어던지고 남의 의견에 이끌려서 결정하려는 사람은 소신이 없거나 '의지가 박약한' 사람으로 여겨집니다.

이와 같은 현상을 심리학적으로 면밀하게 검토한다면 그것이 권위의 미명을 걷어내는 데 도움이 될지도 모릅니다. 그러나 그것만으로 계몽의 연장에서 성립한 현대 사회가 카리스마를 지닌 인물을 양산해 내는 희한한 현상이 왜 나타나는지를 설명해 주지 못합니다. 사실상 계몽의 연장선상으로 나타난 이러한 현상은 어떤 면에서 보면 역설적 결과를 가져온 셈입니다. 계몽은 과학과 도덕적 근거라는 뚜렷한 두 가지 축을 지니고 있습니다. 수백 년 동안 과학과 도덕적 논의가 모두 기존의 권위를 대체하거나 어느 정도 보완하는 사회적 규율로서 작동해 왔습니다.

물론 권위는 사회적 복종conformity을 가져오는 유일한 방법입니다. 거기에는 힘이 작동할 수도 있습니다. 힘을 사용함으로써 한 개인이 다른 사람들을 알력, 협박, 경제적 압력, 선동, 회유, 기타 합리적이지 못한 방법으로 자신이 원하는 바에 따라 움직이게 할 수도 있습니다. 동물들이 휘두르는 힘과 마찬가지로 도적떼들과 최면술사들도 힘을 휘둘러댑니다. 그들은 명령이나 통보조차도 하지 않고 사람들을 굴복시켜 버립니다. 힘과 권위 사이에 긴밀한 관련이 있습니다. 그러나 이 둘은 전혀 다른 개념군에 속합니다. 사실, 드 주브넬이 지적했듯이, 사회적 복종을 강요하기 위하여 힘에 의지하는 경우는 사회의 권위 체제가 무너지거나 개인이 자신의 권위를 상실하는 때에 국한됩니다. '권위'라는 개념은 강압, 선동, 협박이라는 힘에 의지하지 않고 행동을 규율하는 데 필연적으로 요구되는 가장 정확한 방법을 알려 줍니다. 권위의 개념적 특성은 곧 질서, 의사결정, 판단에 담긴 목소리에서 찾아낼 수 있습니다. 물론 어떤 점에서 보면, 힘을 행사하는 능력이 곧 권위를 행사하는 필요조건이 될 수도 있습니다. 권위의 개념적 특성이 내는 목소리 이면에 회초리가 있을 것입니다. 마치 의회 민주주의 이면에 합법적인 형태의 권력으로서 군과 경찰이 내적 권위 체제로 작동하듯이 말입니다. "권력 없이 합법적인 정부 없다."는 옛말처럼, 권력은 천부적 권리entitlement를 확고히 보장해 주는 근거라는 주장이 참일지도 모릅니다. 그러나 권위의 실행이나 천부적 권리의 근거에 요구되는 필요조건이 '권위'가 의미하는 바와 혼동되어서는 안 됩니다.

이제 현대 과학은 과거 우리 선조들이 꿈에도 상상하지 못했던 힘을 행사할 수단을 갖게 해 주었습니다. 내가 말하고자 하는 바는 나치의 가스실, 대중 선동, 정치선전 그리고 핵무기 사용에 있습니다. 이러한 것들은 중앙집권적 권위를 강화하는 수단으로 사용될 수도 있고, 온당한 권위를 붕괴하는 데 사용될 수도 있습니다. 이것들은 과거 개별적 접촉에 따라 실행되었던 권위 체제의 중요성을 왜소하게 만들어버린 경향이 있습니다. 이것들이 어떤 형태의 권위를 선호한다고 하면, 그것은 아마도 카리스마 쪽일 것입니다. 정치인들은 텔레비전에서 신비스러운 분위기를 연출하려고 치장하려 할 것입니다.

과거 권위 체제를 전복시키도록 영향을 행사한 도덕적 계몽은 과학의 계몽과 함께 해 왔습니다. 과학과 도덕이 권위와 함께 할수 없게 했던 오랜 전통이 있습니다. 과학 탐구에서 제안자라는 뜻을 가진 'auctor'로서 새로운 진리의 창시자의 입지는 축소됩니다. 왜냐하면 개인이나 집단 차원에서 창시자가 곧바로 진리를 입증해 줄 심판자로서 설정되는 것은 정당화되지 않기 때문입니다. 같은 맥락에서 과학에서 정해진 규칙은 사람이 현실에서 여러 선택지 중에서 하나를 택하거나 실행에 옮기는 경우처럼 수용되는 것이 아니기 때문에 결코 도덕적 규칙이 될 수 없습니다. 도덕적 논의에는 이유가 주어져야만 하지만, 그것은 과학에서처럼 창시자가 있거나 판단을 내려 줄 심판관이 있는 것이 아닙니다. 물론 과학과 도덕이 각기 분야에서 권위자들의 권고에 따르는 것이 사실입니다. 그러나 권위자들의 선택에는 합당한 근거가 늘 있게 마련이지만 그들도 사람이기 때문에 그들의 판단이 확정적이라고 할 수 없다는 점에 누구나 공감하게 됩니다. 과학과 도덕 문제에서 절대적인 입법자도, 절대적인 판단자도, 그리고 그것을 실행할 엄정한 경찰관도 없습니다.

그러므로 과학과 도덕이 절차적인 견지에서 원천적으로 권위와 적대적일 수밖에 없습니다. 또 다른 측면에서 보면 권위를 철통같은 요새로 여기는 종교도 이와 사정이 같습니다. 종국에 가면 대부분의 종교는 성경, 교황이 내리는 성좌선언, 또는 개별 신도에게 왕림하는 계시와 같은 권위주의적인 준거에 의존하게 될 것입니다. 이와는 반대로 도덕적 신념은 과학적 신념과 마찬가지로 합당한 권위 대신에 그 신념에 합당한 근거를 요구할 것입니다.

그 결과로 계몽사상의 확산은 과학과 도덕의 형태를 빌어 권위에 대하여 크게 두 가지로 영향을 미쳤습니다. 하나는, 계몽사상이 정책의 근거를 요구함으로써 권위는 결코 권위주의적 엄명의 형태가 아니라 합리적 근거를 확보할 때가지 유보되어야 했습니다. 이것은 베버가 주장하는 법적-합리적 권위에 해당하는 것입니다. 그에 따르면, 관료주의의 발흥은 서양 사회의 발전 기여에 가장 중요한 징표입니다.

다른 하나는, 이성에 대한 신뢰를 굳건히 함으로써 기존 전통이나 권위주의적 단언에 의하여 결정되었던 문제들을 사람들이 일일이 의사결정을 내리는 데 따르는 기쁨도 있지만 때로는 그로 인하여 부담을 지게 되었다는 점입니다. 심리학자들은 권위주의적 가부장에 대한 필요 이상의 요구를 하는 것은 이제는 곤란해졌다고 합니다. 사회제도로서 역할이 줄어 가는 전통적인 가정과 성직자, 영주, 족장과 같은 기부장적인 권위자들이 사라짐에 따라, 사람들은 자신들이 해결하기 곤란한 사안에 접하였을 때에 드골과 같은 또 다른 권위자를 과거 권위자들을 대체할 수 있는 대안으로 찾게 됩니다. 이것은 프롬이 말한 자유에 대한 두려움[17]에 해당하는 것으로서 이제 많은 사회학자들이 좋아하는 주제가 되었습니다.

물론 과거의 낡은 권위의 붕괴가 잘못된 것이라고 말하는 것이 아닙니다. 나는 여타의 사회 규율과 비교해서 권위가 지니는 독특한 특성을 부각시키고자 하는 것입니다. 또한 과학과 도덕을 기반

---

17) the fear of freedom. 우리에게는 '자유로부터 도피'라고 많이 알려져 있다. 권위의 부정은 또 다른 권위를 불러 오는 이유가 되는데, 그것이 바로 선택을 해야 하는 두려움, 이를테면 선택에 따르는 책임의 회피로 인하여 자신의 선택을 또 다른 권위자에게 일임해 버린다. 그 결과 나타나는 형태는 대부분 단순한 카리스마를 넘어서 전제적 지배 또는 '독재'와 '우상숭배'의 양상을 띠게 된다.

으로 한 인식이 고양되었다고 해서 권위의 전통적 특성마저 저버렸을 경우, 그것이 법적-합리적 권위에 의하여 대체될 수 없음을 말하고자 하는 것입니다. 그것은 경우에 따라서 카리스마적 권위가 비집고 나올 틈새를 제공할 수도 있습니다. 내가 강조하고 싶은 말은 사회 체제로서 권위는 존속되어야만 한다는 것입니다. 그러면 남겨진 문제는 어떠한 종류의 권위가 존속되어야 하며, 그 근거는 무엇인가에 있습니다.

제2장

권위 없는 삶

지난 300년 동안 이어진 우리 사회의 변화 중 가장 인상적인 특징은 사회 변화가 점차적으로 이루어졌다는 점입니다. 그것은 모름지기 어른 없는 사회[1]의 도래라고 극적으로 표현할 수 있습니다.

17세기까지만 해도 일상적 삶의 모든 부분을 지배했던 것은 아버지라는 존재였습니다. 가정에서 아버지는 명실상부한 가족의 지배자[2]였으며, 아버지가 아이들에 대하여 행사했던 권위는 국

---

1) fatherless society. 어의대로 하자면 '아버지가 사라진 사회'이다. 그러나 권위의 측면에서 보면, 그리고 우리말의 맥락에서 보면 '어른 없는 사회'가 적합한 표현이다. 권위를 실행하는 주체는 아버지에 국한되지 않고, 교사, 영주, 지주 등 권력자 모두를 포함한다. 이는 'paternalism'의 번역어가 '가부장', '아버지'라는 표현을 빼고 '권위적 간섭주의'라고 번역하는 것과 같은 이치이다. 간혹 'paternalism'을 '가부장적 간섭주의'라고 번역하는 경우가 있으나, 이는 이 말이 전달하고자 하는 의미를 협소하게 한다. 무엇보다 이 번역어는 과거 일본인들이 지어낸 말이다. 그럼에도 불구하고 본문에서 '아버지 없는 사회'라는 표현을 사용한 것은 역사적으로 의미를 담고 있다. 이하 문단을 보라.
2) patriarch. 우리말로 하면 가장(家長).

왕, 주교, 영주, 지주 그리고 교황에 이르는 힘 있는 사람들이 행사한 권위에 비추어 성립하였습니다. 하지만 권위의 가부장적 요인은 점차적으로 사라져 버렸습니다. 심지어 서로를 속속들이 잘 아는 조그만 마을이나 소도시에서조차 과거에 당연시되었던 지주와 성직자들에 대한 존경이 사라져 버렸습니다. 자신의 삶에 스스로가 책임을 지는 동지애적인 평등사회가 형성되었습니다. 출생 신분이 아니라 자신의 능력으로 인하여 사람들은 출세할 수 있게 되었고, 여성은 여성이라는 이유만으로 더 이상 열등한 대접을 받지 않게 되었습니다.

이러한 점차적 변화는 혁명에 의한 급작스러운 변화보다도 사람들의 태도에 미치는 영향에 있어서 더 중요합니다. 하지만 그 이유 때문에 변화의 특성을 파악하기가 쉽지 않습니다. 성장하여 스스로 힘으로 살아갈 수 있을 때까지 우리는 미성년 시절이 부모가 모든 것을 결정해 주어서 안정된 기간이 되기를 기대합니다. 사회도 마찬가지입니다. 사회 상황이 어려워졌을 경우에 그것을 독재자 형태의 가부장에게 맡긴다는 것은 수긍하기 어렵습니다. 그렇다면 과거의 가부장 역할을 대행할 수 있는 새로운 형태의 인물을 찾아야 할 것입니다. 과거의 성직자나 정치적 군주는 더 이상 권위자로서 기대하기 어렵게 되었습니다. 이제 우리는 우리 영혼을 돌보아 주었던 성직자보다는 우리 건강을 돌보아주는 의사, 마음을 치료해 주는 정신과 의사를 권위자로 대하게 됩니다. 그리고 우리는 조롱할 만큼 정치인들에게 환멸을 느낍니다. 의사에 대한 상대적 존경심은 하나의 징후입니다. 왜냐하면 많은 사람이 마음속으로 과학자들은 과거 낡은 권위자들을 몰아내고 그 자리를 차지했다고 생각하기 때문입니다. 무엇보다도 우주여행, 세포의 화학적 재생, 인공두뇌, 무의식 세계의 분석과 같은 불가사의하게 보이는 일들은 성직자가 아닌 과학자의 영역으로 판명 났기 때문입니다. 그리고 텔레비전, 냉장고, 세탁기, 원자폭탄과 같은 것[3]은 정치가가 아닌 과학자들의 몫이기 때문입니다.

많은 과학자들은 이러한 일들을 수행함에 있어서 권위를 행사하기 좋아하는 듯합니다. 그들은 전쟁과 평화에 대하여 공언을 합니다. 윤리 문제에는 진화론이, 종교 문제에는 천체물리학이 자리를 대신하게 됩니다. 또한 자녀 양육 문제에 대한 과학적 견해에 우리는 귀가 멍멍할 정도입니다. 진화론이나 핵물리학 분야의 전문가인 과학자들은 마치 과거 플라톤의 철인 왕처럼 개인 생활이나 사회적으로 무엇을 추구해야 할 것인가에 답을 주어야 하는 부담을 지게 되었습니다. 이러한 상황은 매우 위험합니다. 어쨌거나 우리가 감당하기에 고통스러운 문제들을 용이하게 해결할 수 있는 전문가가 필요한 상황입니다. 이제는 어른들이 짊어져 왔던 근심과 책무를 전문가에게 맡김으로써 우리가 영구히 유아기에 머물 수 있게 해 주는 새로운 가부장을 찾게 되었습니다.

실제로 과학자들이 새로운 권위자로 부상한 것은 아이러니입니다. 도덕성과 마찬가지로, 과학은 기본적으로 반권위주의적입

---

3) 강연이 행해지던 시기가 1950년대 말에서 1960년대 초라는 점을 상기할 필요가 있다. 이 시기에 선진국인 영국에서도 세탁기, 냉장고 등이 오늘날처럼 보편화된 생필품은 아닌 듯하다. 그리고 앞 문장에서 '인공두뇌'는 '인간의 두뇌를 대체할 수 있는 기계적 두뇌'의 번역어이다. 오늘날 말하는 인공지능이 아니라 컴퓨터 보급 초기 단계의 연산을 말하는 듯하다. 연산능력 분야는 당시의 수준으로 보면 획기적인 기술 혁명에 해당한다.

니다. 사실 과학과 도덕의 의식 발달은 가부장적 주종관계 사회를 동지애적인 평등사회의 출현을 나타내는 가장 중요한 징표가 되었습니다.

하는 일에 있어서 과학자는 확실히 권위를 인식하지 못하는 인물입니다. 누군가 어떤 사실이 참이라고 말했기 때문에 과학자가 그것을 그대로 수용한다면, 과학자는 자신에게 주어진 소명을 포기하는 것입니다. 과학자는 천체가 일정한 비율로 땅에 떨어진다는 사실을 갈릴레오나 다른 누군가가 말했기 때문이 아니라 갈릴레오가 주장한 것이 사실임을 증명하는 실험 때문에 믿는 것입니다. 과학적 토론에서 누군가의 신념의 근거를 주의 깊게 경청하는 일과 자신의 개인적, 사회적 편향을 무시하는 일은 필수적으로 요구합니다. 우리는 과학자의 주장이 단지 그의 신념이거나 일종의 계시나 권위에 근거해서 주장하기 때문에 그것을 받아들이는 것이 아닙니다. 마찬가지로 우리는 과학자의 인종이나 출신 배경이 마음에 들지 않는다고 해서 거부하지도 않습니다. 우리는 반드시 논점에 의존해야지 결코 과학자 개인에 의존해서는 안 됩니다. 이럴 경우 우리가 합리적이라거나 우리의 이성에 의존했다고 말할 수 있는 것입니다.

물론 어떤 과학자들은 특정 문제에 대한 권위자로 불리기도 합니다. 그러나 이는 단지 그들이 이전에 사실에 부합한다고 여겨진 이론을 새롭게 제창하고 해당 주제를 면밀하게 연구했다는 것을 의미할 뿐입니다. 이렇게 해야 우리는 그들을 신뢰할 만한 과학자라고 할 수 있는 것입니다. 그들에게 특정한 주제에 관한 합당한 확고한 전제가 있을 수도 있지만, 그것은 단지 그들이 확고하게 믿는 전제일 뿐입니다. 그들의 명성에도 불구하고, 권위 있는 과학자들도 어떤 경우에는 틀릴 수도 있는 것입니다. 그리고 과학자들의 견해가 자신의 전공 영역 밖에서 전문 교육을 받은 합리적인 사람보다 낫다고 볼 수 없는 것은 너무나 당연합니다. 물리학이나 음성학에서 전문 교육이 곧 정치적 박식함을 길러 주지는 않습니다.

도덕성은 과학과 마찬가지로 반권위주의적이기 때문에, 이 둘이 함께하는 것은 결코 우연이 아닙니다. 내가 보기에 '도덕성'이란 단지 주어진 일을 관습적으로 이행하거나 아니면 종교적, 정치적 권위가 요구하는 의무를 이행하는 것을 의미하지 않습니다. 어떻게 보면 관습, 종교, 법률과 도덕성을 뚜렷하게 구분할 수 없을지도 모릅니다. 그러나 내가 보기에 도덕성이란 자기 스스로가 수용한 규율에 따라 행동하는 것을 의미합니다. 우리는 그저 도박이 잘못된 것이라고 믿으며 자라 왔기 때문에 그것이 도덕적으로 잘못되었다고 믿지 않습니다. 이것이 바로 관습입니다. 아니면 도박을 반대하는 '이유'가 있다고 생각하고 지내 왔기 때문에 그것이 잘못이라고 믿을 수도 있습니다. '도덕성'을 이와 같이 보는 것은 관습과 합리적 규범 양편에서 근거를 지니기 때문에 일상적 의미를 공고하게 해 줍니다.[4] 하지만 그것은 일상 어법에 근거한 것이 아닙니다. 예를 들어, '비도덕적immoral'이라는 말은 성 문제나 이기적 행태를 뜻하는 데 사용되지만, '비윤리적unethical'이라는 말

---

4) 저자는 도덕성, 도덕교육이 지니는 두 가지 측면, 즉 관습과 합리성 또는 습관과 이성을 모두 중시하는 입장이다. 이에 관하여 본서 제11장과 제12장 참조. 그러한 맥락에서 권위는 합리성에만 전적으로 의존하지 않음을 강조한다.

은 전문직에 요구되는 규범을 어기는 것을 뜻합니다. 그러나 이와 같은 일상 어법의 변칙은 '의무ought'와 '선good'이라는 용어와 관련된 윤리학적 논의 형식으로 인하여 생겨나는 것입니다. 윤리학적 논의 형식은 항상 근거를 가지기 때문에 단순한 명령의 형태와는 다릅니다. 이처럼 단순한 명령에 따르는 것은 규칙에 맹종하거나 '남들이 그렇게 말하니까' 따르는 '자의적인arbitrary' 논점을 지닌 것에 불과합니다. 내가 합리적 규칙으로 '도덕성'을 설명하려고 한 것은 합리적 규칙이 단순한 준법, 예절, 관행과 구분되는 도덕성, 이를테면 어떻게 행동해야 하는가를 처방해 주는 '근거들'을 계발하는 특성을 지니고 있기 때문입니다.

과학자를 도덕적 행위에 관한 권위자로 여기기 곤란하게 하는 또 다른 이유가 있습니다. 과학자의 일은 사실을 기술하고 설명하는 것입니다. 과학자는 오직 사실과 그 원인만을 말해야 합니다. 과학자는 우리에게 무엇이 사실 '이어야만 하는지ought be'를 말하지 않습니다. 심리학자는 아이들에게 도벽이 생기는 이유를 말할 수도 있으며, 사회과학자는 실업의 원인이 무엇인지에 대해 말할 수도 있습니다. 그러나 그들이 '과학자로서as scientist' 도벽이나 실업이 '그르다wrong'고 말할 수는 없습니다. 과학은 사실에 관한 것이고, 도덕성은 당위에 관한 것입니다. 따라서 과학자가 사실과 그 원인에 대하여 우리에게 명확하게 말할 수는 있지만, 이를 근거로 우리가 무엇을 해야 하는지를 '과학자로서' 말해 줄 수 없습니다. 이는 도덕적 행위자moral agent로서 우리의 책무입니다.

또한 사실과 당위의 구분은 우리에게 어떤 형태의 권위를 거부해야 하는 근거를 부가적으로 알려 줍니다. "심리학자가 자식을 때리지 말아야 한다고 말한다."거나 또는 "성직자가 아내와 이혼해서는 안 된다고 말한다."는 것을 두고, 이것이 내가 해야 할 일과 하지 말아야 할 일을 판단하는 근거가 된다고 결론 내리는 것은 논리적 오류입니다. 심리학자와 성직자가 이러한 말을 한다는 것은 단지 경험적 사실에 불과하기 때문입니다. 그들이 우리에게 해야 한다고 말한 것을 우리가 따라야 할 원칙으로 받아들인다는 것은 곧 자식을 때리거나 이혼을 해서는 안 된다는 상황을 전제할 경우에 한합니다. 이렇게 되면 과학자와 성직자들의 권위를 모두 의심 없이 받아들인다는 것은 곧 그들을 권위자로 받아들이고 있는 것입니다. 그러나 이른바 권위자들 사이에서 의견이 일치하지 않는 경우가 종종 있습니다. 그렇다면 어느 쪽을 우리는 받아들여야 할까요? 만약 이 중 하나를 받아들이는 이유를 제시한다면, 우리는 그 권위에 깔린 규칙을 채택한 것이 아닙니다. 그것은 정당에 가입하여 당의 노선에 언제나 따르겠다고 서약한 사람과 마찬가지로 권위에 대한 복종할 근거로서 나름 타당한 또 다른 규칙을 가지고 있는 것입니다. 이러한 조건적 권위에 일시적으로 복종하는 것이 과연 도덕적 책임과 일치하는가 하는 것은 잠정적 권위가 때에 따라 잘못되거나 그래서 거부할 수도 있다는 것을 인정할 경우에 한정됩니다.

이제 과학자들은 우리가 지금까지 살펴본 논점을 선뜻 인정할지도 모릅니다. 그러나 이들은 현대 과학으로 인정된 정신분석학의 경우에는 이제까지 살펴본 논거와 무관하다고 말할지도 모릅니다. 정신분석학은 아버지라는 존재를 제거하고 결코 성립할 수 없다는 것은 잘 알려진 사실입니다. 우리가 아버지를 4세 무렵에 발달된 '초자아super-ego'로 수용하면서, 양심이라는 것은 곧 아버지의 기준으로 내려진 아버지의 무서운 목소리라고 합니다. 우리는 현대 사회에서 가부장을 이미 제거했다고 하지만, 여전히 우리의 마음속에 가부장을 품고 있는 것입니다.

이처럼 매우 미묘한 일을 다루기 위하여, 우선 '양심'이라는 용어의 모호성을 살펴보는 일이 필요합니다. 양심은 관습적 도덕성이라고 부르는 맥락이나 습관적인 행동의 맥락에서 사용될 수 있습니다. 그리고 프로이트 이론이 이러한 종류의 행동을 잘 설명할 수 있다는 것은 명백합니다. 그러나 '양심'은 원칙에 대한 합리적인 숙고를 하는 경우에도 사용될 수 있습니다. 예를 들어, 버틀러 주교[5]는 '양심'을 '자신의 행동의 도덕적 승인 여부를 분별할 줄 아는 인간의 성찰 원리'로 정의했습니다. 나의 도덕성 논의는 바로 버틀러 주교의 양심 의미를 진제로 하고, 그래서 프로이트의 이론과 거의 관련을 맺고 있지 않다는 점입니다. 나의 논점은 스위스 심리학자인 피아제[6]의 이론에 의해 지지를 받고 있습니다.

---

5) Bishop Butler. Joseph Butler (1692~1752). 영국 국교회 주교이자 신학자, 철학자. 그는 무엇보다도 이신론(理神論), 토머스 홉스(Thomas Hobbes)의 이기주의, 그리고 존 로크(John Locke)의 개인의 정체성 이론에 대한 비판으로 잘 알려져 있다. 그러나 그는 많은 영국의 철학자와 종교 사상가들에게 영향을 미친 저명한 도덕론자로 인정받고 있다. 데이비드 흄(David Hume), 토머스 리드(Thomas Reid), 애덤 스미스(Adam Smith), 헨리 시지윅(Henry Sidgwick), 존 헨리 뉴먼(John Henry Newman) 그리고 브로드(C. D. Broad) 등이 그의 영향을 받은 사람들이며, 영국의 정치경제학의 발전에도 크게 기여한 인물로 알려져 있다.

6) Jean Piaget (1896~1980). 스위스의 철학자, 자연과학자, 인지심리학자이다. 아동의 인지발달이론과 인식 발생론적 관점을 제창하여 그의 이론은 '발생적 인식론'으로 잘 알려져 있다. 그는 인식의 발생은 물론 아동의 내면의 인지구조가 자아중심적인 것에서 사회중심적인 것으로 발전한다는 점을 강조한다.

그는 구슬 게임의 규칙이든 절도나 상해로부터 사회를 보호하는 규칙이든, 아이들은 이러한 규칙에 대한 태도를 단계를 거쳐 가면서 형성한다고 주장합니다. 초기에는 규칙이 아이들에게 부모와 교사의 권위에서 발현하는 것처럼 외부에서 강제적으로 부여되는 것처럼 보입니다. 물론 아이들은 규칙을 지키지 않을 수도 있고, 부모나 교사를 속이고 그들 자신의 욕구 성향에 따르기도 합니다. 하지만 아이들은 규칙의 타당성을 의심하지 않습니다. 이 단계에서 프로이트의 초자아가 형성됩니다. 아이들이 두 종류의 규칙이 상호 동의에 의존하며 자신들이 바꾸자고 결정하면 바꿀 수 있음을 깨닫는 것은 또래집단기gang stage에 이르고 나서부터입니다. 이때부터 아이들은 규칙의 '의미point'를 보고 규칙을 대하는 상당히 다른 태도를 형성하게 됩니다. 정도의 차이는 있지만, 우리 모두가 살아가는 데에 아버지의 목소리를 버리지 않는 것처럼, 아이들 모두가 어릴 적 형성된 규칙에 대한 태도를 버리는 것이 아닙니다. 하지만 자율성 신장 여부는 부모의 금지가 얼마나 누그러지는가와 중첩되어 있습니다.

아동 발달의 선험적 단계와 자율적 단계를 구분한 피아제의 논점은 곧 사회 발달을 보는 패러다임에 있습니다. 우리가 폐쇄적이고 전통적이며 가부장적인 사회에서 점진적으로 벗어날 수 있었던 것은 우리의 삶이 어김없는 외부의 권위에 의해 전적으로 지배되었기 때문입니다. 과학과 도덕은 이 단계에서 가장 중요한 두 가지 징표입니다. 그리고 과학과 도덕이 상호 관련된 것은 과학자가 과거의 권위를 대체할 새로운 권위자이기 때문이 아니라, 과학과 도덕이 모두 특성상 반권위주의적이기 때문입니다. 이것은 모르기는 해도 그들이 상호 부정적으로 관련되기 때문입니다. 그러나 그들이 어떻게 관련되는지를 좀 더 파헤쳐 보면 긍정적 요소가 있음을 알게 됩니다.

이제까지 논의에서 과학과 도덕성 모두 합리적이며 이성의 사용을 포함한다는 것을 알 수 있습니다. 이것은 원자를 쪼개거나 낱말 퍼즐을 풀거나 살인을 기도할 수 있는 일종의 정신적 장치를 연결해 주는 스위치를 의미하는 것은 아닙니다. 극도로 비합리적인 사람이라면 이 모든 것들을 그렇게 할 수 있을 것입니다. 그것은 이성에 따라 타당하지 않은 사항은 고려하지 않고, 진리를 탐구하는 데 따르는 절차에 따라 행동하는 것을 의미합니다. 권위에 의존하지 않는 것은 진실을 적극적으로 따르는 데 대한 소극적인 측면입니다. 이는 일종의 불편부당성impartiality을 전제로 합니다. '내'가 이랬다거나 '네'가 저랬다는 것은 고려할 필요가 없습니다. 이성에 근거해야만 어떤 차이나 분별이라도 일체 판단을 하는 '근거'가 될 수 있습니다. 타인의 말을 경청하되 그것을 그의 어조나 시선에 아랑곳하지 않고 고려하는 것이 과학 정신이나 기타 합리적인 논의에 부합하는 것입니다. 그러면 과학과 합리적인 논의가 왜 상대의 견해를 수용해야 하는 이유가 되는 것일까요? 이를 넓게 보면, 합리성이라는 것도 역시 도덕성에 필수적입니다. 도덕에서 합리성은 이론적인 근거보다는 실제적인 이유를 중시합니다만, 과학에서처럼 이론들의 충돌을 뜻하지는 않습니다. 그러나 도덕성은 과학적 이론들 사이의 충돌처럼 논쟁에서 제시된 대안들을 공평하게 고려할 것을 요구합니다. 예를 들어, 채무 이행 여부를 결정할 때 신장이나 외모처럼 사안과 무관한 사항에 휘둘려서는 안 됩니다. 부도덕한 사람은 자신에게 옳은 것을 말하면서도 다른 사람에게는 그럴 필요가 없다고 말하는 사람입니다. 그러한 사람은 자신이 특정 행동을 해야 하는 이유를 다른 사람의 경우에도 타당한 것으로 받아들일 준비가 되어 있지 않다는 점에서 자신을 '특권층privileged person'으로서 여깁니다.[7] 사실상 그는 자기만 좋으면 된다는 생각에서 자기 멋대로 해도 괜찮다고 변명합니다. 숫자 1은 항상 일등이어야만 합니다.[8] 이것은 특권과 편파성에 의존하는 것입니다. 하지만 도덕적 관점은 모든 관련 당사자가 관련 사안에 각기 합당하게 고려되어야 합니다. 우리는 아이들에게 도덕성을 가르칠 때, 다음과 같은 말을 합니다. "만약 다른 사람이 네게 이런 짓을 한다면 어떻겠니?" 또는 "우리 모두 이렇게 행동한다면 어떤 일이 벌어질까?" 이는 특권에 호소하는 것과 다를 뿐만 아니라, 사실상 아이들이 도덕적으로 되는 것을 방해하는 "내가 말한 것이니 하지 마라."와 같은 권위주의적인 요구와도 근본적으로 다릅니다.

과학과 도덕에서 불편부당성은 이성이 가장 일반적으로 요구된다는 징표, 즉 차별은 오직 합당한 차이가 있는 데서만 성립해야만 하며, 규칙은 준수되어야 하고 예외는 항상 정당화 근거가

---

7) 21세기 대한민국에서 빈번하게 자행되는 '내로남불' 세태와 동일하다. 윤리학적으로 '내로남불'은 황금률(Golden Rule)에 어긋난다. 이어지는 문장에서 알 수 있듯이 황금률은 권위와 권위주의를 구분하는 윤리적 기준이 되기도 한다.

8) Number one must always come first. 자연수 1이 가장 먼저 나오는 것은 옳다. 그러나 기수(基數)의 의미가 항상 서수(序數)를 뜻하는 것이 아니다. 마찬가지로 사실적 차원에서 순서가 반드시 도덕적, 실제적 차원에서 우위를 결정하는 근거가 될 수 없다는 뜻이다.

있어야 성립한다는 것을 보여 주는 징표입니다. 이 일반적인 원칙은 형제애를 강조하는 우리 사회의 여러 집단에서도 적용될 수 있습니다. 예를 들어, 법 앞의 평등은 만약 어떤 사람이, 이를테면 집주인이나 세입자와 같은 특정한 법적인 범주에 속한다면 그는 종교, 신장, 사회적 배경과 같이 무관한 고려사항 때문에 집주인, 세입자로서 마땅히 주어져야 하는 혜택이 박탈되어서는 안 됨을 뜻합니다. 사법 판결은 증거에 따라 내려져야 하며, 판사와 배심원의 호불호에 따라 내려져서는 안 됩니다. '합당한reasonable' 판결이 내려질 수 있도록 피고와 검사에게 모두 사건을 진술하는 모든 편의가 제공되도록 허용되어야 합니다. 이와 마찬가지로, 의회에서 수상이 하원을 폄하면서 "나는 위대한 권위자이다. 나의 말에 따라 모든 것을 행하라."라고 말할 수 없습니다. 수상은 정책의 근거를 제시해야 합니다. 애석한 점은 너무나 많은 정치적 논쟁이 합리적 방식으로 이루어지기보다는 상대방을 모욕하는 것으로 변질된다는 것입니다.

이런 고로, 불편부당성을 포함하는 합리성은 과학과 도덕의 초석이며, 법적·정치적 제도 아래 사회가 작동하는 기제입니다. 과연 이것이 과학과 도덕 사이의 긍정적인 연결에 대해 말할 수 있는 전부라고 할 수 있을까요? 그렇지 않습니다. 여기에는 또 다른 매우 중요한 측면이 있기 때문입니다.

오늘날 문제가 되는 것으로 과학이 진보한 데 비하여 우리의 도덕성이 그에 따르지 못하여 우리가 감당을 제대로 하지 못한다는 점이 종종 언급됩니다. 우리는 원자, 박테리아, 정치 선전을 이해하는 데 진전을 이루어 왔지만, 이들은 서로를 파괴하고 개인, 정당 또는 국익에 방해가 되는 사람들을 심신 양면으로 괴롭히는 데 사용할 정도로 굉장히 사악한 존재입니다. 우리는 도덕에 앞서 과학이 권력과 특권을 추구하는 사람들을 위한 도구라고 말합니다. 그리고 의심의 여지없이 이 논점에서 살펴보아야 할 내용이 참 많습니다. 분명 문제는 내가 앞서 강조했던 바, 당위는 사실의 종복 從僕이 아니라는 점[9]을 부각시켜 줍니다. 그러나 이 논점은 부분적으로 진실입니다. 왜냐하면 현재 우리가 과거에 비해 훨씬 더 도덕적이라고 주장할 만큼 반대의 경우도 사실이라고 말할 수 있기 때문입니다. 그러나 이를 주장할 만큼 우리가 현명해졌다고 입증할 수도 없습니다. 이 유별나고 근거도 명확하지 않은 논점을 이제 자세히 파헤쳐 보고자 합니다.

과거의 가부장제에서 남성은 행동강령과 사회제도를 의심의 여지 없이 외부 권위에 의해 자신들에게 부여된 것으로 간주했습니다. 피아제 인지발달 이론의 초기 아이들처럼, 그들은 규칙의 '타당성validity'을 전혀 의심하지 않았습니다. 그 규칙들은 전통에 의해 전수되었고, 사계절과 조수의 규칙이 그러하듯이 만물의 보편적 질서로 받아들여졌습니다. 모든 사람은 바다의 물고기와 공중의 새와 같이 사회적으로 처한 각자 입장이 있었습니다. 이 사회질서는 바꿀 수 없는 것처럼 보였습니다. 그러므로 사람들은 자신들의 삶을 저해하는 사회적 관습과 제도들에 대해 큰 책임감을

---

9) What ought to be is not the lackey of what is. 앞의 각주 8) 참조. 그러나 사실이 당위의 토대가 된다는 점은 부정할 수 없다. 그렇다고 이것이 우리가 도덕적이라고 주장할 근거를 제공해 주는 것도 아니다. 즉, 사실은 당위 판단에 필요조건이 되지만 충분조건이 되지 못한다. 이하 본문 참조.

느끼지 않았습니다. 사회적 관습이 자신에게 달려 있고 제도도 자신의 책임이라는 것을 깨닫게 된 것은 오직 어른 없는fatherless 사회가 출현하면서부터입니다. 오래된 전통은 도전받기 시작했으며, 공정의 척도로 보니 전통은 다수를 희생하여 소수에게만 혜택을 주는 것으로 보였습니다. 그중 어떤 것은 출생 때부터 주어진 특권으로 그 타당성을 찾기 어려운 것이었습니다. 결과적으로 출생 신분 때문에 9세 아이가 왜 광산에서 일해야 하는 걸까요? 그리고 왜 공공 서비스는 사회적 배경에 상관없이 모두에게 열려 있지 않은 것일까요?

제도의 변화 가능성과 수많은 오래된 전통들의 불공평함이 공존하는 가운데 이러한 자각은 사회개혁에 대한 큰 열망과 함께 새로운 책임 의식을 가져왔습니다. 정치, 사회, 의료, 교육 등 모든 분야에서의 개혁이 지난 100년 동안 이 나라를 휩쓸었습니다. 그러나 어떤 면에서 보면 우리의 도덕적 열망이 우리가 지닌 지혜가 감당하기에 너무 과도했음이 입증되었던 것입니다. 왜냐하면 인간사는 아무리 선의의 개혁이라도 종종 개혁하는 이들이 바라지도 그리고 의도하지도 않았던 결과를 낳기 때문입니다. 예를 들어, 성평등은 철저하게 추구해야 할 도덕적인 목표로 보였습니다. 그리고 지난 50년 동안 성평등을 위해 많은 것을 성취해 냈습니다. 그러나 최근 결혼상담소의 담당자는 그것이 이혼의 가장 큰 원인이라고 주장합니다. 그는 "남성과 여성 간의 새로운 평등이 결혼생활과 가정생활의 안정을 완전히 뒤흔들어 놓았다."고 말했습니다. 여기서 이 주장은 우리가 성평등 운동을 중단해야 함을 의미하는 것은 아닙니다. 이는 매우 절실했던 개혁이라도 그것을 주도했던 현명한 사람이 전혀 예견하지 못했던 바람직하지 못한 결과를 불러온다는 논지를 보여 줄 뿐입니다.

이것은 과학자, 특히 사회과학자와 심리학자가 우리의 도덕성을 구출해 낼 수도 있는 문제입니다. 왜냐하면 과학자는 우리의 행동이 낳는 의도하지 않은 결과를 일반화하여 설명할 수 있기 때문입니다. 예를 들어, 뒤르켐[10]은 우리 사회의 교육 수준이 향상되면 자살률도 증가하는 경향이 있다고 주장했습니다. 만약 이것이 사실이라면, 그것은 우리가 알아야 할 매우 유용한 정보가 될 것입니다. 물론 우리가 무엇을 할지는 여전히 우리 자신에게 달려 있을 것입니다. 하지만 우리는 한꺼번에 모든 것을 개선하려고 성급하게 시도해서는 안 될 것입니다. 우리는 아프리카에 전면적인 의료 개선을 도입하고자 하는 의사의 입장에 서서 생각해 보는 것이 나을 듯합니다. 그러한 입장에 서면, 행정 관료로부터 "당신이 치료해서 살리고자 하는 사람들을 어떻게 먹여 살릴 것인가? 우리는 그들을 먹일 수 있을 만큼 식량을 충분히 지원할 수 없고 더 이상 들어올 수도 없다."라는 말을 듣게 될 것입니다. 이러한 경우라면 아무리 과학자라고 해도 우리가 이에 관하여 실천적으로 무엇을 해야 하는지를 말해 줄 수 없습니다. 하지만 과학자는 우리

---

10) David Émile Durkheim (1858~1917). 프랑스 사회학자로 사회학 연구 문제와 영역 그리고 방법론을 제시하였다. 그의 업적은 현대 사회학에 지대한 영향을 미쳤다. 그중에서 사회분업론은 유기적 연대를 핵으로 하는 근대 사회를 설명하는 중요한 이론이다. 또한 본문에서 예시된 그의 자살론은 자살을 단순한 개인의 행동으로 보지 않고 사회적 사실로 설명한다. 과거 관점에서 자살을 개인의 일탈로 보지 않고 사회적 조건에 의하여 강제된 행동으로 설명하는 뒤르켐 이론을 통하여 저자는 도덕적 권위의 근거를 새롭게 구축할 필요와 가능성을 예시한다.

가 조금 더 명쾌하고 책임감 있는 결론을 내릴 수 있도록 도와줄 수 있습니다.

도덕성은 너무 자주 의분indignation과 훈계moralizing 형태를 띠게 됩니다. 이는 결코 우리와 동떨어진 현실이 아닙니다. 따라서 고답적인 훈계를 지양하고 보다 차분하게 접근하는 것이 매우 중요합니다. 그러나 왜 이러한 궁지mess에 몰리게 되는지 이해하지 못하면 우리는 아무것도 할 수 없습니다. 그리고 이 점에서 과학자가 우리를 다시 도와줄 수 있습니다. 예를 들어, 우리는 현안인 청소년 범죄의 발생 정도에 대하여 걱정합니다. 만약 심리학자가 청소년 범죄의 주 원인이 초기 모성 결핍이라고 한다면, 우리는 사태 개선을 위해 무엇을 할 수 있는지를 알게 됩니다. 과학자는 또한 특정 문제해결 방법이 우리가 의도하지 않은 더 나쁜 상황으로 이어질 수 있다고 말해 줄 수도 있을 것입니다.

인간의 진보가 불행의 한 형태를 또 다른 불행으로 대체해 왔다는 것은 의미가 있습니다. 우리는 가부장적 사회의 부당함과 불행의 근원을 대부분 제거해 왔습니다. 그러나 이를 위해 우리가 선택한 방법들은 또 다른 종류의 불행을 가져오고 말았습니다. 예를 들어, 중세시대에는 고독과 소외는 오늘날과 같은 사회적 문제가 되지 않았습니다. 그러나 오늘날 고독과 소외와 같은 불행은 일정 부분 과거 권위의 많은 부당함을 제거하는 데 필요했던 중앙집권화가 낳은 산물입니다. 과거의 불행을 제거함에 있어서 우리는 종종 새로운 형태의 불행과 심지어 불행의 새로운 가능성을 열어 놓은 것입니다.

하지만 배부른 돼지보다 배고픈 소크라테스가 낫지 않습니까?

다른 사람을 사랑할 수 있다는 것은 어떤 사람이 이전에 사랑해 본 적이 없어서 결코 꿈꿀 수 없었던 불행의 구렁텅이에 자신을 몰고 가는 것입니다. 그러나 그렇다고 해서 우리는 사랑할 자격마저 내려놓아야 할까요? 사상의 자유를 거의 허용하지 않아서 한때 이 나라에도 사람들이 고통을 받았던 적이 있습니다. 하지만 사상의 자유는 비록 고무적인 것이기는 하지만, 우리를 매우 불행하게 만들 수도 있습니다. 그렇다고 사상의 자유를 포기할 것인가요? 어느 정도의 불만은 인간이 유인원에서 진화한 데 따른 대가입니다. 그러나 약간의 예지가 있다면 대부분의 불만은 피해 갈 수 있습니다. 과학, 특히 사회과학이 점진적으로 이러한 예지를 제공할 수도 있습니다. 그러다 보면 우리는 선의의 개혁이 낳은 의도하지 않은 결과에 더욱 현명하게 대처할 수 있으며, 또한 도덕 규칙을 어설프게 적용하는 데서 벗어날 수도 있을 것입니다.

과학과 도덕 사이의 동반자 관계에서 과학자는 권위자의 역할을 수행하는 것이 아닙니다. 실제로 과학자의 조언은 우리의 책임을 덜어 주기보다 책임져야 할 문제가 많다는 것을 보여 줍니다. 왜냐하면 과학자가 우리에게 청소년 범죄의 원인이 무엇인지 말해 줄 수도 있지만, 또한 과학자는 우리가 소설 『1984년』[11]에 나오는 사람들처럼 행동하도록 조건화될 수 있다는 점도 말해 줄 수 있기 때문입니다. 책임이란 우리가 무엇을 하고 있는지 안다는 것

11) 조지 오웰(George Orwell, 1903~1950. 본명 Eric Arthur Blair)의 전체주의를 비판한 소설. 감시와 상징 조작을 동원한 전체주의의 위험성을 고발한 이 소설은 공산주의 위험성을 적나라하게 드러낸 『동물농장』과 함께 그의 대표작으로 알려져 있다.

을 의미합니다. 그러므로 우리가 아이들을 대하는 효과적인 방법을 더 많이 알면 알수록, 아이들에 대한 책임은 더 커지게 됩니다. 우리가 짊어질 책임을 벗게 해 줄 새로운 권위자처럼 보였던 과학자는 오히려 우리의 짊어져야 할 책임의 범위가 막중하다는 점을 입증해 주고 있습니다. 우리가 가장을 살해함으로써, 더 막중한 책임 부담을 느끼고 아들을 아버지 자리에 앉혀야 할지도 모른다는 것이 바로 우리가 당면한 위험입니다.

제3장

권위와 가정

권위가 사회 전반에서 붕괴되고 있음을 목도한다는 말이 종종 들립니다. 우리는 통제 불능의 젊은이들에 관한 이야기를 듣습니다. 이를테면, '폭력교실'[1]에 나타난 학교폭력, 부모에 대한 무시와 모욕, 심지어 런던 경찰관에 대한 경의 상실 등을 들 수 있습니다. 지도자들에게서 볼 수 있는 면대면 권위는 이제 사라졌다고 해도 될 것 같습니다. 이제 권위를 지닌 사람은 부모, 성직자, 교사처럼 개개인이 아닙니다. 만약 권위를 지닌 개인이 있다면 그는 카리스마를 지닌 텔레비전 드라마 주인공입니다. 만약 부모가 여전히 권위를 지니고 있다면, 이러한 상황을 바꾸기 위하여 텔레비

---

1) Blackboard Jungle. 폭력이 난무하는 교실 현장을 말한다. 같은 제목의 영화가 1955년 미국에서 개봉되었다. 문제아들의 학교폭력을 적나라하게 묘사하고 그 문제를 고발한 영화로서, 이 영화에서 이를 묵인하고 회피하는 교사와 문제아들에 맞서 적극적으로 대처하는 교사가 그려져 있다. 본문에서 이 단어가 대문자로 표시된 것을 보면, 이 영화를 염두에 두고 언급한 듯하다. 또 이 영화는 최초로 록음악을 영화 주제곡으로 썼다는 것으로도 유명하다. 한편, 같은 해에 미국에서 개봉한 '이유 없는 반항 (Rebel without a Cause)'은 학교폭력 차원이 아니라 이른바 세대차(generation gap)를 다룬 영화이지만, 기존 권위의 상실을 다루고 있다는 점에서 밀접한 관련이 있다.

전 채널을 돌릴 수 있을 것입니다. 신뢰, 공경, 복종[2] — 이 세 가지 덕목은 권위에 요구되는 합당한 태도입니다만, 다른 덕목으로 대체되려는지 애매한 형태로 무시되거나 소멸되어 버렸습니다. 아마도 빅브라더[3]가 곧 우리와 함께 할지 모릅니다.

　권위 붕괴를 일반화시키는 일은 자문위원회[4]에서 야기된 질문과 같이 지적 토론을 열어 주는 좋은 실마리가 되기도 합니다. 그러나 마치 캐리커처에 나오는 것처럼, 권위 붕괴의 일반화가 매우 과장되면 우리가 곧장 알아차리지 못할 상황에 익숙해져야 한다는 점에 주목해야 합니다. 내가 말하고자 하는 것은 도덕에 의해 깨끗이 벗겨지고 권력에 의해 가려져서 권위의 모습이 변모했다

---

2) trust, faith, obedience. 모름지기 권위에 상응하는 이 세 가지 덕목은 서양의 일곱 가시 종교적 덕목(7 Heavenly Virtues)과 관련되어 있다. 이 일곱 가지는 세 가지 신학적 덕목(three theological virtues)과 대덕목(four cardinal virtues)으로 구성된다. 전자는 Faith, Hope, Charity이며, 후자는 Justice, Prudence, Temperance, Fortitude 이다. 후자는 플라톤의 『국가론』에 나오는 덕목과 일치한다는 점에서 현실 생활에서 요구되는 강제적 측면이 강하지만, 전자는 강제적 측면보다는 도덕적, 양심의 측면에 부합한다. 이 점에서 본문에 나온 덕목은 Faith, Hope, Charity에 상응한다고 볼 수 있다.

3) Big Brother. 조지 오웰의 소설 『1984』에 나오는 가공 인물로 전체주의 국가를 통제하는 독재자를 지칭한다. 그는 대중을 지배하기 위한 교묘한 감시체제를 만들어 각 개인을 통제하며 프로파간다를 통하여 그릇된 신념을 주입하고 진리를 왜곡한다. 오웰은 저작 당시, 소련의 스탈린과 나치의 히틀러를 염두에 두었지만, 정보화시대의 '새로운 전체주의'를 정확하게 예견한 점에서 오늘날의 관점에서도 높이 평가할 만하다. 본문에서 저자는 권위의 붕괴가 과거의 권위주의보다 더 사악한 또 다른 전체주의를 가져올 수 있음을 경고하고 있다. 제2장 역자 각주 11) 참조.

4) Brain Trust. 당초 정치인에게 전문적인 정치 자문을 해 주는 전문가 그룹, 또는 각기 분야에서 독특한 학문적 업적을 이뤄 수상한 사람들의 모임을 지칭하는 말. 특히 제32대 프랭클린 루스벨트 미국 대통령의 자문기구를 지칭하기도 한다. 하지만 전반적으로 전문가들의 자문위원회라는 뜻으로 통용된다.

는 점입니다.

영국인들이 "왜 어떤 사람들은 다른 사람들에게 권위를 행사해야만 하는가?"라는 질문을 진지하게 던지기 시작한 것은 17세기에 이르러서입니다. 그 당시까지만 해도 막스 베버[5]가 전통적 권위라고 칭한 권위의 형태가 지배적이었습니다. 타인에 대한 지배권은 기억에도 남아있지 않는 아주 오래된 과거에 생겨난 전통에서 비롯되었습니다. 낡은 가부장적 질서의 견고한 구조를 무너뜨렸던 경제적·종교적 영향이 결합했던 경위를 세세하게 따져 볼 계제는 아닙니다. 그러나 개성에 대한 강조와 더불어 더욱 고도로 중앙집권화된 사회적 권위의 구조를 결합한 새로운 리바이어던이 출현했다는 말로 충분해 보입니다. 그리고 권위에 대한 새로운 개념이 출현하면서 전통의 흐름을 흔들어버렸습니다. 많은 철학자들이 반드시 피지배자의 동의에 따라 정부가 구성되어야 한다고 주장하는 17세기의 사회계약론을 홍행몰이 장치라고 비웃었습니다. 그러나 그들은 사회계약론의 세부적이고 사소한 점에 초점을 맞춤으로써 권위를 위해 모종의 '합리적rational' 정당성이 반드시 주어져야 한다는 것을 요구하는 이론의 핵심을 놓치고 말았습니다. 사회계약이 실행되어야 할 목적은 명확해야 하고, 그 실행을 위해 요구되는 도덕적 제한도 설정되어야 합니다. 홉스와 로크와 같은 사회계약론자들에게 전통이나 왕의 신권에 기대어 통치권위를 설정하는 것은 악의적이고 해괴한 달빛과도 같은 것이었습니다. 그러나 그들은 국가의 기능이란 무엇인지, 그리고 권위를

5) Max Weber, 제1장 역자 각주 12) 참조.

성립시키는 정당화 근거가 무엇인지에 대한 견해가 달랐습니다. 하지만 그들은 인간을 지배하는 인간의 권위에는 '합리적' 근거가 주어져야 한다는 데에 견해가 일치하였습니다.

그때부터 베버가 말하는 법적-합리적legal-rational 권위가 서서히 나타나기 시작하였습니다. 우리는 그것을 비난할 때 관료주의라고 부르기도 합니다. 역량competence이 화두가 됩니다. 공무원은 정부 기관의 기능과 관련된 역량을 갖춘 사람이 임명되며, 동시에 권위를 행사할 수 있는 재량을 갖게 됩니다. 우리는 국가 조직을 규정한 헌법과 법령에 너무 익숙해서 권위의 면모를 점차 바꾸게 해 준 조용한 혁명[6]을 잊고 있습니다. 예를 들어, 오늘날 우리는 국왕이 헌법상 규정된 책무가 있는 사람이라고 여기지 선망의 대상으로 여기지는 않습니다. 이것은 16세기 영국인이 생각조차도 할 수 없는 태도였을 것입니다. 현재 통치자는 선거에 의해 선출되거나 선발 시험에 따라 임명됩니다. 이 방식은 일을 처리하는 현명한 방식 중에서 가장 공정한 것으로 보입니다. 그리고 제도적으로 권위를 행사하는 이들이 그들의 능력에 따라 임명되고 법령에 따라 정해진 업무를 수행하는 데 따르는 권위에 대하여 분개할 일은 많지 않습니다. 그러나 우리는 공직에 경쟁시험 제도가

---

6) silent revolution. 은연중에 영국의 민주주의를 가능하게 한 1688년의 명예혁명 (Glorious Revolution)을 암시하는 말이다. 영국인들은 특히, 프랑스대혁명이 유혈 혁명인 데 비하여, 자신들의 근대민주주의가 무혈혁명이고 1214년 마그나 카르타 (Magna Carta, the Great Charter of Freedoms) 이후 점진적으로 이루어진 것에 강한 자부심을 가진다. 아울러 전통적 권위가 급작스럽게 붕괴하는 것의 위험성을 경계하고 있다. 다른 한편, 이 말은 인위적 질서의 폐해를 지적한 하이예크(F. Hayek)가 그 대안으로 주장하는 자생적 질서(spontaneous order)에 상응한다.

도입된 것이 글래드스톤[7] 시대였다는 점과 사람들이 연줄과 뇌물로 정치에 입문하는 것이 19세기 초까지도 존속했던 관행이었다는 점을 잊고 있습니다.

흔히 인명과 재산 보호의 제한된 목적을 위해 필요한 편의를 제공하는 자유주의적 국가 개념이 시대에 뒤떨어진다고 말합니다. 왜냐하면 국가는 다른 사회 기구가 외면하는 많은 기능을 넘겨받아 수행해야 하며 국가가 모든 것을 제공하는 아버지로서 역할을 시작해야 한다고 주장하기 때문입니다. 물론 이러한 국가가 실제 있을 수도 있겠지만, 그러면 그 어귀에 빅브라더가 있을지도 모릅니다. 어떻게 보더라도 현재로서 아버지 이미지는 잘 어울리지 않습니다. 그보다 개인이 생각하기에 거의 무제한의 초과 현금 인출권을 가지고 있는 굉장한 물주의 이미지가 더 적절할 것입니다. 국가 기능의 확장이 개인의 주도권과 책임을 야금야금 무너뜨리고 있다 해도, 그것이 권위에 대한 오래된 가부장적 권위의 복귀를 뜻하는 것은 아닙니다. 오히려 공공의 삶이 점점 더 개인의 주체성을 앗아가기 때문입니다. 국가 기능의 확장은 또한 작은 희생을 통해 많은 것을 가질 수 있는 장치가 작동하는 고용-구매 이데올로기의 만연을 가져옵니다. 공정fairness이 화두가 됩니다. 하지

---

7) William Ewart Gladstone (1809~1898). 1868년부터 1894년까지 수상을 4번이나 역임한 15선의 영국의 정치인. 1867년 자유당의 당수가 되어 보수정당을 상대하여 전형적인 정당 정치를 전개하였다. 수상으로 재임한 1870년 12월 1일부터 1871년 12월 31일까지 영국 빅토리아 여왕의 대리청정까지 수행했던 그는 자유주의 입장에서 노동자의 노동 조건을 개선하는 많은 사회개혁을 단행하였다. 무엇보다도 교육제도를 고쳐 영국 사람 누구나 교육을 받을 수 있는 의무교육의 초석을 만들어 놓았다. 당시의 진보 정당이 그가 속한 자유당이다. 이후 자유당이 쇠퇴하고 노동당이 이를 대체하여 보수당과 노동당의 양당 구조가 오늘날까지 이어 온다.

만 그 초점은 아들이 아버지에게 요구하는 공정이 아니라, 형제간에 요구하는 공정입니다. 의사, 교사, 사회사업가는 가부장 제도에서 존경의 대상으로 대우받지 않습니다. 그들은 자신의 책무를 수행하는 공적 고용인으로 인식될 뿐입니다. 자신의 공적 서비스를 수행하는 데 있어서 해이하거나 비효율적이라면 재앙이 그들에게 몰려올 것입니다.

이처럼 권위에 합리성이 더욱더 강조된다는 것은 권위나 전통이 이전에 통제하던 영역으로 합리성이 퍼져 감을 뜻합니다. 도덕성은 단지 관습에 순응하는 것과 다른 형태로 드러납니다. 검약, 절제, 진실성과 같은 덕목으로서 의무는 합리성 영역에서 논의됩니다. 사람들은 이전에 행해지던 일을 그대로 답습하거나 종교의 권위에서 나오는 칙령에 순종적으로 따르지 않습니다. 그들은 도박, 흡연, 인종 문제, 성행위와 같이 사회문제에 관하어 자기 나름의 합리적 근거를 가지고 다양한 견해를 표출합니다. 빅토리아 시대에 자라난 조부모들은 이를 보고 불안하게 생각하기도 합니다. 그들은 고립된 세계에 살고 있다고 느끼고, 젊은이가 원칙 없이 살아간다고 불평을 하는 경우가 많습니다. 젊은이의 원칙 없는 삶이란 종종 그들만의 원칙에 따라 살아간다는 것을 의미합니다.

그뿐만 아니라 내가 앞서 간략히 언급했던, 과학의 발달로 가능해진 엄청난 힘의 증가는 사회 통제의 방식으로서 권위의 중요성을 왜소하게 만드는 현상도 있습니다. 대량살상 가능한 무기와 정치적 선전에 따른 대중의 강요, 그리고 기타 방식으로 동원되는 비이성적인 수단들은 우리의 사회적 의식을 깔아뭉개면서 퍼져 나갔습니다. 극소수의 영화와 소설이 권위에 대한 매력이 대단하다는 것을 보여 준다는 점은 의미심장합니다. 그 매체들이 원시적인 형태로나 발전된 형태로 권력을 선취하고 있음을 보여 줍니다. 그리고 법치에 따라 권력을 견제하는 것이 아니라 대개 도덕적 완결함을 내세워 견제하려 합니다. 세인, 론 레인저, 챈들러[8]의 소설에 나오는 주인공 필립 말로, 영화 〈워터프론트〉[9], 〈인간사냥〉[10] 그리고 〈도시의 가장자리〉[11]에 나오는 주인공들은 벌거벗은 권력에 맞서 대항하는 투쟁을 묘사합니다. 공포 영화나 공상과학 소설에는 권력의 분출을 다룬 터무니없는 장면들이 나옵니다. 잔혹성을 강조하는 전쟁 영화와 성행위와 폭력으로 찌든 X 등급의 영화들이 영화 산업의 주축으로 쏟아져 나오고 있습니다. 스노우[12]의 소설처럼 보면 권위 있는 사람들의 문제를 내부적인 관점에서 매력적으로 다룬 소설을 접하기는 매우 드뭅니다. 물론 권위는 흔히 볼 수 있는 소재이지만, 대개 권위로 고통받는 사람들의 입장에서

---

8) Raymond Thornton Chandler (1888~1959). 미국의 범죄소설가. 현대 범죄소설 분야에 거대한 영향을 끼쳤다. 그의 이 소설 속의 주인공이 필립 말로(Philip Marlowe)로서 사립탐정의 대명사가 되었다.

9) *On The Waterfront*. 말론 브란도 등이 주연으로 출연한 1954년 미국에서 제작된 엘리아 카잔 감독의 범죄 영화.

10) *Manhunt*. '인간사냥'으로 번역되는 동명의 영화가 많다. 이 글이 나오기 이전의 시점으로 보면 1936년 윌리엄 클레멘스(William Clemens) 감독의 미국 코미디 영화, 1933년 어빙 커밍스(Irving Cummings) 감독의 미스터리 영화, 1941년 영화 프릿츠 랑(Fritz Lang) 감독의 스릴러 영화가 있다. 본문의 맥락으로 보아 1941년 영화를 지칭하는 듯하다.

11) *Edge of the City*. 마틴 릿(Martin Ritt) 감독의 1957년 미국 영화. 원서에 나와 있는 *A Man is Ten Feet Tall*이라는 제목으로 상영되기도 하였다.

12) Charles Percy Snow (1905~1980). 영국의 소설가, 물리화학자. 스노우 남작(Baron Snow)이라 불리기도 한다. 문학적 지성(literary intellectuals)으로서 그의 명성은 특히 소설 *Strangers and Brothers*와 에세이 *The Two Cultures*로 유명하다.

합리적이고 혹독한 비판을 받게 됩니다. 일링 스튜디오[13]에서 관료 집단의 고집을 권위로 상투적으로 묘사한 바 있습니다. 그리고 소설『행운아 짐』[14]의 주인공은 대가들The Masters의 공동 휴게실에 들어가는 데 적합하지 않은 인물일지도 모릅니다. 권위는 외국이나 군 복무를 다룬 작품에서도 자주 나타납니다. 소설『조용한 미국인』[15] 또는『콰이강의 다리』[16]에서 권위는 그 자체로 의문으로 여겨집니다. 그리고 가정에 충실함과 권위를 다룬 소설들의 경우는 아예 철 지난 시대물처럼 보입니다. 부모는 이제 자녀의 반항 대상이거나 자신들의 단점을 빌미로 한 원망의 대상으로 여겨집니다. 그리고 아이비 콤프턴버넷[17]처럼 가정 문제를 소재로 소설을

---

13) Ealing Studios. 영국 런던 일링에 소재한 촬영 스튜디오. 특히 1950년대에 수많은 희극 영화를 만들어 유명하다. '일링 코미디(Ealing Comedies)'라고 한다.

14) *Lucky Jim*. 킹슬리 에이미스(Kingsley Amis, 1922~1995)의 1954년 발표된 첫 소설로 1955년 서머셋 모옴상(Somerset Maugham Award)을 수상했다. 이 소설의 주인공 짐은 잉글랜드 중부지방에 소재한 대학의 중세사 전공 교수이다. 그는 교수 사회의 권력관계 속에서 고전하는 주인공이다.

15) *The Quiet American*. 영국의 그레이엄 그린(Graham Greene, 1904~1991)의 1955년작 소설. 1958년과 2002년 동명으로 영화화된 바 있다. 이 소설은 프랑스와 식민전쟁에 이어 미국이 참전했던 베트남을 배경으로, 영국 기자(Thomas Fowler)와 미국 CIA 요원(Alden Pyle) 그리고 베트남 여성(Phuong)의 삼각관계 애정을 소재로 한다. 여기서 미국인 주인공 파일은 전통적인 엘리트 교육을 받은 손색이 없는 인물이다. 하지만 그는 베트남이 추구해야 할 길이 식민지도 아니고 공산주의도 아닌 만큼, 전통을 존중하는 제3 세력(The Third Force)에 답이 있다고 주장한다. 그의 주장이 좌절된 것과 관련하여 본문에서 예시한 것으로 보인다.

16) *The Bridge over the River Kwai*. 데이비드 린(Sir David Lean, 1908~1991) 감독이 1957년 제작한 영국-미국 합작 영화로서 제2차 세계대전 당시인 1943년 태국의 정글을 무대로 한 영화. 본문에서 일본군에 잡힌 연합군 포로들의 이야기 속 장교의 권위 문제를 언급하고 있다.

17) Ivy Compton-Burnett (1884~1969). 주로 가정 문제를 다룬 영국의 여류 소설가로서 대표작『어머니와 아들(*Mother and Son*)』이 있다.

쓰는 사람들도 권위를 지난 과거의 추억으로 묘사합니다.

　그리고 이런 점 때문에 나는 가족 문제에 관심이 끌립니다. 왜냐하면 우리가 국가 권위를 보다 합리적인 것으로 보기 때문에, 여전히 가정 안의 권위에 대해서는 혼란스러워한다고 나는 확신합니다. 국가는 생명과 재산의 보호, 공공 서비스 제공과 같은 명확한 기능을 수행하기 때문에 우리가 그것을 합리적인 것으로 보는 확고한 입장은 쉽게 확인할 수 있습니다. 하지만 우리가 이를 가족 문제와 견주어 상황을 비교한다는 것은 쉽지 않습니다. 난점은 가족 문제가 애정과 복종이라는 비합리적인 특성으로 결속되었다거나 성적 결합에 따른 안정감과 같은 은밀한 내면세계와 관련되어 있기 때문만은 아닙니다. 그것은, 내가 앞서 언급했던, 확장된 국가 기능이 가족 문제에 영향을 주어 권위를 격하시켰기 때문입니다. 그리고 합리적인 형태의 권위는 오직 일부 사람들이 책임을 져야 하는 분명하고 중요한 일이 있을 때만 가능합니다. 기업에서 사원에게 내리는 상사의 명령은 상사의 사적이지 않고 특정 업무와 관련된다는 조건에서만 사원이 받아들일 수 있다는 것입니다. 하지만 가정에는 과거 수행했던 이러한 과업이 사라졌습니다. 오늘날 가정에 남아 있는 유일한 활동은 부부관계, 육아, 요리 그리고 집안 정리입니다. 농업, 가내수공업, 가업 전수 그리고 종교 의식은 사라졌으며, 심지어 요리나 육아조차도 부분적으로 다른 기관에 그 역할을 인계하였습니다. 더욱이 전통 가정의 특징인 대가족은 사회적 이동의 증가로 인해 줄어들었습니다. 무수히 많은 가족 관계가 처음에는 가정에서 사라졌으며 또 지역을 벗어났습니다.

이와 같은 가족의 역할과 범위의 감소는 곧 남녀 관계를 우선시하는 이데올로기의 발흥을 가져왔으며, 두 현상은 100퍼센트 일치합니다. 개인적 선택이 가족 간의 합의보다 현대 가정의 존속을 가늠하는 기준입니다. 그리고 전통적 가정이 사라지는 것과 마찬가지로 영화와 소설에서 볼 수 있는 낭만적인 사랑이라는 꿈이 희미하게 사라져 가며, 남는 것은 성관계, 동료 의식, 그리고 양육과 가사 돌봄뿐입니다. 이 외에 더 있을 수 있습니다. 하지만 개인 선택은 자신과 궁합이 잘 맞는가가 가장 우선 고려사항이며 다른 고려사항은 이에 따라 서로 맞는 개인이 고안해 갑니다. 옛날에는 이러한 사항은 개인이 고안해야 할 것이 아니라 이미 정해져서 당사자에게 주어진 일이었습니다. 이제 집수리, 휴가 계획, 양육 문제 등은 모두 당사자가 결정하고 고안해 가야 하는 일이어서 단순히 '적응해 가는' 수준을 넘어섭니다.

게다가 현대의 결혼은 돌이킬 수 없는 '개인적 도덕 문제 moralized'가 되었습니다.[18] 여성이 남성과 동등한 지위를 얻기 전에는 관습에 의해 결혼생활 내의 행동이 규정되었습니다. 물론 개인적 요소는 언제나 부분적으로 받아들여졌지만, 그것도 어디까지나 기존 전통의 틀 안에서만 가능했습니다. 어떤 점에서 보면, 요즘 부부들은 그들만의 결혼을 합니다. 개인 간에 애정이 서로

---

18) 제2장에서도 그렇고 여기서도, 현대 가족, 결혼제도가 도덕적이고, 전통적 가족, 결혼제도가 비도덕적이라는 말이 아니다. 본문에서 'moralize'는 가족 문제, 결혼생활에서 나타나는 모든 문제가 가치 쟁점화되는 것을 가리킨다. 그러나 모든 사안의 가치 쟁점화는 곧 개인의 자의적 판단이 개입된다는 점을 지적한다. 즉, 저자는 현대 소가족 제도와 결혼제도가 전통과 단절된, 어떻게 보면 개인이 자의적으로 설정한 가치판단에 따라 설정된다는 점을 강조하는 것이다.

맞아야 할 뿐만 아니라 모든 일에서 상호합의가 있어야 가정이 성립할 규범이 정해집니다. 설거지부터 재정 문제에 이르기까지 모두 원칙을 정해야 할 사안이 되어 버렸습니다. 자신들이 설정한 가족 구조를 결정한 핵심 요인은 실제로 가계 재정에 있습니다.

이러한 변화를 총괄적으로 말하자면, 가족의 제도적 중요성 감소와 가족 내 권위 구조의 변화, 이 두 가지라고 할 수 있습니다. 옛 빅토리아 시대의 중산층 가정의 전통은 가장의 통솔권을 존중하고, 앞서 언급한 가정 내 권력이 권위 행사의 필요조건인 동시에 늘 가장의 편에 있었습니다. 나는 가장의 힘과 권위가 가정 내 물리적 힘의 행사가 아니라 경제력임을 말하고자 하는 것입니다. 그러나 요즘 여성은 가정에 돈을 벌어다 주며, 남편의 수입이 견딜 수 없는 한계에 이르면 다른 곳에서 돈을 벌 수 있는 대안도 가지고 있습니다. 이것은 권위 구조를 변형시켜 버렸습니다. 그래서 가부장적 전통에서 가능했던 가부장의 명령과 일방적 결정을 가능했던 도덕성은 오늘날 현대 결혼제도의 틀에서 냉대받을 것입니다.

부부 사이의 이런 어색한 생활양식*modus vivendi*은 가정붕괴뿐만 아니라 가장의 불안한 권위를 야기하여 아이들에게도 영향을 미치게 됩니다. 마찬가지로 아이들에 대한 권위와 관련된 상황도 우려스럽습니다. 얼마 전 옥스퍼드 철학자 리처드 헤어[19]가 언급

---

19) Richard Mervyn Hare (1919~2002). 옥스퍼드 대학의 화이트 교수좌(White's Professor of Moral Philosophy)를 역임한 영국의 도덕철학자. 그는 에이어(A. J. Ayer) 등의 정의주의와는 구분되는 처방주의(prescriptivism)를 주창한 것으로 유명한 메타윤리학자이다. 그의 주장은 '좋음', '옳음'과 같은 도덕적 용어는 보편화가능성(universalizability)과 처방성(prescriptivity)이라는 두 가지 특성을 지녀야 한

한 바와 같이, "어떻게 내 아이를 키워야 할까?"라는 철학적 질문을 통한 고민이 윤리학의 어두운 면을 많이 해소해 준다면, 거기서 현대 가정 분위기의 어색한 증상이 해결될지도 모릅니다. 그의 제안은 급격한 사회 변화 속에서 자라나는 아이들에게 무엇을 전달해야 하는지 살펴봄으로써 명확한 규칙의 '정당화justification' 논의에 관한 요청으로 볼 수도 있고, 그러한 규칙이 무엇이든 간에 이를 전달하기 위한 적절한 방법을 강구하라는 요청으로 해석할 수도 있습니다. 나는 이러한 두 가지 요청에 다소 혼란이 있을 수 있다고 생각합니다. 그 이유 중 하나는 1950년대 마거릿 나이트[20] 가 종교 교육에 관한 연설을 했을 때 대중 언론에 제기되었던 논란과 같습니다. 사람들은 별다른 생각이나 준비 없이 슬그머니 부모가 되어 갑니다. 결혼 후 부부는 자신이 자라 온 양육방식을 그대로 따를 것인가, 아니면 보다 합리적인 방법에 따라 스스로 결정할 것인가를 선택하지 못하여 혼란스러워 동요하게 됩니다. 그들은 자신들이 정한 합리적인 지시를 따라야 할까요? 만약 그렇다고 해도 그에 따라 몇 살부터 무엇을 해야 할까요? 아니면 "내가

다는 것이다. 전자는 도덕적 판단은 그것이 요구되는 상황에 보편적으로 부합해야 한다는 것이다. 이 점은 칸트 윤리학의 계승이라고 평가된다. 후자는 도덕적 행위자는 자신이 의무라고 판단하는 행위를 반드시 수행했을 경우에만 의미를 지닌다는 것이다. 비록 의지박약(*akrasia*, weakness of will)이라는 측면에서 비판을 받지만, 그의 주장은 메타 윤리학 논의에 그치는 것이 아니라 정치철학이나 응용윤리학에서도 많이 원용된다. 또한 칸트 윤리학의 요소가 있지만, 헤어의 이론은 개인 선호의 극대화라는 점에서 공리주의 형식을 수용한다. 본문에서는 가정 내 권위와 관련된 규칙의 제정에 헤어의 이론적 틀을 원용하여 목하 문제를 해결할 가능성이 있음을 시사한다.

20) Margaret Kennedy Knight (1903~1983). 영국의 심리학자이자 인문주의자. 과학적 인문주의를 옹호하며 영국 BBC 방송 등에 참여한 바 있다.

그렇게 말하니까."라고 말하며 명령을 내리는 자신의 권위에 마냥 의지해도 되는 걸까요? 상과 벌을 사용해야만 할까요? 그리고 벌이 아이들에게 언제나 위협과 강요의 형태를 인식됨에도 자신의 의도가 순수하기에 그것을 사용해도 된다고 할 수 있을까요? 아니면 아이들이 자발적 모방[1]을 통해 대부분의 사안을 스스로 결정할 수 있기 때문에 아이들을 마냥 신뢰해도 될까요?

이러한 혼란스러움은 부모가 자녀에게 무엇을 해 주어야 하는지에 결정할 내용만큼 심리학적으로 걱정할 내용이 여기저기 많이 산재해 있으며, 이 많은 문제를 해결할 근거가 되어 줄 규칙이 충분히 확립되지 않기 때문에 더욱 가중됩니다. 또한 부부 간의 관계에서, 부모-자녀 간의 관계에서 비롯되는 자의식 문제가 양육 문제와도 이리저리 관련되어 있습니다. 여성 잡지를 읽어 본 사람이라면 지금 내가 하는 말을 이해할 것입니다. 이것은 아마도 기존 가족의 기능이 너무 많이 축소되었고 개인적인 관계를 더욱 중시하기 때문입니다. 예를 들어, 과거 아버지가 집안에 늘 상주하던 과거에는 아들이 농사건, 장사건 가업을 아버지와 함께 집안에서 배워왔기 때문에 그러한 자의식을 얻을 시간이나 기회가 거의 없습니다.

아이들에 대한 부모의 권위에 의심의 여지가 없는 경우에도 자의식이 생길 시간이나 기회가 거의 없습니다. 전통과 가족 간 공동의 과업이 있었기 때문입니다. 그리고 어떤 경우 내려진 아버지의 명령은 아버지의 기분에 따른 것이 아니라 작업하는 데 필요한 것이어서 지금처럼 그렇게 분개할 일이 아닙니다. 하지만 현대의 가정은 상황이 완전히 다릅니다. 공동의 과업이 줄었고 가족이 함께 해야 할 일이라야 고작 종종 하게 되는 집안 허드렛일이기 때문입니다.

물론 부모가 그들의 지위를 어떻게 생각하든 간에, 자녀들의 눈으로 보면, 특히 어린 시절의 눈으로 보면, 부모는 전통적 유형의 카리스마를 지닌 권위자로서 보이기 마련입니다. 하지만 문제는 아이들의 호기심이 표면상으로 드러날 때, 아이들의 수평적 충성심[21]을 기를 때, 그리고 부모가 가르칠 수 없는 기법과 기량을 습득시키고자 할 때 부모는 무엇을 어떻게 해야 하는가에 있습니다. 그러면 부모들은 전통적인 방식에 따라 명령과 지시를 할 수 있도록 권위를 유지하려 해도 될까요? 그렇지 않으면 부모는 명확하게 드러난 특정 과업에 관련된 권위만 행사하도록 하여, 자녀들이 보다 합리적인 유형의 권위를 이해하도록 해야 할까요? 무엇보다도 권위 행사에 대하여 부모는 일관된 태도를 가지고 있기나 한 것입니까? 놀랍게도 오늘날 청소년이 부모에게 반항하는 것을 당연히 여깁니다. 빅토리아 시대에 그러한 반항이 일어났다면, 청소년들은 그것에 죄의식을 느껴야 했으며, 부모는 충격과 수치심을 지녀야 했습니다. 그리고 요즈음 청소년들이 자신의 권리로 당연히 여기는 반항의 기회는 임금이 상승하면서 증가하였으며, 10대 집단의 증가에 따라 확대되었습니다. 청소년이 곧 오늘날 사회문제라고 합니다. 나는 1950년대 후반에 청소년 활동Youth Service을 조사하기 위해 자문위원Royal Commission으로 임명된 바

---

21) horizontal loyalty. 수직적 의미의 복종에 의한 충성심이 아니라 상호 존중(mutual respect), 상호 배려(consideration of others) 등과 같은 수평적 관계에서 요구되는 사회적 덕목을 말한다.

있었습니다. 그때 이러한 상황을 이해할 수 있었습니다. 청소년 범죄의 증가는 현대 과학기술의 수요와 비례합니다. 하지만 문제가 너무 심각해서 청소년들에게 더 많은 교육시설과 기술설비를 제공하는 것만으로는 해결할 수 없습니다. 이 문제는 현대 가족의 기능과 권위 구조의 변화와 관련되어 있습니다.

가족의 기존 기능을 회복하고 그 중요성을 부각하여 고려하지 않는 한, 가족의 권위에 대한 합리적인 태도는 개발될 수 없다는 점을 숙고해 볼 여지가 있습니다. 점점 더 수명이 길어질 노인들은 공공주택에서 잔소리만 하는 외톨이로 여생을 보내도록 방치해서는 안 됩니다. 도시계획을 통해서 그들에게 친족관계를 원활하게 이루어지도록 노인 시설을 제공해야 할 것입니다. 비록 노인들의 과거 청소년기가 오늘날의 청소년과 같은 잣대로 설명할 수 없을지라도, 과거 대가족이 부활하게 되면 청소년들이 겪고 있는 고독과 소외감이라는 극심한 사회문제가 다소 해결될지도 모릅니다. 중노년 여성 인력을 복귀시켜 낮에는 집안일, 밤에는 육아를 맡게 함으로써 특히 아내가 직장에 다니게 되어 시달리는 부부들에게는 크나큰 기쁨이 될 수 있습니다. 생후 몇 년 동안은 부모의 보살핌이 반드시 필요하겠지만, 자의식이 강하게 부각되는 소가족 제도에서 심한 정서적 긴장감을 겪는 아이 입장에서는 이것이 정서적 긴장의 완화라는 크나큰 혜택이 될지도 모를 일입니다.

가족의 이와 같은 재건이 가능한지 아닌지는 단정 짓기 어렵습니다. 하지만 결혼제도에 대한 상당한 발본 대책이 취해져야만 한다면 실현 가능한 모든 것을 검토해 볼 수 있을 것입니다. 과거 영국에서 결혼하기는 쉽지만, 이혼은 간통으로 비웃음거리가 되지 않는 한 성사되기 어려웠던 만큼 극히 예외적인 일이었습니다. 만약 우리가 아이들과 노인을 위해서라도 이혼하는 것을 어렵게 해야 한다고 확신한다면, 마찬가지로 결혼하는 것을 절차적으로 더어렵게 하고 가족이 해야 하는 일이 무엇인가를 더욱 강조해야만합니다. 예를 들어, 결혼을 준비하는 기간이 길어지면 왜 안 됩니까? 젊은이들이 경솔하고 감정에 휩싸여 결혼하는 것을 왜 허용해야만 합니까? 만약 결혼제도가 현대 사회에서 중요한 역할을한다면, 장차 그것은 합리적으로 개선되어야 합니다. 그리고 결혼자격 요건을 약간 강화하도록 더 고민해 볼 필요도 있습니다. 이를 용인할 수 없는 개인의 사생활 침해라고 말할 수도 있습니다. 아마 그럴지도 모릅니다. 하지만 결혼생활이 파탄이 난 후에 개인의 사생활이 더 침해되고 있습니다. 물론 우리는 혼전 성관계에대한 인식도 개선해야 할지도 모릅니다. 그러나 어쨌든 이러한 문제들을 개선할 수 있도록 지속적으로 검토해야 할 것입니다.

이러한 제안들은 어쩌면 환상처럼 들릴 수도 있습니다. 그러나내가 주장하는 논지는 만약 가족이 되살아나기 위해서는 가족 문제가 기존 전통과 미신적 요소가 여전히 혼재된 부분을 찾아내서가족 문제를 합리적으로 생각해 보아야 한다는 것입니다. 가족의기능을 진지하게 되돌아보고, 결혼이 들뜬 황홀함에서 시작하여우스꽝스러운 오페라를 연상시키는 장면으로 끝나지 않도록 결혼문제를 사회제도 자체로서 진지하게 검토해야 합니다.

누군가는 가족의 복귀가 불가능하다고 주장할지도 모릅니다. 왜냐하면 가족의 복귀는 현대 사회의 유동성, 가정과 직장의 연계, 사회 집단의 대규모화 등의 시대적 추세를 모두 거스르기 때문이라고 말입니다. 그렇다면 우리는 결혼과 이혼이 모두 수월한 미국 방식을 따라야 할 것입니다. 그러려면 국가는 독거노인들에게 주택을 제공하고, 대규모 청소년 시설과 어린이 보육 시설을 보편적으로 증설해야 합니다. 그렇게 되면 가족의 모든 중요한 기능을 국가가 인수하는 작업이 완벽하게 마무리될 것입니다. 결혼한 부부는 성생활이나 즐기는 관계를 진정한 부부관계로 여길 것입니다. 가정이란 잠이나 자고 나가는 기숙사가 될 것이고, 가족의 기능은 이를 존중하지 않는 사람들의 손에 맡겨질 것입니다.

이것들은 논리적인 대안처럼 보입니다. 그러나 어떤 식으로 상황이 진행되든지 간에 우리는 우리가 가야 할 건전한 길을 냉철하게 숙고하여 제시해야 합니다. 이는 어린 시절에 이미 권위에 대한 기대가 내팽겨진다는 심리학자들의 연구결과에 근거한 것입니다. 가정이 현재처럼 혼란의 구렁텅이에 빠져 있도록 내버려 두는 한, 우리는 우리 자신이 알고 있는 것보다 더 권위에 관하여 명확하지 않고 일관성이 없는 태도를 지닌 성인임이 입증된 셈이며, 권위를 좋게 받아들이는 아이들조차도 제대로 양육하지 못하는 부모임이 입증된 셈입니다. 우리가 권위 문제를 제대로 인식하지 못한다면, 우리가 일관되게 권위를 행사하는 부모가 된다는 것은 매우 요원한 일입니다. 그리고 모르기는 해도 권위에 대한 건전한 태도를 갖지 못하는 주 요인은 우리가 부모로서 시종일관 엄격해서도 아니고 엄격하지 못해서도 아닙니다. 정작 이유는 우리가 일관된 태도를 갖지 못하기 때문입니다.

이제까지 논의한 내용은 우울해 보일 수 있습니다만 그렇게 비관해서는 안 됩니다. 왜냐하면 사회가 진보하면서 우리의 예지로 상상할 수도 없이 겪게 되는 예기치 않은 결과로 발생한 문제로서, 일반적이라기보다는 예외적인 문제들이기 때문입니다. 도덕과 행복의 관점에서 보면, 현대 가정생활은 엄청난 이익을 안겨 주었습니다. 이를테면 부부관계에서 정직과 솔직함, 관용의 확산과 위선의 감소, 그리고 여성과 아이들을 남성과 다르게 차별하는 '부적절한irrelevant' 근거의 배제 등을 들 수 있습니다. 현대 결혼생활의 이상이 되어 버린 부부의 친밀함과 결속은 그 자체로 헤아릴 수 없는 새로운 가치입니다. 여기에 이론의 여지가 없습니다. 나의 의도는 권위 문제가 현대 사회에서 얻어진 목전의 편익에 의존해서는 안 된다는 점에 있습니다. 더욱이 나는 현대 가족 구성원의 권위 행사와 구조 변화와 관련하여 드러나는 결과에 집중해야 한다는 점을 지적하고자 합니다. 나의 분석은 다소 희화적 측면이 있습니다. 그러니 나는 이를 통하여 변화하는 권위의 일그러진 실상에 주목하기를 바랍니다. 권위는 훨씬 '더 온당한' 면모를 지니고 있습니다. 권위의 온전한 면모를 회복하기 위하여 우리는 대가를 치러야 합니다.

◇ **저자의 미주**

[1] 이에 대한 자세한 설명은 본서 제12장을 참고하라.

제4장

학교에서의 권위

권위가 합리화의 수단으로 전락하여 곪아 버린 또 다른 삶의 국면은 교육기관[1], 즉 학교에서의 권위에서 찾을 수 있습니다. 권위의 이러한 전도는 근래에 나타난 현상을 통해 확인할 수 있습니다. 1960년대 초기에 발간된 『로빈스 고등교육 보고서』[2]에서는 학생 참여에 관한 언급이 일체 없었다는 점에 주목할 필요가 있습니다. 그러나 1970년 초에 이르러 학생들의 힘이 10대 청소년 임신만큼이나 뉴스거리가 되었습니다. 물론 뉴스 제목만으로 사태를 보는 것은 극단적인 경우에 해당합니다. 한편에서는 교육제도가 권위주

---

1) educational institutions. 이 장의 제목도 'Authority in Educational Institutions'이다. 여기서 'institutions'는 직역하면 '교육제도'이지만, '교육기관'이 된다. 본문의 문맥으로 보면 '교육기관'은 경우에 따라서 '학교'로 번역해야 한다. 권위가 개념적으로 파악하면 그것은 교육제도와 관련이 되지만, 권위가 실추되는 구체적인 상황은 학교이기 때문이다.

2) Robbins Report on Higher Education. 1963년 영국 수상이 로빈스 경(Lionel Charles Robbins, 1898~1984)에게 의뢰한 고등교육 보고서. 이 보고서에서 대학교육의 확대와 고등기술(advanced technology)을 대학교육에 편입해야 한다는 내용 등을 권고하고 있다.

의적이며 학생들을 억압하는 반동적 제도를 구축하는 도구라고 생각하는 행동가들이 있습니다. 이들은 마치 강압적인 제도로 인하여 고상하고 진지한 인간 본성이 모두 변질된다고 보는 마르크스주의자들이 노동자들을 인식하듯이 아이들을 인식합니다. 다른 한편에서는 초등학교 단계부터 진보적 교육방법에 따라 사회의 기본 질서가 위협받고 있다고 의심하는 일련의 학자들이 있습니다.

그렇지만 천만 다행스럽게도 이러한 태도들이 사회적으로 널리 확산되지 않은 듯합니다. 교사의 역할 면에서 교육을 바라보는 일반적인 입장은 아직까지 간섭적[3]입니다. 심리학적으로 볼 때, 이러한 사실은 교사가 권위주의적인 성격을 가지고 있기 때문이 아닙니다. 오히려 교사가 면면히 이어온 전통이 지배적인 제도 속에서 자랐기 때문입니다. 그는 그저 사회가 어떻게 작동하는지 배웠고, 자신의 저지에 합당한 태도를 아무런 의심 없이 익혔습니다. 그 결과 교사는 이를테면 교육의 중요한 부분으로 여겨져 왔던 체벌이나 필답고사가 교육 현장에 과연 필요한 정당한 것인가를 묻게 되면 어쩔 줄 몰라 난처해합니다. 그래서 이런 문제

---

3) paternalistic. 영어 'paternalism'의 뜻을 사전에서 찾아보면 일본인들의 번역인 '가부장적 간섭주의'라고 나온다. 그리 틀린 번역어는 아니다. 왜냐하면, 'pater'가 아버지를 뜻하기 때문이다. 하지만 이렇게 번역하면, 학교, 교회, 정치 기구 등에서 찾아볼 수 있는 일체 간섭을 설명하는 데 적합하지 않다. 그래서 나는 이 말의 명사형인 'paternalism'을 '권위적 간섭주의'라고 번역한 바 있다(김정래, 2020, 『증보 아동권리 향연』 제5장 참조). 그러나 이하에서 이 말의 형용사형인 'paternalistic'은 경우에 따라 '간섭적'이라고 번역하고, 명사형은 구체적 행위를 나타낼 경우 '권위적 간섭'이라고 번역한다. 부정적인 의미로 사용될 경우에는 '권위주의적 간섭'이라고 번역한다. 교육상황에서 아동에 대한 권위적 간섭주의에 관해서는 챔벌린, 1990, 『아동의 자유와 민주주의』 제6장과 제7장(김정래 역, 2015, 박영사)을 참조.

에 대하여 방어적이거나 뻔한 문제를 캐묻는다고 생각해 격분하는 태도를 보이기도 합니다. 같은 맥락에서 행동가들이 선동 대상으로 삼는 평범한 학생들이 민주주의를 이상으로 보는 투쟁에 함몰되어서는 안 된다고 봅니다. 오히려 학생들이 자신의 처지를 불평하면 그만큼 고통이 따른다고 합니다. 정작 학생들은 자신의 삶의 문제를 심각하게 생각하지 않습니다. 그보다는 자신이 학교에서 배우는 내용이 실생활에 적합하지 않다고 느끼며, 사과의 등급을 매기듯이 평가받는 것에 분개합니다. 결국 학생들은 권위적 간섭을 받는 데 그치게 되며, 진보적 행동가들이 자신들을 위하여 제기하는 몇몇 쟁점 사안을 통하여 분노를 표출할 수 있다는 것이 고작입니다.

그 결과, 우리가 교육기관에서 확인할 수 있는 것은 권위적 간섭의 또 다른 측면이 부각된다는 점입니다. 그러나 정치의 경우 권위가 폐지되는 것이 아니라 권위를 합리화[4]하듯이, 학교에서도 이와 유사한 현상이 발생합니다. 물론 각급 학교에서 정치와 같은 형태의 권위가 확립되어야 하며, 또 무엇이든지 완벽한 '민주화 democratized'를 이루어야 한다는 뜻이 아닙니다. 권위가 합리적으로 설정되려면 관련 기관의 목적이나 목표에 부합하는 권위의 구조를 명백하게 해야 합니다. 군에서 요구하는 적합한 권위 구조는 정부, 기업, 심지어 테니스 클럽 운영에 요구하는 권위 구조와 분명히 다릅니다. 이 기관들은 모두 각기 다른 목적을 가지고 있기

---

4) rationalization. 본서 제2부에서 이 말은 정당화(justification)에 대비되는 심리적 자기방어 기제인 '합리화'를 뜻한다. 여기서는 과거 전통적으로 내려온 권위가 합리성을 결여되었다고 여겨 권위를 합리적으로 설정한다는 뜻이다.

때문입니다. 따라서 교육기관이 요구하는 독특한 목적이 무엇인가를 먼저 검토한 다음에, 이에 따른 적절한 권위 구조가 어떠해야 하는지를 물어야 합니다.

  현대 산업사회에서는 사회와 개인의 존속과 번영에 필요한 지식과 기술이 증가되므로 전문 교육기관이 증설됩니다. 또한 재래 가업 수준이나 기존 공동체 수준의 지식 전수로는 현대 사회가 요구하는 보다 전문화된 지식을 감당할 수 없기 때문에 전문 교육기관의 증설을 요구합니다. 초·중등학교에서 대학에 이르는 각급 학교는 전문 지식과 기술의 전수라는 지역사회의 요구에 부응하는 기관으로 여겨집니다. 각 개인의 관점에서 볼 때 각급 학교는 복잡한 현대 문명사회에서 자신이 적응해 가는 데 요구되는 소양을 제공하는 기관으로 여겨집니다. 반면에 각급 학교는 문명화된 삶의 형태를 결정짓는 진리의 추구와 관련된 가치들을 보존하고 전수하는 기관으로 여겨지기도 합니다. 하지만 학교의 기능을 어떻게 보든 간에, 학교가 수행해야 할 핵심은 전문화된 지식과 기술을 개발하고 전수하는 일입니다. 실제로 이 일을 수행해야만 학교를 '교육'기관이라고 부를 수 있을 것입니다. 우리가 '교육'을 어떻게 정의하건 간에 교육은 틀림없이 사람들에게 지식과 이해를 습득하게 하는 일입니다. 물론 이 일은 초·중등학교와 대학에만 국한되지 않습니다. 실제로 어떤 사람들은 교육기관을 다니지 않고서도 교육받은 사람이 됩니다. 그러나 적어도 교육기관은 이러한 과업을 수행하는 개념상 '의미'일 뿐입니다.[5]

---

5) 본서 제8장에서 교육을 '성년식(initiation)'으로 비유한 저자는 교육의 개념에 지식과 이해의 습득이라는 개념적 준거를 충족시켜야 한다고 주장한다. 이어지는 문

교육기관의 고도로 전문화된 교육목적 중 일부는, 그것을 어떻게 규정하든지 간에, 교육이 '민주적이어야' 한다는 데 있습니다. 국가는 국민의 생명과 재산을 보호하고, 최소한의 복지 혜택을 제공하고, 충돌하는 이익집단들 사이에서 중재하는 등 많은 목적을 가지고 있습니다. 이러한 국가의 목적을 어떻게 달성하는지를 결정하는 것은 도덕적인 문제입니다. 하지만, 한 국가 내에 분명히 남달리 현명한 사람이 있기 마련이지만, 물리학, 역사 또는 농업에 관한 전문가나 권위자들처럼 이러한 도덕적 문제를 전적으로 다룰 '전문가expert' 또는 권위자는 없습니다. 물론, 정치 분야에 조언할 수 있는 '특수technical' 전문가는 있게 마련입니다. 그러나 선거가 치러지는 정책의 일반 사항은 일반 시민에게 수긍이 되어야 합니다. 플라톤은 이를 부인했습니다.[6] 그는 국가는 시민에게 행복한 삶을 제공하기 위해 존재이며, 그 일은 오로지 현명한 사람, 즉 철학자 왕만이 좋은 삶이 무엇으로 구성되는지 알고 있다고 주장했습니다. 그러므로 정치적 결정은 현명한 자만이 내릴 수 있다고 봅니다. 그러나 만약 도덕적 결정에 관한 그의 입장이 옳다면 정치 문제를 현명한 사람들이 결정해야 한다는 귀족정을 지지한 그의 주장이 옳은지 여부를 결정하기는 어려울 듯합니다.

장에서 알 수 있듯이, 이러한 개념적 준거를 만족시켜야 '교육받은 사람(educated person)'이라고 할 수 있다. 이하에서도 제8장과 마찬가지로 'initiation'은 관찰자의 관점에서 '성년식'으로, 행위자의 관점에서 '입문'으로 번역한다. 본서 제8장 역자 각주 1) 참조. 또한 교육은 구체적인 활동을 지칭하는 것이 아니라 개념적 준거에 의하여 의미가 파악된다는 주장은 제8장 역자 각주 19) 참조.
6) 플라톤이 다수결에 의한 민주정치가 중우정치로 전락한다고 주장한 점을 말한다. 그래서 플라톤은 지적 엘리트인 철인정치를 주장한 바 있다.

하지만 초·중등학교와 대학은 일반 목적에 이처럼 과다하게 편중할 필요는 없습니다. 교육기관은 전문 지식을 개발해야 한다는 훨씬 더 구체적인 목적을 지니며, 이를 다룰 '권위자'가 있습니다. 물리학, 공학, 식물학, 의학에 대한 일반 의견은 이 연구에 몰두하는 학생이나 치료받고자 의사를 찾는 환자의 의견보다 전혀 중요하지 않습니다. 그리고 국가 구성원과는 달리, 교육기관의 구성원들 대부분은 미성년자들입니다. 이러한 맥락에서 플라톤이 국가를 거대한 교육기관으로 간주했다는 점은 어느 정도 의미 있는 일입니다. 그렇다면 교육기관도 반드시 현명한 자들에 의한 지배, 즉 귀족정을 통한 자애로운 통치를 수반해야 하는 것일까요? 교육기관의 특수성이 정치적 민주주의와 완전한 의미에서 일치하지 않는다고 할지라도 교육에서 민주주의 논의가 부적절한 것일까요? 공부하는 데 있어서 권위적 간섭주의는 합리적이라고 할 근거가 없을까요?

이는 간단하게 답할 수 없는 복잡한 질문입니다. 왜냐하면 교육기관은 권위를 통해서 전문 지식을 전수하는 데 존재 이유가 있지만, 이러한 전문 지식이 성립하는 것을 결정하는 것은 권위를 통해서가 아니기 때문입니다. 따라서 합리적 권위의 구조는 그것이 성립하는 방식을 설명할 수 있어야 하며, 또한 그 설명방식이 적합해야 합니다. 교육기관에서 이루어지는 의사결정은 이와 같은 청사진으로 설명할 수 없습니다만, 적어도 교육기관 구성원들에게 합리적으로 운영할 수 있도록 도와줄 모종의 지침은 마련되어야 합니다. 그리고 이 지침이 교육기관의 특정한 목적과 함께 민주시민의 이익에 중대한 영향을 미치는 자신들의 의사결정이 지니는 민주적 가치를 설명할 수 있어야 합니다.

이러한 지침을 결정하고자 할 때, 교육기관이 지식과 이해의 개발에 진정으로 관심을 가지고 있다면 두 가지 일반적 원리가 준수되어야 합니다. 첫 번째는 학문적 자유의 원리입니다. 교육기관은 지식을 도모할 역량이 있는 사람들에게 그들이 추구하는 학문적 성향이 무엇이든지 간에 자유롭게 사고하도록 보장해 주어야 합니다. 그들의 연구가 정치인이나 기업인이 보기에 당혹스럽다고 해서 그들의 자유로운 연구를 가로막아서는 안 됩니다. 유태인이거나 중산층 출신이라는 이유로 자신과 다른 의견을 탄압해서는 안 됩니다. 밀[7]이 강력하게 주장했듯이, 사상의 자유를 축소하는 어떤 시도도 교육기관이 존속하는 목적에 상반되는 것입니다. 지식은 증거와 논거에 충실해야 발전할 수 있기 때문입니다. 이러한 학문적 자유의 원리는 가치 있는 활동에 사람들을 입문시키는 과업과 함께 지식의 진보에 관심을 갖는 대학만의 독특한 과업입니다. 그러나 학문의 자유는 대학만의 전유물이 아니며, 각급 학

---

7) John Stuart Mill (1806~1873). 영국의 철학자, 정치경제학자로 국회의원을 지낸 정치가. 그는 한편으로는 자유주의를 주장하면서 다른 한편으로 벤담(Bentham)의 공리주의를 계승·발전시킨 인물로 유명하다. 본문에서 밀은 매우 급진적인 사상가, 행동가로 소개되었지만, 그가 과연 급진적인 진보 사상가인가에 대하여 이견이 있을 수 있다. 그는 언론의 자유, 위해의 원리(harm principle) 등 자유주의 원칙을 고수하지만, 공리주의를 통해 그의 주장에 포함된 사회주의적 요소가 그의 자유주의와 상충되는 면도 있다. 같은 맥락에서 밀은 제도에 대하여 상당히 날카롭게 비판하여 급진적인 면모를 보여 주지만, 영국의 식민주의를 옹호하는 보수적인 입장을 취하여 자신의 주장 안에서 이 둘 간의 상충하는 면이 있다. 구체적으로, 여성의 권리를 신장하는 측면에서 보면 진보적이지만, 아동의 권리, 식민지 주민 등의 입장에서는 상당히 보수적인 입장을 견지한다. 여기서는 그의 『자유론』의 내용을 언급하고 있다.

교가 나름대로의 교육내용과 교육방법을 구성하는 데서도 그 관련성을 찾을 수 있습니다. 일단 교사가 가르쳐야 할 내용에 관하여 학생이나 행정가가 교사에게 지시하는 상황이 벌어지면, 정치인과 부모 또는 대중은 교사가 가르치고자 하는 내용에 대하여 강하게 압력을 행사하게 되어 결국 교사의 입지는 약해질 것입니다. 물론 그렇다고 해서 교사의 무책임한 자의적인 표현을 제한하지 말아야 한다고 주장하려는 것이 아닙니다. 무절제한 교사의 행위는 엄밀하게 검토되어야 합니다. 왜냐하면 무한의 자유와 진리 추구만이 삶의 유일한 가치는 아니기 때문입니다. 단지 교육기관에서 학문적 자유를 옹호하는 것이 중요하다는 점을 강조하는 것뿐입니다. 어떤 경우건 간에 학문적 자유가 침식되면 어떤 일이 일어나는지는 전체주의 국가와 공산주의 국가에서 교사들이 처한 곤경을 보면 우리가 경각심을 갖기에 충분합니다.

두 번째는 이미 말씀드린 바 있습니다. 즉, 학문의 권위가 일단 부여되어야 한다는 점입니다. 이 문제는 교사와 학생이 처하는 두 가지 상황에서 비롯됩니다. 첫째, 정의상, 학교에 다니는 사람은 어느 정도 무지한 상태에서 출발하는 사람입니다. 초등학교의 경우를 본다면, 학교에 다니는 아이들이 줄잡아 몇 년 동안은 미숙한 상태에 있음을 알 수 있습니다. 따라서 아이들은 국가 구성원의 자격을 지닌 성년 시민의 위치에 있지 않습니다. 둘째, 외재적 관점에 처한 초심자가 학교에서 특정한 지식의 형식을 배움으로써 입문되어야 한다는 말의 의미를 이해하는 것은 쉽지 않습니다. 전문적인 기술도 필요 없는 금고털이나 토끼 사냥처럼 특정한 지식의 형식에 입문하지 않고도 지력을 요구하는 행위는 많이 있습니다. 금고 문이 열리거나 토끼를 명중시키는 것도 관찰자가 보기에는 대단한 성공으로 보일 것입니다. 관찰자의 눈에 보이는 일련의 동작들만이 비추어질 뿐입니다. 그러나 과거의 사건에 대해 역사적 설명을 하거나, 시를 감수성 있게 음미하는 것은 이와 같은 가시적인 특징을 찾아볼 수 없습니다. 게다가 성공인가를 가늠할 수 있는 것은 외부의 관점으로 이해하기 쉽지 않습니다. 어떤 일이 제대로 일어나고 있는가를 확실하게 파악하기 위해서는 누구나 그 활동의 안쪽에 들어가야만 합니다. 그러므로 다른 사람들을 활동의 안쪽으로 입문시킨 경험이 있는 사람이 수행하는 특별한 역할은 있게 마련입니다.

우선 교사들은 자신의 전공 과목에서 경험자의 역할을 수행합니다. 그들은 학교에서 가르치고자 하는 교과목의 권위자 자격을 지니고 있기 때문에 사회로부터 권위를 부여받습니다. 이것은 무지한 사람들의 마음속에 그들 자신이 암기해야 할 일련의 지식체계를 채워 넣는 것이 곧 교사가 할 일이라는 뜻이 아닙니다. 왜냐하면 교사의 주된 과제는 사람들에게 생각할 거리를 단지 일러주는 것이 아니라 그들에게 스스로 생각하도록 가르치는 것이기 때문입니다. 달리 말하자면, 교사는 일련의 지식이 어떻게 설정되었으며 어떤 비판을 받아서 수정되는가 하는 비판적 사고를 할 수 있도록 안내하고자 노력해야 합니다. 이것이 교사가 권위를 부여받을 수 있는 근거입니다. 권위 있는 사람이 뭘 말했다고 해서 그것이 진리이거나 옳다고 할 수는 없기 때문입니다. 결국 권위라는 것은 원칙적으로 누구나 접근할 수 있는 절차와 이유에 달려 있습니다. 그러므로 교사가 기존 지식의 전문가이고 그 지식을 검증하는 절차의 대가라는 점에서 학생에 대하여 권위자 입장에서 시작하는 것은 사실이지만, 교사의 노력은 다른 사람들을 자신과 비슷한 위치에 놓으려는 데 있는 것입니다. 교사는 종국에 가서는 다른 사람들이 가르치는 이 없이도 스스로 생각할 수 있는 비판적 능력을 갖도록 입문시키기를 소망하는 사람입니다. 그러나 사실은 이러한 상태에 도달하도록 하는 데에는 오랜 시간이 걸립니다. 학생이 수학 교사에게 증명이 틀렸다고 말하거나 배웠던 역사적 가정을 뒷받침할 증거가 부적합하다는 것을 지적하는 데에는 상당히 긴 시간의 입문initiation 과정이 요구됩니다. 이렇게 될 때까지 오랜 동안 교사는 학교에서 권위를 부여받는 것입니다.

그렇지만 학문의 자유를 지니는 것과 교사가 권위를 부여받는 것은 구체적으로 무엇을 뜻하는 것일까요? 분명한 점 하나는 교사가 지닌 전문적 지식으로 인하여 의사결정을 내릴 수 있는 주도권을 가지고 있어야만 한다는 것입니다. 이러한 교사의 권위는 교재 연구, 교안 작성, 임원과 학생 선발, 시험 등에 모두 걸쳐 있습니다. 전문 지식을 지니고 있는 교사라면 누구나 이러한 과업을 수행할 수 있으며 합당한 의사결정을 내릴 수 있습니다. 그렇다고 해서 학생과 교육관계자의 의견이 개진되거나 반영될 수 없음을 말하고자 하는 것이 아닙니다. 오히려 이들의 의견은 일상적 수준에서 교사가 자신의 전문성에 함몰되어 빠지기 쉬운 자만심에서 벗어나도록 도움을 줄 수 있기 때문입니다. 공부는 아무리 깊게 들어가도 상호 소통이 될 수 있음을 말하고자 하는 것입니다.

학생들은 때로 권위 문제를 놓고서 교사와 자신들의 등가적 동등함을 소리 높여 주장합니다. 교사의 권위가 학생들의 의견, 특히 지식의 형식에 입문하여 일정한 이해의 수준에 도달한 학생의 의견을 배척하는 것도 아닌데도 불구하고, 두 가지 원리에 근거하여 도출된 이러한 권위에 반대하는 것입니다. 그러나 학생들이 의결권을 얻겠다는 데 집착하여 자신들의 주장만을 고집하는 것은 현명하지 못합니다. 그런데 자신들의 대표성을 진지하게 고수하기보다는 대결 국면을 조장하는 것을 너무나도 자주 보게 됩니다. 실제로 학생들은 학교가 있지도 않은 권위주의적 간섭에 사로잡혀 있다고 하면서 격정적인 대치 국면을 조장함으로써 과격한 투쟁에 빠지기도 합니다. 아마도 타협이 이루어질 수도 있겠지만, 그들에게 일정한 권한이 할애됩니다. 하지만 결혼생활의 묘미는 상대방 뒤꽁무니 쫓는 짜릿함[8]에 있다는 논제를 두고 후세대의 학생들이 끊임없이 논쟁하고자 한다면, 모든 것이 지루해질 것입니다. 그렇게 되면 교사들은 학생 대표들이 참여한 논쟁에 쫓아다녀야 할지도 모릅니다. 그리고 정작 학생들이 너무 자주 놓치는 것은 문젯거리를 볼 수 있는 좋은 조건, 즉 학교의 실제 현장에서 있는 그대로 벌어지는 일[9]을 통해서 많은 것을 얻을 수 있다는 점입니다. 내가 말하고자 하는 바는, 만족스러운 학습 상황을 이끌어 내는 데 중요한 것은 좋은 선생님과 학생들 사이에, 또는 전공 단위에서 지속적으로 이루어지는 강의 계획, 선택 과목, 시험 방법에 관한 비형식적인 문답informal consultation이라는 것입니다.

---

8) when the C major of married life succeeds the excitement of the chase. 결혼생활에 관한 형식적이고 언어적인 논쟁을 뜻한다.

9) at the coal face. 형식적 언어로 전달될 수 없는 실제 상황(practice)이 교사의 권위가 작동하는 가운데 학생들이 얻을 수 있는 최선의 수확이라는 것이다.

이런 종류의 문답은 교수방법의 영역에서 특히 중요합니다. 이와 관련하여 학문에 접근할 수 있는 특정한 지식이 있는 것은 의심의 여지가 없습니다. 그러나 이러한 문제를 다루는 지식을 무엇이라 불러야 할지는 모르겠습니다. 그리고 특히 대학 수준에서의 학문은 주로 예감, 편견, 그리고 개별 지도tutorial, 강의 등과 같이 대학 교수법에서 검증되지 않은 속설에 기초하여 발전하여 왔습니다. 이러한 상황을 무지한 것이라고 보고, 학습 상황이 개선될 수 있는 확실한 방법이 무엇인가를 논의하기 위하여 학생들이 몰려드는 경우가 많이 있습니다. 이러한 토론을 통하여 유익한 결론을 얻어 낼 수 있다는 사실과는 달리, 학습에 관하여 알려진 한 가지 명백한 사실은 학습자들 자신이 학습 상황에 스스로 참여하여 책임감을 느끼게 되면 학습이 나아지는 경향이 있다고 믿는 것입니다.

이제까지 전문 지식을 가지고 있어서 권위를 부여받을 수 있다는 학문 분야에 관하여 살펴보았습니다. 그러나 재정, 건축, 법규와 같은 문제를 다룰 전문가가 없는 학교에서는 앞의 경우와는 다른 결정을 내려야 합니다. 물론 학교의 집행부가 독립된 학문 분과 위원회처럼 일반적인 결정을 내릴 수는 있습니다만, 학문적 입장에서 내린 그 결정이 이해당사자인 학생이나 관계자들의 입장을 수용해야만 합니다. 이러한 결정은 정치적 결정과 매우 유사하기 때문에 학문적 입장이 그 문제를 독자적으로 해결해 줄 수 없습니다. 이를테면, 외국어 교육이 다른 측면보다 우선 고려되어야 한다는 문제가 제기되었다면 불어 교사는 자기 의견을 먼저 청취해야 한다고 권리 주장을 할 것입니다. 하지만 만약 누군가가 아이들이 스페인어나 독일어를 선택해서 배우도록 해야 한다고 주장한다면, 불어 교사는 과연 특권적인 위치에 있다고 할 수 있을까요? 그리고 만약 학교의 평준화, 정원 증가, 상담 수업 도입 등이 문제가 될 경우 불어 교사의 의견을 청취해야 한다는 권리 주장이 성립할까요? 초·중등학교나 대학은 모두 재원을 공급해 주는 공동체에 속해 있습니다. 학교 정책과 발전 방향은 단기적으로 결정되거나 이들 교육기관이 독자적으로 결정할 사안이 아닙니다. 물론 학교의 목소리는 우리가 반드시 경청해야 하고, 그것이 가장 중요하다고 단정 지을 수 있는 유일한 목소리는 아닙니다.

물론 교육기관 내에서도 타당한 이유에서 학생들의 특권이라고 여겨져서 전문가들이 인정하는 분야, 이를테면 게임, 동아리, 여가시설 등에 대한 의사결정이 내려지는 경우가 있습니다. 교사와 학생 모두의 관심사이면서 역시 학문적 권위를 내세우기 어렵지만 의사결정이 나면 완고하게 집행해야 하는 다른 분야가 있습니다. 그 대표적인 경우가 규율discipline 문제입니다. 교육기관 나름대로 운영하는 느슨한 규칙이 있기는 하지만 역시 그 기관이 속한 공동체가 마련한 법적 규칙이 있습니다. 이 경우에 교사들은 자신의 오랜 경륜과 교육에 몸담아 왔던 세월을 근거로 하여 그러한 규칙에 담긴 뜻을 자신들이 더 잘 파악하고 있다고 주장할 수도 있습니다. 또한 교사는 사회의 번영과 안정이란 자신들이 헌신해 온 교육에 의하여 이루어진 것이라고 믿기 때문에 자신은 사회 정의의 측면에서도 정부와 사회 전반에 대하여 책임을 다하고 있다고 주장할 수도 있습니다. 그러므로 교사는 교육과 관련된 특정 문제에 있어서 행위의 준칙을 제정할 권리가 있다고 주장할 수도 있습니다. 그러나 대부분의 교육 문제들은 이런 종류의 문제가 아니기 때문에, 자신들의 경륜이 똑똑한 청소년들보다 훨씬 더 현명한 판단을 내리게 해 준다고 주장하기 어렵습니다. 물리 교사는 물리학의 이해 면에서 대입 준비생[10]과 현격한 차이가 있다고 당연히 주장할 수 있습니다. 하지만 교사가 체벌의 윤리적 문제, 다루기 어려운 성문제, 교복 착용 문제에 대해서도 같은 주장을 할 수 있을까요?

이와 같은 난해한 문제에 대하여 어떤 견해를 지니건 간에, 그것은 윤리학적 지식 및 사회적 기대와 관련되기 때문에, 관련된 사항을 모두 고려하여야만 문제를 제대로 다룰 수 있을 것입니다. 첫째로 고려해야 할 것은 지역 공동체 전체가 준수하는 데 동의할 만큼 규칙을 준수할 수 있으며 존중할 수 있는지 여부입니다. '우

---

10) sixth-former. 영국의 교육제도는 초등 6년, 중등 5년제이다. 매년 9월을 기준으로 하여 만5세가 되는 아동이 입학하므로(우리나라보다 6개월 빨리 입학하는 셈) 이들을 5+라고 지칭하고, 초등학교 졸업생을 11+, 중등학교 졸업생을 16+라고 한다. 이들이 대학에 진학하기 위하여 가는 학교가 2년제 sixth form college이다. 대학에 진학하지 않을 학생은 이와 상관이 없지만, 이 학교에 다니는 학생을, 본문에 나온 것처럼, sixth-former라고 한다. 흔히 'sixth form'을 '6형식'이라고 번역하는데, 이는 잘못이다. 이때 'form'은 학년을 뜻한다. 그래서 의역하면 sixth form college는 '대입 준비학교'가 되며, 그 학생은 '대입준비생'이 된다. 이 학교에서 주로 대학 수학능력을 잴 기초 학문을 공부한다. 그리고 이 sixth form college는 독립기관으로 설립·운영되기도 하지만, 중등학교에 부설되어 있기도 하며, 대학에 부설되어 있기도 하다. 하지만 이 학교는 중등학교도 아니고 대학의 일부도 아니다. 대학 입학을 위한 학교일 뿐이다. 만약 우리나라에 이러한 입시 위주의 학교가 필요하다고 주장한다면, 우리나라 사람들은 감정으로는 당장 폐지하자고 할 것이 분명하다. 일례로, 우리나라에서는 '본고사'를 거부하는 집단의식이 형성되어 있다. 그런데 영국의 sixth form college는 우리가 말하는 대입 본고사를 준비하는 바로 그런 성격의 교육기관이다.

리-그들'이라는 피아를 나누는 상황에서 '그들'이 부과하는 규칙은 그것에 기꺼이 복종할 자세를 갖게 하지 못합니다.

다음으로, 교육기관에서 이러한 문제들을 바라보는 두 가지 방식이 항상 있습니다. 하나는 이미 결정된 사안의 경우입니다. 민주적 의사결정도 교육기관의 일반적 목적에 비추어 내려졌으며, 이행하는 사람의 역량을 고려했는지를 고려해야 합니다. 하지만 민주적 의사결정 방식에 따라 채택되었다고 하더라도 그것이 낳는 가능한 모든 교육적 결과를 고려해야 한다는 또 다른 차원의 주장도 있습니다. 달리 말하자면, 학교에서는 의사결정이 어느 정도로 민주적인가 하는 문제가 하나의 쟁점이고, 학교가 민주사회에 기여하고 있는가 하는 문제가 또 다른 쟁점입니다.[11] 민주주의와 관련되는 이러한 교육의 대부분이 도제식으로 진행되어야 합니다. 훌륭한 의장과 집행 위원들이 저절로 나오는 것이 아닙니다. 그들은 많은 시행착오를 겪기도 하지만 선배의 경험으로부터 많은 것을 배워 나갑니다. 마찬가지로, 민주적인 토론에 기여하기 위해서는 많은 훈련과 연습이 필요합니다. 아이들이 성장하는 것은 꽃이 피는 것과 같은 신비스러운 기적이 아닙니다. 어린 아이

---

11) 교육과 민주주의의 관련은 여러 각도에서 설정할 수 있다. 그러나 대략 세 가지로 정리할 수 있다. 첫째, 사회 전반의 교육체제와 운영이 민주적 원리에 따라 구축되었는가를 보는 것이다. 교육제도와 학교 설립, 교사 양성과 선발 체제, 국가교육과정 운영 등이 이에 포함된다. 둘째, 학교에서 가르치는 교육 내용과 방법이 민주주의를 담고 있는가를 보는 것이다. 교육목적이 지향하는 가치가 민주적인가에 초점을 맞추고 교육과정과 교육방법이 이에 일관되게 선정·조직되어 있는가를 보는 것이다. 셋째, 학교 운영이 민주적 절차를 따르고 있는가를 보는 것이다. 이를테면 학교운영위원회와 교장의 권한, 학부모 참여 등이 여기에 포함된다. 이에 관하여 챔벌린, 1990, 『아동의 자유와 민주주의』(김정래 역, 2015, 박영사) 제10장 참조.

들에게 적절한 학습 상황이 제공되지 않는다면 어떻게 그들이 민주적 생활에 요구되는 태도와 역량을 습득할 수 있겠습니까? 어른들은 학생 자치의 현실의 외향성, 따분함, 비효율성에 대해 자주 언짢아할 수도 있습니다. 하지만 대부분의 교육은 이처럼 탐색적·시행착오적 특성을 지니고 있습니다. 학교 발전에 관련되지 않는 효율성은 교육이라는 이유로 인하여 다소 희생될 수 있는 사안입니다. 하지만 어떻게 보면, 학습 상황에서 효율성 문제는 아이들에게 물리나 불어를 가르치는 것만큼 중요하다고 할 수 있습니다.

정의의 측면에서 민주적 의사결정에 관한 효율성 논의 방식은 매우 도식적이라고 할 수 있을지도 모릅니다. 하지만 이 문제는 교육현장에서 여러 가지 양상으로 나타납니다. 나는 미국의 한 대학에서 열린 세미나에서 민주적 의사결정에 관하여 강연했던 기억이 납니다. 여기에서 그 대학의 학장이 이 문제와 관련된 언급을 하여 많은 사람들을 놀라게 한 적이 있습니다. 세미나 말미에 그는 다음과 같이 간결하게 언급했습니다. "너무나 이론적 수준의 이야기입니다. 우리 대학에는 두 가지 화급한 문제가 있습니다. 하나는 '주차장 배정에 교직원이 학생보다 우선권을 가져야 하는가'이며, 다른 하나는 '교직원과 학생이 함께 사용할 식당이 있어야 하는가'입니다. 이 문제는 누가 어떻게 결정을 내려야 할까요?" 이런 종류의 질문들은 그 해결 원리의 관점에서 볼 때 미궁에 빠질 정도로 수없이 제기될 것입니다. 이와 같은 문제에 답을 구하려면 해당 시설과 상황과 같은 의사결정 절차에 필요한 상세한 지식이 요구됩니다. 벤담Jeremy Bentham이 런던의 서재에 앉아서 인도India 헌법을 고안한 것과 마찬가지로, 어떠한 철학자라도 이 문제를 짜진 틀에 맞추어 세부사항을 고려하는 것은 매우 무모한 일입니다.

토론의 적정성 여부는 초·중등학교보다 대학에서 더 반대에 부닥칠지도 모릅니다. 그러나 차이가 있다면 학생들의 연령과 그들이 짊어져야 할 책임의 종류 정도일 뿐입니다. 영국 학교에서 교장은 놀랄 만큼의 자율성을 가지고 있습니다.[12] 그만큼 교장은 의사결정에 교사와 학생들을 참여시킬 것인지도 결정할 수 있습니다. 일부 교장들은 학생들은 말할 것도 없고 직원들도 거의 참여시키지 않습니다. 교장이 아무리 일을 잘한다 해도 이러한 독단적인 방식으로 학교를 운영하게 되면 의사결정의 합리적 정당화 논의는 찾아보기 어렵습니다. 모르기는 해도, 교장은 지방정부에 대한 책임 때문에 자신의 거부권을 유보하는 아주 예외적 경우가 있기도 합니다. 그러나 이를 일반적이라고 보기는 어려울 것입니다. 그러면 교장은 이러한 문제를 결정하는 데 있어서 일반 교사가 지니지 못한 지혜라도 가지고 있다는 말입니까? 모름지기 교사들의

---

12) 영국은 전통적으로 학교장이 교육과정, 교원 인사, 급여 등의 일체 결정권을 가지고 있다. 따라서 같은 지역의 학교라 하더라도 교육과정이 학교마다 다르다. 그 편차가 매우 심한 경우도 있다. 그러다가 이 책이 출간되고 나서 약 15여 년이 흐른 1988년 영국의 대처 정부는 '국가교육과정(National Curriculum)'을 도입하여 상당 기간 영국 전역에서 논란을 야기한 바 있다. 이때 국가가 제시한 교육과정은 연령별 성취 수준을 느슨하게 정한 것인데도 전체주의 국가로 가는 길이라고 반대가 거세었다. 우리나라처럼 건국 당시부터 국가가 세세한 것까지 정하는 교육과정에 익숙한 사람이 보면 신기할 정도이다. 같은 맥락에서 영국 대학의 학과장은 'professor'라는 직책을 가지고 학과의 교육과정, 예산, 교수 인사, 급여 문제 등을 모두 결정할 권한을 가진다. 요즈음은 대학마다 사정이 바뀌기는 했다(역자 해제 각주 1) 참조). 어떻든 간에 이러한 교육기관의 운영이 민주주의와는 거리가 먼 것처럼 보이지만, 전통과 개혁이 조화를 이루면서 발전한 것이 사실이다. 본서의 전반에 걸쳐서 저자가 권위 문제를 장황하게 다루고 있는 것은 영국 교육의 이러한 실상에 근거한다.

결정에 교장이 동의하지 않을 경우 그 결과에 대하여 교장이 혼자 책임을 져야 한다면 그 운영 체계는 수정되어야만 합니다. 왜냐하면 교사의 입장을 합리적으로 따져 보려는 교장을 곤란하게 할 교사들의 입장이 있기는 합니다만, 그렇다고 해서 그것이 교장의 모든 의사결정에 교사를 참여시켜야 한다는 뜻은 아니기 때문입니다. 그러나 어떤 결정이 나더라도 거기에 교사와 학생이 포함되어야 하는가에 관계없이 결정 절차를 명백하게 밝히는 것은 중요합니다. 왜냐하면 관계 당사자들이 '자문과 동의'의 차원에 실질적으로 참여했는지 여부, 또는 그들에게 구성원으로서 의사결정에 실질적인 권한이 있는지를 알아야 하는 것은 민주 절차에서 가장 중요하기 때문입니다. 그러나 교장이 교사들을 형식적으로 참여시켜 그들에게 자기가 혼자 결정한 내용을 통보해 주는 것보다는 차라리 교사 회의를 소집하지 않는 것이 더 나을 것입니다. 만약 민주 절차가 권위적 간섭의 일환으로 교묘하게 악용된다면, 상당한 반감과 냉소가 야기될 것입니다.

학교 운영에의 학생 참여는 많은 변수가 작용하여서 이미 지적한 일반적인 사항 이외에 더 자세히 덧붙여 설명한다는 것은 거의 의미가 없습니다. 학생 참여의 시점으로 학생들의 연령도 변수입니다. 학생 참여를 가장 교조적으로 옹호하는 사람들조차도 초등학교 저학년의 참여에 선을 긋는 형편입니다. 또한 학교의 규모, 즉 하우스 시스템[13] 여부, 기숙사 여부 등도 변수가 됩니다. 선택

---

13) house system. 영국에서 창안된 학교 운영 방식이다. 한 학교 내에 몇 개의 하우스로 나누고 이에 입학생들을 무작위로 배정한다. 그래서 각종 행사나 경기 등에서 상호 간의 경쟁심과 더불어 협동심을 고취시키고자 한다. 대학의 경우, 옥스퍼

과목과 교수방법의 선정 등과 같은 학술 관련 의사결정에의 학생 참여는 대학보다 초·중등학교에서 제한될 수 있을 것입니다. 그러나 학칙과 규율에 대한 협의, 교외 활동, 외부 단체 가입 등과 같은 문제는 조언을 받아서 학생들이 의사결정할 수 있는 사안이라고 봅니다. 학생의 집단 통제, 소외, 주도권 박탈 등으로 너무 많은 학교들이 탈학교론을 주장하는 사람들에게 비판의 빌미를 제공합니다. 학교 분위기가 공부하는 곳이라기보다는 병영이나 교도소에 가깝다는 것입니다. 아니면 일부 진보주의자들은 학교가 고객에게 관심을 끌기 위해 진열상품을 맛보도록 하는 거대한 슈퍼마켓에 더 가깝다고 여기기도 합니다. 교사와 학생 어느 쪽도 학교를 상호 협동하면서 지낼 곳이라고 생각하지 않습니다. 어떤 교육기관이라도 그 목적이 교사의 학문적 자율성과 업무상 부여된 권위에 부합해야 상호 존재감을 느낄 수 있으며, 그럴 경우에만 환영받는 학교로 성공을 거둘 수 있을 것입니다. 결과적으로, 교육 기관의 문제는 교육목적에 부합하는 권위를 존중하는 원리

드와 케임브리지 대학의 칼리지가 대표적인 경우이다. 입학생은 어느 한 칼리지에 배정을 받고 거기에 소속감을 가지고 대학 생활을 한다. 그렇다고 해서 이들이 옥스퍼드와 케임브리지 대학(University)에 대한 소속감이 없는 것이 아니다. 경쟁심을 악덕으로 못 박아 버리는 우리나라에서는 상상도 할 수 없는 학교 운영 방식이다. 여기서 영국의 'college' 제도를 이해할 필요가 있다. 이 말은 동료를 뜻하는 'colleague'의 동족어이다. 따라서 영국의 칼리지 제도는 미국과 우리나라의 단과대학을 뜻하는 것이 아니라, 기숙사 개념에 가깝다. 그들은 칼리지를 통하여 경쟁심과 협동심을 함께 고취한다. 참고로, 경쟁의 반대는 협동이 아니라 독점이다. 정치건 경제건 또는 사회 모든 분야에서 독점만 있는 사회가 쇠퇴하는 것처럼, 경쟁 없는 사회는 쇠퇴한다. 경쟁과 협동은 반대 개념이 아니라 보완개념 또는 상관 개념이다. 교육에서 경쟁 문제에 관하여는 디어든, 1976, 『초등교육문제론』(김정래 역, 2015, 교육출판사) 제9장 참조.

와 의사결정 참여라는 민주적 이상 사이에 어느 정도 균형을 찾는데 있습니다.

　일반적으로 학교에서의 권위 구조를 언급하면, 사람들이 마음속에 떠올리는 것은 교실에서 행사하는 교사의 권위입니다. 이 점에서 보면, 권위가 합리화될 소지는 매우 많습니다. 교사는 아이들의 학습을 도모하라고 사회로부터 권위를 부여받았습니다. 만약 아이들이 공부하는 공간에 참여하게 된다면, 그것은 최소한의 명령을 따라야 하는 상황이 됩니다. 따라서 아이들이 반드시 준수해야 하는 규칙이 있게 마련입니다. 그리고 이러한 사회 통제는 권위주의적 명령을 수반합니다. 하지만 그것은 합리적으로 수행될 수 있습니다. 규칙은 교육 상황에서 수업 목표나 학교 전체의 교육목적이 효율적인 결실을 맺도록 관련되어야만 하고, 또 그렇게 이해되어야만 합니다. 그리고 왜 학생은 교사와 함께 자기들이 준수해야 할 규칙을 결정하는 데 발언권도 가져서는 안 되는지를 마냥 따지는 것은 곤란합니다. 규칙이나 명령 자체를 위하여 명령과 규칙을 즐기는 것, 또는 교사의 지위 때문에 그렇게 할 수 있다고 하는 것이 바로 권위주의입니다. 권위주의authoritarianism란 바로 그 근거도 없이 권위를 마구 행사하는 것을 일컫습니다. 이와 반대로 학교에서 학생들이 공부하는 데 필요한 것을 규제라고 거부하는 것은 비이성적인 처사입니다. 왜냐하면 그것은 바람직한 목적을 달성하는 데 반드시 필요한 수단을 거부하는 것이기 때문입니다. 바람직한 것을 달성하기 위하여 명령이나 과제 부여와 같은 특정 권위주의적인 장치가 보다 합리적인 설득 방법과 함께 교육상황에서 필요한 것입니다. 그러나 만약 명령만 내려지는 상황이라면, 그 상황은 때로 과업 수행을 빌미로 합리화되기도 하여 교사의 자기 과시나 지배욕으로 변질되어 불미스러운 상황을 가져오기도 합니다.

마지막으로 진보적인 교사들이 거의 신경질적인 반응을 보이곤 하는 경향이 있는 교사의 권위의 측면을 살펴보겠습니다. 그들의 이러한 반응은 아이들이 존경하는 권위 있는 인물들을 모방하고 동일시하는 경향이 있다는 기존의 연구결과에 근거합니다. 그러나 모방은 진화적인 측면에서 보면 인류가 문화 전수를 위해 개발한 가장 강력한 작동원리mechanism 중 하나입니다. 그리고 모방은, 브론펜브레너가 『아동기의 두 세계』에서 아주 생생하게 강조했듯이[14], 서방 세계 부모들이 최근 끔찍한 결과를 낳는다고 무시해 버린 원리이기도 합니다. "아이들을 부모가 키웠던 것은 과거에나 있었던 일이지요."[15]

물론 이 모방 원리가 작동하면 위험할 수도 있습니다. 많은 교사들이 자신들을 받드는 데서 오는 권력을 즐기면서 아이들을 더

---

14) Urie Bronfenbrenner (1917~2005). 러시아 태생의 미국의 심리학자. 발달에 있어서 생태를 강조한 사람으로 알려져 있다. 저서로는 본문에 소개된 *Two Worlds of Childhood* (1970)를 비롯하여 *Influencing Human Development* (1973), *Influences on Human Development* (1975), *The Ecology of Human Development: Experiments by Nature and Design* (1979), *The State of Americans: This Generation and the Next* (1996), *Making Human Beings Human: Bioecological Perspectives on Human Development* (2005)가 있다. 그는 기존 아동발달 심리학이 인위적인 측면에 치중되어 있음을 비판하고, 이에 대한 대안으로서 생태적 입장의 발달심리학을 주장한다. 인위적인 내용보다는 생물학적·생태학적 내용을 제시한다. 저자는 이러한 입장이 이른바 진보 교육 노선과 결합하여 교사의 권위를 훼손할 위험을 초래할 수 있다고 보고 있다.

15) Children used to be brought up by their parents.

욱더 복종하게 할지도 모릅니다. 또는 자신의 권력을 악용하여 아이들을 교화하거나 세뇌시킬지도 모릅니다. 그러나 현명한 교사라면 이 단계가 아이들이 복종하면서 반드시 거쳐 가야 할 단계라고 인식할 것입니다. 그리고 현명한 교사는 아이들이 느끼는 자신의 매력을 아이들에게 전달하고자 하는 지식과 기술을 습득하도록 활용하려고 노력할 것입니다. 그들의 모든 교육 활동에는 독특한 동기가 담겨 있습니다. 그들은 자신들이 지니는 매력만큼 아이들이 역량을 키워 나가길 바랍니다. 나는 이러한 교사의 정서적인 측면을 교사에게 부여된 권위라고 하였습니다. 사회 통제와 마찬가지로, 정서적 측면에서 교사는 스스로가 제도 속의 권위를 부여받은 존재이며, 권위주의적 요소가 없는 권위자라는 것을 알게 됩니다. 이것은 가르치는 일이 지니는 여러 패러독스 중 하나입니다. 즉, 한 세대가 권위를 행사해야만 다음 세대가 권위 없이 살아가는 법을 배우게 된다는 것입니다. 하지만 이런 일이 일어나려면 합당한 방식에 따라 권위를 행사해야만 합니다.

비극은 정당하게 불만을 표출한다고 하면서 많은 학생들이 권위와 권위주의를 혼동한다는 데 있습니다. 자기 마음대로 권한을 행사하는 기관장이나 심지어는 대학 총장들도 두목처럼 행세하면 아이들을 괴롭히는 교사들만큼이나 반감의 대상이 되기는 마찬가지입니다. 그 결과로 학생들은 학교에서의 권위적 간섭주의에 유일한 대안으로서 모든 것을 학생들이 투표로 결정해야 한다고 잘못 생각하고 있습니다. 하지만 합당하게 뿌리쳐야 할 권위주의가 정당화될 수 없는 것과 마찬가지로 학교에서 학생의 무모한 권력 행사도 더 이상 합리적으로 방어해 줄 수 있는 것이 아닙니다.

프로이트, 마르크스 그리고 책임

제5장

작금의 사회병리 증후군[1]

프로이트와 마르크스는 모두 19세기 사상가입니다. 그러나 그들의 사상은 작금의 우리에게 여전히 영향을 미치고 있습니다. 실제로 두 사상가는 우리 자신을 동료애로 묶어서 생각하게 만드는 현상을 만들어 냈습니다. 논점은 특정 인물이 발견한 사실이 사람들의 의식 속으로 은연중에 침투해 들어간다는 것입니다. 게다가 더욱 놀라운 것은 그것이 자명한 진리처럼 세대를 이어 지속된다는 것입니다. 하지만 핵심 논점이 간과되어 있습니다. 그 결과 사람들의 의식 속에 침투되어 가는 과정에서 악의적인 왜곡과 과장이 따르게 되었습니다. 예를 들어서, 프로이트는 요즈음 인식되는 것처럼 우리의 모든 행위에 대하여 무의식적 동기를 갖는다고 하지 않았습니다. 마찬가지로 마르크스도 인간이 재화 획득 욕망에만 의존하여 행동한다고 하지 않았습니다.

---

1) 제5장의 원제목은 'The Contemporary Malaise'이다. 직역하면 '당면한 사회적 불안에 대한 불쾌한 증후군'이라고 해야 할 것이다. 이 장의 내용을 보건대, 당시 사회가 드러낸 병리현상 증후군을 다루고 있다.

이러한 의사 진리[2]는 영향력을 확보하게 되면 결과적으로 곪아 터져서 해괴한 사회적 분위기를 조성하고 여러 가지 병폐를 낳습니다. 왜냐하면 인간은 진실이 아닐 수 있지만 스스로 진실이라고 생각한 바에 의하여 행동하기 때문입니다. 그래서 간혹 사람들이 그렇게 생각하기 때문에 그것이 진실이 되어 버리는 경우도 있습니다. 이를테면 어떤 사람이 무엇인가를 달갑지 않게 그리고 미심쩍게 받아들이고 있다는 말이 돌아다니면, 당초 그럴 의도가 전혀 없었음에도 불구하고 종국에는 그 사람은 해당 사실을 믿지도 않는다고 인식합니다. 이와 같은 방식으로 인종이나 계층 간의 긴장은 문제가 확대되어 퍼져 갑니다. 이런 경우는 사회적으로 커다란 문제가 되어 버립니다. 인종, 계층 문제가 현실이 되는 것은 사태가 까마귀나 산토끼의 자연적 번식처럼 커지는 것이 아니라 사람들이 인종과 계층에 속해 있기 때문에 커지는 것입니다. 또 사람들이 스스로를 그 인종과 계층 범주에 속한 존재로 인식하여 행동하기 때문에 실제로 그 소속원으로서 정체성을 지니게 되는 것입니다. 사회적 신념이 사회적 실체를 낳습니다.[3]

이제부터 사회적 병리 현상을 야기하는 의사 진리에 대하여 논하고자 합니다. 사회병리 증후는 삶의 전 영역에 걸쳐 발견할 수

---

2) half-truth: '남을 속이기 위해 진실의 일부만을 말하는 것'이라는 사전적 정의에 따라 '의사(擬似) 진리'로 번역한다. 진실의 일부를 말하는 것은 진실이 아니다. 마치 '독약'이 약이라는 수식어로 표현되지만, 우리에게 전혀 약이 되지 않는 이치와 같다. 본장에서 다루는 프로이트와 마르크스의 이론이 진실처럼 보이지만, 종국에는 진실에 위배되거나 진실을 외면한다는 점을 서술하기 위한 용어가 'half-truth'이다.
3) Social beliefs father social realities. 즉, 그릇된 근거에 의하여 형성된 신념이 현실을 그릇되게 만들어 버린다는 뜻이다. 이것도 앞의 의사 진리(half-truth)의 전형적인 예가 된다.

있습니다. 구치소에 수감된 여자가 보호관찰관에게 다음과 같이 말합니다. "교도관님, 여기서 뭘 한다 해도 내겐 아무 소용이 없습니다. 아시다시피 나는 불우 가정 태생이거든요." 문제아[4]는 성인 전용 판정 영화나 텔레비전 드라마를 통하여 상궤를 벗어난 성적 행동을 하게 되었다고 주장합니다. 그리고 이와 같은 드라마 속 이야기는 어느 순간에 나무 밑이나 개울가에서 멈춰 버립니다. 남자 주인공은 동정적이고 불쌍한 소녀에게 자신이 혼자라는 것을 깨닫게 되는 순간으로 모든 것이 귀결된다고 말합니다. 나이 들어서는 하나님이 자신의 아버지를 대신한다는 성경 말씀을 어릴 적에 들었을 때 이미 자신을 종교로부터 멀어지게 했노라고 나직하고 아련하게 회상합니다.[5] 그리고 복지 혜택 속에서도 성적이 부진한 성난 젊은이들은 웨스트엔드[6] 지역을 배회하면서 자신들의 잘못에 책임 없다고 말합니다. 그들은 부모가 자신들을 무시하거나 과보호했다고 말합니다. 또는 자신들이 교육의 사악한 선별 '체제'의 희생양이라고 여깁니다. 어찌 되었건 간에, 사회가 잘못이라는 것입니다. 사회는 자신들을 비정상적 사람으로 낙인시켜

---

4) mixed-up kids. 의미상 사회적 문제아를 지칭한다. 'mixed up'이 '혼란스럽다, 뒤범벅이다, 정신착란'이라는 뜻을 지닌다. 비유적으로 말해서 문제 행동의 근본을 사회 병리 현상의 원인, 즉 '환경 탓[마르크스]', '성장배경 탓[프로이트]'으로 잘못 돌려서 섞어 놓고 있다(mix up)는 것을 암시하는 말이다. 즉, 'mixed-up'을 다시 비유하면, 일종의 '원인 혼란'이라는 뜻이다.

5) 이 세 문장은 당시 영국에서 상영되었거나 방영되었던 영화나 드라마 속 스토리를 언급한 듯하다. 이 문장만 가지고 논의 맥락과 구체적인 관련을 역자가 짚어 내는 데에는 한계가 있다.

6) West End. 런던 중심가(행정상 City of London)의 서쪽에 위치한 데서 명칭이 유래한 공연장 등이 몰려 있는 지역. 물론 이 지역에 주요 관공서, 기업, 금융기관도 몰려 있지만, 각종 공연이 이루어지고 극장이 밀집하여 있어 관광명소로 유명하다.

놓고는 범속한 사람이 되라고 권장한다고 합니다. 존경심이란 부르주아의 산물이며, 엘리트 사립학교에 들어가기 위해 요구되는 겉치레라고 말합니다. 사람들이 범죄를 저지르는 것은 놀랄 일이 아닙니다. 만약 이런 것이 모두 사실이라면, 누가 그들을 비난할 수 있을까요? 달리 보면 범죄는 질병의 한 형태이기 때문입니다. 갑상선 결핍 환자들이 무기력증으로 고통받는 것처럼 범죄자는 그들이 사회 여건에 적응하지 못한 결과일 뿐입니다. 혹은 부자들을 강탈하거나 우체국을 폭파하는 등과 같이 사회가 범죄라고 부르는 것은 사회부적응 행동을 완벽하게 설명하는 가장 '타당한' 방식이 되어 버렸습니다.

현대 사회병리 현상의 이러한 사례는 엄청나게 많이 찾아볼 수 있습니다. 사회병리 현상의 공통적인 특징은 그 근원을 자신의 행동의 원인cause에서 찾음으로써 책임을 부인하는 데 있습니다.[7] 고통을 겪는 그들은 자신의 믿음에서 비롯된 희생자들입니다. 실제로 자신이 처한 사실만을 문제 삼기 때문에 그들은 책임이 없다고 믿는 것입니다. 자신의 사회적 신분과 유년기의 암울한 부분이 책임에서 회피할 방법을 그들에게 제공한 것입니다. 그들은 사태의 본질을 원인에서 찾음으로써 자신들의 삶이 실패한 책임을 정당화하거나 변명합니다. '문제아'는 엄마가 여자 친구를 좋아하지

---

7) 이하 저자가 주장하는 논지를 이해하려면 사회병리 현상을 원인 규명으로 본다는 데 있다. 행위는 '이유(reason)'가 있기 마련인데, 그 대신에 행위의 '원인(cause)'으로 대체해 버림으로써 책임을 면하고자 한다는 것이다. 논점은 '이유'와 '원인'의 차이를 구분해 내는 데 있다. 산불에는 '원인'과 '이유'를 다 물을 수 있다. 전자는 건조한 날씨가 되지만, 후자는 특정인이 방화(放火)한 계기가 된다. 하지만 살인하는 데에는 '원인'이 아니라 '이유'를 필요로 한다. 이하 논의와 본서 제7장 참조.

않아서, 자기보다 남동생을 편애해서 또는 이와 유사한 이유들을 대면서 여자 친구를 죽이지 않을 수 없었다고 말합니다. 그럴 수 있다고 수긍할 수도 있습니다. 하지만 그렇게 어쩔 수 없었다고 믿으면 믿을수록, 그만큼 그 아이는 거기서 헤어날 수 없을지도 모릅니다. 그의 이러한 믿음이 곧 현실을 만들어 버립니다. 내가 말하고자 하는 바는 이런 종류의 믿음은 그 근거가 매우 빈약하다는 것입니다. 그는 여러 관점에서 보아도 그렇지만 프로이트 관점에서도 '원인 혼란 문제mixed-up'를 동반하고 있습니다. 이러한 의사 진리가 그 아이가 헤어날 수 없는 상황을 초래하고 그 상황을 더욱 더 악화시킵니다.

이제 방향을 돌려 우리는 자신의 행위를 야기하는 모든 것에 대하여 개인적 책임을 물어야 한다는 사람들에게 초점을 맞추어 볼 필요가 있습니다.[8] 어떤 사람들은 스스로에게 너무 과도하게 책임을 부여하기도 합니다. 그들은 마치 자기가 성인聖人, 선지자, 초인처럼 하지 못해서 스스로 괴로워합니다. 그들은 자신이 처한 모든 것을 남의 탓으로 돌리는 사람과 똑같은 사회병리 현상에 시달리고 있습니다. 사람이 불가피하게 나쁜 일을 하지 않을 수 없었다고 말하는 때에는 거기에 합리적 이유가 있기 마련입니다. 상식과 법률에 따라 결백과 정상참작[9]이 인정되어 왔습니다. 우리

---

8) 현대 사회에서 기존 권위의 실종이 각 개인으로 하여금 모든 사안에 대하여 합리적 판단과 그에 따른 책임을 져야 하는 사태를 초래한다는 본서의 제2장의 논점과 관련된다.

9) exonerating. 결백; extenuating. 정상참작. 이 글에서 개인의 비행을 사회병리의 원인으로 보는 데 동원되는 주된 변명거리 두 가지. 여자 친구를 목 졸라 죽인 것은 본인의 의도적인 이유에서 찾는 것이 아니고, 어려서 불우한 환경이라든가 사회구조

는 몽유병 환자가 은화를 훔쳤거나, 실수로 자기 것으로 오인하여 남의 모자를 가져간 경우 그 사람을 비난하지 않을 것입니다. 1950년대 왕립 형벌위원회는 불가항력적irresistible 충동에 따른 많은 사례를 보고하고 있습니다. 그러나 불가항력의 경우는 일상적이 아니라고 할 수 있습니다. 인간은 무지하거나 수면 중에 결코 행동하지 않습니다. 모든 행동이 불가항력은 아니라는 것입니다. 보통의 경우라면 사람들은 자신의 행동에 책임진다는 것과, 또 예외적인 경우를 뽑아서 이를 별도로 고려해야 하는 경우에도 어떤 조치를 취할 수 있다는 것을 일반적으로 받아들입니다.

그러나 현대 병폐로 인하여 고통받는 사람들은 예외적인 사례를 무한정 제시합니다. 그렇게 생각하게 되면 자신의 행동이 그렇게 되지 않을 수밖에 없다는 점을 입증하기 위하여 자신들이 겪은 사태를 촉발한 원인이 부각되어아 한다고 생각합니다. 및 가지 섬에서 마르크스와 프로이트는 그러한 원인을 명쾌하게 설명해 주는 데 크게 기여하였습니다. 모든 행동에는 원인이 있다고 믿는다는 점에서 마르크스와 프로이트는 결정론자들입니다. 그러나 나는 그들이 이러한 원인들을 가지고서 불가항력적인 행동을 하게 된 원인을 설명해 보여주었다고 생각하지 않습니다. 하지만 내가 보기에 그들을 피상적으로 신봉하는 변절자들[10]이 모든 행동에 원인이 있다고 믿을 뿐입니다. 나는 개종자들이 정작 성경을 제대

적 모순이라는 원인에서 찾는다. 불우 환경이나 사회구조적 모순은 자신의 의지와 관련이 없으므로, 결백으로 판단되거나 정상참작이 이루어져야 한다는 주장이다.

10) converts. 이 용어는 이어 본문에 나오는 '개종자'를 뜻하기도 하지만, 자신의 신념을 자주 바꾸는 사람을 지칭한다. 다만 아무런 합당한 근거 없이 신념을 바꾸는 경우 드러나는 문제를 지적하고 있다.

로 읽어 보지 않은 것처럼 이 변절자들이 마르크스와 프로이트의 원전들을 제대로 읽었다고 생각하지 않습니다. 그들은 자신들의 허점을 변명하기 위하여 난해하기 그지없는 원전에서 자의적으로 발췌하여 범독泛讀한 것입니다. 많은 경우에 사회적 약자의 결정요인에 관한 사회학적 설명도 이와 유사합니다. 사실, 사회학은 소외된 사람들의 종교가 될 위험이 있습니다.

이러한 왜곡과 과장은 거기에 중요한 의사 진리가 숨어 있음을 종종 찾아볼 수 있다는 증거입니다. 마르크스는 확실하게, 프로이트도 아마 그럴 것 같습니다만, 일반적 원인을 찾는 것과 불가피한 결과를 가져오는 특수한 원인을 명확하게 구분하지 않음으로써, 자신의 결정론 개념에 대해 별로 신경을 쓰지 않았습니다. 특히 프로이트가 행동에는 모종의 원인이 있어서 그것이 어떤 사람에게 행동을 강요한다는 몇몇 사례들을 만들어 낸 것은 확실해 보입니다. 그 결과 우리는 당사자에게 "그는 그 일을 하지 않을 수 없었다."[11]고 말할 수 있게 되었습니다. 그러나 그가 밝혀낸 원인의 대부분은 불가피한 결과와 관계없습니다. 프로이트의 발견은 사실 우리에게 무죄 상황을 입증해 주는 백지 수표를 무제한 발행할 근거[12]를 제공하지 않았습니다.

---

11) He cannot help doing what he does. 영어 관용어 'cannot help ~ing'는 '~하지 않을 수 없다'로 번역한다. 그래서 'It cannot be helped'는 '어쩔 수 없다'가 된다. 사전을 찾아보면 이 경우 동사 'help'는 '삼가다', '피하다'의 뜻을 지닌다. 따라서 이하 본문에 나오는 'could help'는 '삼갈 수 있었음'이 된다. 이어지는 논의에서 웬만한 사람이라면 삼가는 데서 책임을 지는 자세를 보일 수 있지만, 문제아들은 프로이트와 마르크스가 제공하는 틀인 가정환경 탓, 사회환경 탓으로 돌리면서 '하지 않을 수 없었던(could not help)' 자신의 처지를 들어 책임을 회피한다는 뜻이다.

12) a blank cheque drawn on the Bank of Exonerating Circumstances. 프로이트가

실제로 행동의 원인을 면밀하게 검토해 보면 그것은 일반적으로 우리의 책임을 감소시키기보다는 짊어져야 할 책임이 무엇인지를 명백하게 드러내 준다는 것이 내 견해입니다. 예를 들어, 우리가 어리석게 돈을 쓰거나 방탕하게 성적 농락을 하는 사람을 엄하게 대해야 하는 경우를 생각해 봅시다. 우리는 우리 스스로 매우 하고 싶은 것을 다른 사람이 하는 경우에 그들을 비난하게 된다는 사실을 프로이트에게서 배웁니다. 프로이트의 이론이 이러한 비난에 대한 변명거리가 될까요? 물론 아닙니다. 실제로, 우리 안에 잠재된 것을 감지한다면 그것이 우리가 다른 사람에게 하는 반응을 수정하는 데 도움이 될지도 모릅니다. 만약 우리가 이전에 눈치 채지 못했던 소망과 충동을 우리 스스로 인식할 수 있게 된다면, 우리는 사실상*ipso facto* 불가항력적 충동에 직면한 것이 아닙니다. 실제로, 우리 자신의 이러한 인식이 그러한 충동에 대항할 수 있는 필요조건 중 하나일 것입니다.

우리가 행동에 책임을 진다는 것은 일련의 명백한 행동 준거를 적극적으로 제시하는 일이 아닙니다. 어떤 사람이 비난이나 벌을 받을 여지가 있는 행동을 했을 경우와 그가 사실을 인지하지 못한 상태나 강압이나 강요당한 상태에서 이루어진 행동을 제외시킬 경우에만 우리는 그에게 책임을 물을 수 있을 뿐입니다. 다른 말로 하면, 책임이라는 개념은 전형적으로 변명의 여지없는 상황과 대비되는 것으로 정의할 수 있습니다. 하지만 만약 현대 사회 병폐로 피해를 본 사람의 경우처럼 누군가가 모든 행동에는 원인이

밝혀낸 사례가 관련된 모든 행동에 대하여 면죄부를 주는 원인을 제공하지 않는다는 것, 즉 책임 회피의 근거가 되지 않는다는 것이다.

있고 그 원인을 행동의 변명거리로 삼을 수 있다고 믿는다면, 그 것은 논리적인 근거와 실제적인 근거에서 모두 불행한 결과를 초래하게 됩니다.

논리적인 결과는 '삼갈 수 있었음could help'과 같은 기대가 전혀 먹혀들어 갈 수 없다는 점입니다. 면책이 주어질 수 없는 상황이 있을 수 있기 때문에 우리는 자신의 행동에 대하여 어떤 사람의 책임을 물을 수 있는 것입니다. 우리가 사용하는 언어는 아무렇게나haphazardly 형성된 것이 아닙니다. 그 언어에는 사람들이 하는 행동이 무엇인지를 파악하면서 행동하도록 하는 상식적 준거가 전제되어 있습니다. 어떤 사람이 자신의 행동을 할 수밖에 없었던 경우와 상황을 설명하고자 할 때 그 사람에게 모종의 책무onus가 따르는 것입니다. 하지만 어떤 행동에 대한 원인을 밝혀내는 것이 항상 가능하기 때문에 그 행동의 결백을 주장하는 것이 용인된다면, '삼갈 수 있었음' 또는 '하지 않을 수 없었음couldn't help'이라고 언급하는 것 자체가 의미가 없어집니다. 그 언급이란 상식에 따른 것이며 그것이 다른 유형의 사건에서도 공통된 점이 있는가를 구분하는 것입니다.

여자 친구를 교살하지 않을 수밖에 없었다고 말하는 '문제아mixed-up kid'는 자신의 행동에 변명을 늘어놓을지라도 살인 의도를 그대로 드러낸 것인 점에서 판에 박힌 하등 쓸모없는 말을 내뱉은 것에 불과합니다. 자신의 행동을 받쳐 줄 원인을 지어내는 것이 항상 가능하고, 그것이 자신의 결백을 뒷받침하는 데 충분하기 때문에, 변명을 위한 가정들은 실제로 '삼갈 수 있었음'과 '하지 않을 수 없었음' 사이의 구분을 하찮은 것으로 만들어 버립니다.

모든 원인을 변명거리로 만들어 버리는 데 나타나는 실제적인 결과는 어떤 신념이 실제적으로 사회적 현실을 만들어 내는 힘을 보여 준다는 점입니다. 이 경우에, 신념은 근거도 빈약하고 논리적으로 엉성할지도 모릅니다. 그럼에도 불구하고 그러한 신념은 사람들의 마음에 강력하게 영향을 미칩니다. 이렇게 설명할 수 있을지도 모릅니다. 책임질 줄 아는 사람의 필요조건은 자신이 어떤 상황에 처해 있는지를 믿어야만 한다는 점입니다. 적어도 우리가 생각하기에 할 수 있는 일만을 전제로 하여 해야만 한다는 것입니다.

만약 사람들이 자신의 출생신분이나 요람에서부터 조건화된 양육을 이유로 해서 나쁜 일을 저지를 수밖에 없었다고 말을 돌린다면, 그들은 철없는 성난 젊은이들처럼 앉아서 자신만 빼고 모든 사람을 비난하면서 자신의 처지를 개선시킬 노력을 전혀 하지 않고 빈둥거리는 꼴입니다. 그들이 처한 곤경이란 내가 앞서 말한 그대로입니다. 즉, 그들이 겪는 현대 사회 병폐는 의사 진리와 지적 혼란의 산물입니다.

이 사실은 사회적 혼란의 결과만이 어느 누구에게나 영향을 미친다는 것이 아닙니다. 실제로 사회병리 현상을 진단해 보면 그것은 비인간화와 사회복지와 관련되어 있습니다. 이는 사회 병폐의 근원을 지적인 차원에서 탐구할 필요가 있음을 보여 줍니다.

사정이 이러하니, 다음 과제는 이러한 혼란을 야기하는 프로이트와 마르크스의 주장을 각기 명백하게 살펴보는 일입니다. 이를 통하여 내가 의도하는 목적은 인격이 운명이라는 헤라클레이토스[13]

---

13) Heracleitus. Heraclitus of Ephesus (Ηράκλειτος ὁ Ἐφέσιος, c. 535 ~ c. 475 BC). 고대 희랍의 이오니아학파 철학자. 만물의 근원은 불이다, 만물은 유전한다

의 오래전 주장을 타당하다고 설파하는 데 있지 않습니다. 그보다
는 제한적이고 초보적인 수준에서라도 우리가 타고난 운명에 따
라 인격이 형성된다는 작금의 주장에 대하여 살펴보고자 하는 것
이 나의 의도입니다.

는 주장으로 유명하다. 이러한 전제에서 그는 '선(善)도 악(惡)도 하나'라는 주장을
한다. 본문에서 인용된 것은 그의 이러한 주장이 행위 판단의 근거를 객관적으로
제시할 수 없다는 논거를 제공할 가능성도 있다는 것이다. 그러나 그는 모든 변화
에는 마땅히 따라야 할 범례가 있다고 함으로써 그 범례를 로고스라고 하였다. 이
점에서 그의 주장은 사회병리 현상의 변명거리를 제공해 주지 못한다. 무엇보다도
헤라클레이토스는 이후 사람들과 달리 만물의 근원을 고정된 실체로 보지 않았다.
그의 이러한 입장은 오히려 현대 철학에 지대한 영향을 미쳤다. 헤라클레이토스의
철학은 '존재', '실체', '것'보다는 '생성', '변화', '일'을 전제로 하여 니체, 베르그송,
들뢰즈 등의 생성철학과 화이트헤드의 과정철학의 토대를 제공해 준다. 저자는 그
래서 그를 논외로 한 듯하다.

제6장

운명과 결정론

지난 강연에서 작금의 사회병리 증후군을 설명하면서 행위의 원인과 기준에 관한 어설픈 이론으로 인하여 도덕적 책임을 부정하는 사태를 논증하였습니다. 나는 사람들이 변명거리를 만들어 내려고 어떤 행동에 대한 원인을 만들어 내고자 한다고 설명드렸습니다. 예를 들어, '문제아mixed-up kid'가 자신의 문제 행동에 어린 시절 핑계를 대는 것은 자신이 그 행동을 하지 않을 수 없다는 것을 변명하기 위한 것이었다고 생각합니다. 이런 종류의 믿음은 대개 근거가 빈약하지만, 많은 다른 의사 진리처럼, 사람들의 마음에 깊은 영향을 미칠 수 있다고 지적하였습니다. 만약 사람들이 그 아이들의 행동에 책임이 없다고 믿게 되면, 그 아이들의 책임은 곧 경감되어 버리는 셈입니다. 나는 또한 이러한 그릇된 믿음이 사람들 마음속에 프로이트와 마르크스가 내놓은 억측과 관련되어 있어서 그들의 결정론적 도그마가 사태를 부추겼을 것이라고 주장하였습니다.

이와 같은 도그마는 "사회의 진보를 결정하는 자연법이 있다는 것을 발견하였을 때, … 사회는 진화론적 결정론의 영향을 벗어날 수 없고, 어떻게 묘사한들 그 영향력을 피해갈 수는 없다."라는 마르크스의 유명한 발언에서 그 유례를 찾아볼 수 있습니다.[1] 마르크스에 따르면, 우리가 할 수 있는 것이라고는 '타고난 업보birth-pang를 줄이거나 완화시키는 것'밖에 없습니다. 사실상, 사회는 주어진 궤도 위를 달리게 되어 있습니다. 사회는 운명이라는 낡은 장치를 피할 수 없습니다. 사회는 운명적으로 정해진 속도를 단지 가속하거나 감속할 수 있을 뿐입니다. 그래서 사회의 겉모습 이면에 인간사를 결정하는 패턴으로서 경제적 실체가 있기 때문에 자본주의는 반드시 붕괴되어야만 한다고 마르크스는 주장합니다. 자율적인 의사결정, 법률, 정치제도 등은 기술공학 발전에 따르는 거대한 흐름을 거슬리지 못하는 임시방편에 불과합니다. 마르크스처럼 사회경제적 거시 동향을 강조하는 사람들은 특정 조건 아래서 일어날 일을 예측하는 데 그치는 것이 아니라, 어떤 일이 반드시 '일어나야만 한다'고 주장합니다. 사회의 운명을 밝혀낼 수 있다는 것입니다.

많은 19세기 사상가들이 그러했듯이, 결정론자로서 마르크스는 '결정론'을 보는 확연히 다른 두 가지 관점을 혼동하는 해괴한

---

1) 본문에 인용된 원문은 다음과 같다. When a society has discovered the natural law that determines its own movement … it can neither overleap the natural phases of its evolution nor shuffle out of them by the stroke of the pen. 역자는 이 번역문의 출처를 찾아보려고 노력하였으나, 과문한 탓으로 정확한 출처를 찾지 못하였다. 그러나 내용상 이 문장은 마르크스의 초기 저작 『정치경제학비판 요강(*Grundrisse*)』에 포함된 것이 분명해 보인다. 본문에 저자가 마르크스의 이 말을 인용한 취지는 사회 진보를 결정론적 운명론으로 규정되는 자연법으로 보면서 마르크스가 혁명을 통하여 사회 진보가 가능하다고 주장하는 것이 결국 앞뒤가 맞지 않는다는 점에 있다.

입장을 견지하고 있습니다. 하나는 인간 행동을 포함한 모든 사건은 원인을 가지고 있다는 믿음입니다. 다른 하나는 원인을 지닌 모든 사건들은 피할 수 없다는 것입니다. 심사숙고한 이유를 지닌 행동이라도 그 원인이 있을 수 있지만, 그 원인이 행동을 설명하는 데 충분하다고 보지 않기 때문에 비록 동의할 마음은 없지만 나는 전자를 문제 삼고 싶지 않습니다. 내가 보기에, 신체와 뇌의 움직임을 결정하는 적절한 원인과, 경우에 따라 종종 '원인'이라고도 불리기는 하지만, 행동을 하는 데 요구되는 심사숙고, 의사결정, 합당한 근거와 이해, 행동의 진실성은 면밀하게 구분되어야 합니다. 또한 후자의 경우에 설명할 수 없거나 현실적으로 들어맞지 않기 때문에, 전자의 원인만 가지고 문제 상황을 충분히 설명할 수 있다고 봅니다. 그래도 후자가 인과적 설명 가능성과 행동의 불가피성을 일치한다고 단언하기 때문에 이에 관심을 가지고 살펴보아야 합니다. 이 신념은 근대과학이 발흥하기 시작한 17세기 무렵의 사회 분위기에 따라 어설프게 형성된 것입니다. 과학이론의 인과관계에 대한 믿음은 칼뱅파의 운명론과 함께 면면히 이어져 왔으며, 세계를 거대한 시계로 보는 형이상학적인 그림과 일치하였습니다. 인과관계를 밝히는 과학자는 신의 섭리를 세세하게 밝혀내는 꼭두각시이거나, 인간이 결정론적 운명을 좋건 싫건 받아들일 수밖에 없는 기계의 부속품임을 입증하였습니다.

마르크스는 이러한 형이상학적 가정들을 물려받았습니다. 하지만 그는 여기에 19세기 옷을 입혀 버렸습니다. 정반합의 패턴에 따라 작동하는 역사의 변증법은 기존 신의 섭리에 따라 움직인다는 신념을 대체해 버렸습니다. 용수철과 지렛대와 같은 기계론적 작동처럼 인간의 운명을 가르는 경제적 동력이 사회 저변에 깔려 있어 작동하게 된다는 것입니다. 마르크스는 사회 변화의 경제적 원인을 강조함으로써 우리가 새로운 역사관을 갖게 하였습니다. 그러나 그의 이론에 따르다 보니 과학의 인과적 설명과 행동의 불가피성이 결정론 우산 아래 뒤죽박죽 섞이게 되었습니다. 아직도 그 혼란은 지속됩니다. 만약 여러분이 누군가에게 행동에 원인이 있다고 말한다면, 누구나 '물론'이라고 답할 것입니다. 그러나 그 사람에게 자신의 행동이 인과적으로 결정되었다고 말한다면, 그는 자신을 운명의 포로로 생각할 것입니다. 그는 당신에게 말장난한다고 꾸짖지는 않을 것입니다.

프로이트의 결정론 개념은 운명론에 비하면 영향력이 크지는 않습니다. 프로이트는 심리적 결정론을 자주 언급하기는 하였지만, 그것은 주로 마음속에 자리 잡은 원인이 작용하여 모든 행동이 대부분 우연이나 개연성에 영향을 받는다는 점을 강조하였습니다. 그리고 그는 그러한 원인의 본질을 명석하게 파헤쳐서 그 기원이 어린 시절로 소급되는 무의식적 욕구라는 것을 밝혀냈습니다. 하지만 그는 이러한 원인이 기계적으로 작동한다고 주장하지 않았으며, 사람으로 하여금 본인 의사와 관계없이 이상하게 행동하도록 강요하는 무의식 깊숙한 곳에 자리 잡은 힘이 작용한다고 설명합니다. 따라서 문제가 되는 불가피성이 드러나는 것은 인간이 역사적 패턴의 고삐에 매달린 꼭두각시이기 때문이 아니라, 인간이 과거의 숙업에 따라 영향을 받는 포로이었기 때문입니다.

아이가 어른의 아버지[2]라는 주장은 그다지 새로울 것이 없습

---

2) The Child is Father of the Man. 영국의 낭만주의 시인 윌리엄 워즈워스(William

니다. 그래서인지 워즈워스는 이에 대하여 찬사하였습니다. 하지만 프로이트의 주장은 인간의 존엄과 안정감을 높이 존중하는 것과는 거리가 멉니다. 프로이트의 주장은 결과적으로 보면 인간이 원숭이의 자손이라는 다윈의 주장과 오히려 더 유사합니다. 프로이트는 아이가 인간의 무의식 속에 상존하는 모든 욕구와 공포심에 의존하여 살아간다고 주장합니다. 만약 어떤 사람이 자신의 마음속에 상존하는 어릴 적에 형성된 무의식의 조종을 받는다면, 그 사람을 자기 운명의 주인이라고 할 수 있겠습니까? 프로이트의 영향을 받은 많은 사람이 그리는 모습은 현재 성장하는 소년이 결국 자신의 미래 감옥을 짓는 것이라고 해도 그리 놀랄 일이 아닙니다.

운명론과 감옥의 특징을 지닌 마르크스와 프로이트 이론은 책임에 미묘한 영향을 미쳤습니다. 왜냐하면 어떤 사람을 책임에서 벗어나게 해 주는 근거 중 하나가 그의 행동이 강압에 따른 것이라는 탄원입니다. 대개의 경우 신체적 강압을 지칭하는데, 이를테면 권총으로 생명의 위협을 받아 어떤 일을 저지를 수밖에 없었다

Wordsworth, 1770~1850)의 시 '무지개(The Rainbow, 원제: My Heart Leaps Up)'에 나오는 구절로서, 아동중심교육의 모토로 잘 인용된다. 자연 상태는 존중되어야 한다는 낭만주의 전반의 정서가 아동을 통하여 전달된 것으로 볼 수 있다. 자연 상태를 존중한다는 것과 아동의 존중은 다른 차원에서 고려해야 할 문제이기는 하지만, 그렇다고 해서 아동 존중의 정신을 격하시킬 필요는 없다. 그러나 프로이트의 경우 아동 존중의 의미를 찾을 수 없다는 것이다. 시의 원문은 다음과 같다. My heart leaps up when I behold/ A rainbow in the sky:/ So was it when my life began;/ So is it now I am a man;/ So be it when I shall grow old,/ Or let me die!/ The Child is father of the Man;/ And I could wish my days to be/ Bound each to each by natural piety.

는 경우입니다. 거부할 수 없는 충동이란 이러한 사례를 확장시킨 것입니다. 그러나 외형상 확인하기 어려운 사회구조적·경제적 압력이라든가, 무의식 속 깊은 곳에 있는 욕구와 충동을 거론하는 것은 강압적 행동을 무한정 확장시킨 것을 뜻합니다. 사람들이 처한 상황은 다르지만, 모두가 항상 한결같이 거부할 수 없는 충동에 굴복하여 행동하는 것은 아닙니다.

사실, 거부하기 어려운 상황이 종종 있습니다. 그리고 이것이 결정론에 입각하여 사람들을 과거의 포로로 만들 개연성을 보여줍니다. 예컨대, 최면 효과를 본 사람은 최면에서 깨어났을 때 그가 최면 상태에서 최면술사가 시킨 것을 그대로 할 것입니다. 그는 어떤 합리적 근거에도 그 행동을 단념하거나 다른 행동을 할 수 없습니다. 그러면서 그는 실제 자신이 황당한 일을 한 데 대해 갖은 변명을 늘어놓을 것입니다. 그는 자신의 그러한 행동을 조장하는 모종의 실체가 자신 안에 존재한다고 믿고 행동할 것입니다. 이런 경우에는 그 사람이 자신의 행동에 대한 책임이 없다고 말하는 것이 타당합니다. 이것이 불가피함을 주장하는 전형적인 사례입니다. 그래서 이런 경우는 우리로 하여금 원인을 타당한 것으로 인식시켜 주기에 계속해서 일어나게 됩니다.

그러나 이러한 사례를 전형적으로 받아들이기 시작하면서 혼란이 일어나게 마련입니다. 즉, 우리가 행동의 원인이라고 인정해 준 바로 그 '충동'이 근거가 되면서부터, 그리고 원인 규명이 곧 행동의 불가피성이라고 받아들일 때 혼란이 야기됩니다. 이는 분명히 수긍할 수 없습니다. 왜냐하면 우리는 그의 행동의 원인을 파악하지 못해서가 아니라 그가 합당한 근거 없는 엉뚱한 짓을 했기에 그가 충동에 따라 행동한 경우라는 것을 알기 때문입니다. 예를 들어, 우리가 '강박적'이라는 말을 사용하는 경우는 우리가 손 씻기에 집착하는 결벽증이나 사재기 집착증에 걸린 사람처럼 자신의 행동 원인을 알지 못하는 경우에 한정됩니다. 이른바 원인 혼란이란 제한된 범위의 상황에서 피할 수 없는 결과를 야기하는 원인과 일반적인 원인을 구분하지 못한 데서 기인합니다.[3] 예를 들어, 모성결핍인 아이의 경우나, 발달의 특정 시점에서 계모를 맞는 아이의 경우, 이것이 곧 아이에게 사회적 의존성도 떨어질 뿐만 아니라 지속적인 애정을 형성시키지 못함이 입증되었다고 주장합니다. 이 주장이 받아들여지면 성격 형성에 관한 심리학적 노력들은 모두 쓸모없는 것이 됩니다. 이 아이는 곧 양육의 희생양이 되며, 그렇지 않다면 아이는 아예 양육조차 받지 못한 것입니다.

잘 알려진 대로, 프로이트는 성격 기질character-traits 이론을 개발한 장본인으로서, 깔끔함, 인색함, 고지식함, 성마름 등을 용변 훈련의 반작용으로 추적한 바 있습니다. 마찬가지로 빈정거림, 의심증, 태평함 등을 이유 행위의 반작용으로 추적한 바 있습니다. 하지만 놀랍게도 성격의 원인을 이렇게 보는 것이 확정적이라고 볼 근거는 없습니다. 실제로, 한 사람의 성격은 주로 부모 세대와 교사의 경험이 변화시킬 수 있는 특징들로 구성되어 있다고 알려

---

3) 오늘날 흔히 말하는 '원인 혼란'은 목하 문제 행동이나 상황의 원인을 전혀 다른 맥락에서 찾는 경우를 지칭한다. 예컨대, 가뭄의 원인을 신의 노여움에서 찾는 경우를 들 수 있다. 본문에서 저자가 주장하는 원인 혼란도 넓게 보면 여기에 속하지 않는 것은 아니지만, 여기서는 일반적인 원인과 특수한 행동을 야기한 구체적인 계기를 혼동하는 것을 지칭한다. 이하 본문 참조.

저 있습니다. 어떤 아이가 게으르거나 비겁해서, 이기적이거나 부정직해서 비난이나 벌을 받는 것은 그러한 행동에 대한 칭찬과 비난이 아이의 행동을 변화시킨다고 믿어지기 때문입니다. 하지만 아이가 어리석거나 의욕이 없는 경우는 아이를 다른 방식으로 대해야 합니다. 이러한 성격 기질은 칭찬과 비난, 보상과 처벌로 변화시킬 수 없습니다. 이러한 성격 기질의 원인이 피할 수 없는 결과를 야기하지 않는다면 그 원인을 가지고 책임을 묻는 것은 타당하지 못합니다.

전부는 아니어도 일부 원인이 피할 수 없는 상황에서 비롯된 것이라는 점을 인정한다 치더라도 책임을 묻는 입장은 매우 달라 보입니다. 목하 '문제아'가 자신의 행동에 대한 책임을 면하기 위하여 자신의 사회적 배경이나 암울했던 어린 시절을 핑계로 댈 수는 있을지 모릅니다. 그러나 그것은 행동의 원인이 변화시킬 수 없는 성격 기질과 관련 있음을 입증할 좋은 근거가 있을 때만 한정됩니다. 심리학자들이 이러한 원인에 대한 실증적 근거를 실제로 제시하지 않았기 때문에, 이 문제를 다룰 경우 우리는 마냥 감정적으로 대할 것이 아니라 이와 관련된 실증적 시각으로 냉정하게 접근할 필요가 있습니다. 어쩌면 우리는 이 문제를 대함에 있어서 상황을 개선한다는 마음에서 쓸모없는 분노를 떨쳐버려야 할지도 모릅니다. 그렇게 보면 프로이트와 마르크스는 실상 우리에게 책임의 의미를 폄하시킨 것이 아니라 오히려 책임의 중요성을 부각시켰는지도 모릅니다. 책임을 면하는 데에는 어떤 것이라도 기댈 근거가 전혀 없어서는 안 되기 때문입니다. 부모가 자식의 이익을 위해서라며 심하게 욕설을 퍼붓거나 체벌을 가하는 경우 책임을 물을 수 없겠지요. 정치인이 사회 개혁을 신의 뜻이라고 변명하는 경우도 그렇고, 어떤 사람이 위궤양, 두통, 천식을 자연의 천벌로 여기는 경우도 마찬가지입니다. 그러나 아무 근거 없이 무지를 수용할 시대는 이미 지나갔습니다. 그리고 충분히 설명할 수 있는 이러한 현상의 원인을 충분히 아는 사람들은 또한 그것을 바로잡기 위해 해야 할 일이 무엇인지도 잘 알고 있습니다.

이것이 마르크스의 역사 발전 패턴이 터무니없음을 입증해 줍니다. 사회 변화를 결정짓는 경제적 원인을 밝혀냄으로써 마르크스는 그 변화 과정에 개입하는 것이 역사 발전의 패턴을 바꾸는 데 효과적일 수 있다는 점도 밝혀냈습니다. 19세기 중반의 '자유방임주의'가 지금까지 지속되었더라면 마르크스가 예언한 자본주의 붕괴가 현실이 되었을지도 모를 일입니다. 그러나 경제 문제 개입 수단으로 국가를 보는 사람들은 오히려 마르크스로부터 많은 것을 배웠습니다. 마르크스의 인과 분석 틀을 배운 그들은 국가 개입으로 인하여 오히려 마르크스의 예언이 거짓으로 판명될 것이라고 예견하였습니다. 그래서 그의 예언이 그가 일어날 것이라고 예언한 일이 일어나는 것을 막는 요인이 되었다는 데 의미를 찾게 된 것입니다.[4]

---

4) 일종의 예언의 패러독스라고 할 수 있다. 패러독스는 항상 자기귀인(self-regression) 또는 자기회귀(self-reference)의 특징을 갖는다는 점에서 모순(contradiction)과 다르다. 패러독스를 논리적인 경우와 실제적인 경우로 나누어 생각해 볼 수 있다. 전자는 예언이 자기를 지칭함으로써 발생하는 경우이다. 뜬금없는 예언을 하게 되어 그 '예언' 자체가 예언의 원인이 되어 예언이 적중하는 경우를 들 수 있다. 항아리 깨지는 날을 점을 쳤는데, 그 점친 행위(예언)가 예언의 원인이 되었다는 소강절(邵康節)의 예화가 대표적인 사례이다. 후자는 예언에 대하여 모종의 대비를 함으로써 예언이 적중하지 못하게 하는 것으로서 이 역시 예언이 예언을 적

이 점에서 마르크스가 세상이 돌아가는 이치를 잘 헤아리는 엘리트의 역할에 실제로 당혹스러워했다는 점은 수긍할 수 있습니다. 마르크스는 엘리트가 사회적 불만을 줄이거나 누그러뜨리는 일을 할 뿐이지 사회 변화의 방향을 바꿀 수 있다고 생각하지 않았습니다. 마르크스 주장대로라면 사회는 유기체처럼 죽어야만 합니다. 그에게 사회과학자는 의사가 죽음을 막을 수 없는 만큼 쓸모없는 존재입니다. 반면에 프로이트는 운명론을 이와 같이 개진하지는 않았습니다. 프로이트는 가상의 유기체가 아닌 실제 환자들을 다루었습니다. 정신분석 의사로서 그는 어떤 사람들은 치유될 수 있다고 생각하였습니다. 하지만 그의 견해로 보면 각 개인 스스로가 그 모든 것을 감당해야만 했습니다. 이러한 변화에 요구되는 변화의 필요조건은 개인이 자신의 행동의 원인을 이해해야만 한다는 것이었습니다. 그렇게 해야만 그가 사신이 처한 상황을 통제할 수 있었기 때문입니다. 정신분석가로서 프로이트는 사람들이 자기 스스로 생각하고 행동하여 자신의 삶에 더 많은 책임을 지도록 하는 것을 목적으로 삼았으며, 어린 시절로 돌이키는 것을 핑계로 책임을 회피하지 않도록 하는 것이었습니다. 그가 마지막으로 의도한 것은 누구나 빠져나올 수 있는 탈출구를 마련하는 것이었습니다.

중하지 못하게 하는 원인을 제공한 점에서 전자와 동일하다. 본문에서 저자가 지적하는 마르크스의 오류는 후자에 해당한다.

제7장

원인과 도덕성

최근 일련의 강연에서 나는 사람들의 행위에 원인이 규명된다면 그 행위에 대한 책임은 소멸된다는 생각을 갖게 하는 프로이트와 마르크스의 주장에 담긴 의사 진리를 집중적으로 말씀드린 바 있습니다. 이 강연에서 나는 프로이트와 마르크스의 이론이 도덕성 이론으로 과연 적합한가에 대하여 논의해 보고자 합니다. 우리가 상호 준수해야 할 도덕적 기준을 따져볼 수 없기 때문에, 또는 준수할 근거를 찾을 수 없기 때문에 도덕적 책임을 져야 할 필요가 없다는 생각이 넓게 펴져 있기 때문입니다. 이제 논의해 보겠지만, 프로이트와 마르크스는 도덕적 행동이 사회 계층의 문제이거나 우리 유년기를 지배한 조건들이 유발시킨 결과물이라고 주장하였습니다.

이 점이 사실이라면 여기에 덧붙일 획기적이거나 새로운 제안이 있을 수 없습니다. 그리고 도덕적 기준은 어찌 되었건 지나쳐도 될 사안임에 틀림없습니다. 자기 자신이나 부모가 속한 계층이 지닌 도덕 기준들을 문제 삼는 것 이외에 어떤 일이 있을 수 있겠습니까? 사립학교 출신 중산층 사람이 공정 경제, 동료에 대한 신의성실, 정직, 용기를 무시하기 어려울 것입니다. 또한 부모로부터 도둑질해선 안 된다, 거짓말해선 안 된다, 동물을 학대해선 안 된다는 것을 배웠을 것입니다. 이러한 도덕적 기준들은 '투사된 것[1]'이며, 양심이 내리는 잔소리는 바로 아버지가 금지하는 목소리라는 프로이트의 이론은 숨겨진 진실을 애써 밝혀낸 것처럼 보입니다. 전통이 전수되는 기제 없이 물려받을 수 없는 것은 사실이지만, 그렇다고 전통은 섬세한 비단을 자의적으로 꿰매는 바느질처럼 개인이 짜낼 수 있는 것이 아닙니다.

그들의 이론을 도덕적 기준에 적용하려고 하면 수긍하기가 쉽지 않습니다. 왜냐하면 나는 도덕성을 전통이나 관습과 무관하게 어떤 '주어진' 것, 부모나 사회가 시키는 대로 따라가기만 하는 것이라고 생각하지 않습니다. 나는 도덕성을 우리 자신의 것으로 수용하기에 앞서 심사숙고한 기준들에게 순응하는 것이라고 생각합니다.[1] 합당한 근거를 토대로 금연하기로 숙고한 결정은 아버지가 아들에게 강압적으로 명령한 금연과는 다른 것입니다. 프로이트가 '초자아'라고 명명한 양심은 어린 아이가 외부 압력으로 부여된 규칙을 어기거나 아이 스스로가 그 규칙의 타당성에 의문을 품을 수 없는 상태에서 느끼는 비합리적인 죄의식 이론으로 설명하는 것 같습니다. 우리 중 누구도 아동기에 습득한 규칙 준수의 태도를 버릴 수 없습니다. 하지만 도덕적 기준이 양육의 결과나 계층 요인이 아니라 우리가 행위의 본질을 파악한 선택에 따른 것이

---

1) introjected: 남의 성향이나 태도, 특질 등을 자기 것으로 받아들이도록 투입한 것을 뜻하는 프로이트의 이론.

라고 본다면, 프로이트와 마르크스의 인과적 설명이 도덕적 선택에 대한 책임이 지니는 의의를 부정할 수 없음을 알 수 있습니다. 어쨌거나 신념이 그 지지할 근거를 갖추고 있다면, 그 신념의 원인이 무엇인가를 숙고해야 할 필요는 없습니다. 약속을 어긴 잘못은 그 잘못에 대한 죄의식이 원인이라는 사실에 영향을 받지 않습니다. 오히려 잘못에 대한 원인 따위는 없다는 사실이 놀랍기만 합니다. 과거에 부모가 어떻게 했건 간에, 논점은 약속을 어긴 것이 잘못이라는 점입니다. 도덕적 존재로서 우리는 결정을 해야 하고, 그 결정을 존중해야 합니다. 바로 여기서 도덕적 책임이 비롯됩니다. 만약 약속을 지켜야 하는 명백하고 타당한 이유가 있는데, 그것을 바로 학교에서 주입시킨 내용으로 여긴 것에서 찾는다든지 어머니 무릎 단계에서 주입시킨 내용에 있다고 주장한다면, 이에 대한 우리의 대답은 "그래서 어쩌자고?" 또는 "생각조차 할 수 없는 일이야?"입니다.

하지만 문제는 이렇게 간단하지 않습니다. 만약 프로이트와 마르크스가 단지 관습적 행동의 기원을 찾고자 하는 가냘픈 희망에 기대를 건다면, 그들은 우리가 우리의 도덕적 기준에 책임이 없다는 신념을 공고하게 만들어 주지는 않을 것입니다. 그들은 인간이 행동을 정당화하는 논의와 사고의 형식을 어떻게 이어 왔는지를 잘 알고 있기 때문에, 이러한 논의 방식을 각기 '이데올로기ideology'와 '합리화rationalization'라는 용어로 표현합니다.[2] 사실상 이 두 용어는 모두 이중 목적2)을 지니고 있습니다. 즉, 정당화

---

2) double-barrelled. 명목적으로 표방하는 의도와 드러내지 않은 의도가 따로 있다는 뜻이다. 이른바 마르크스주의자들이 주장하는 음모(conspiracy) 이론이 대표적이

justification로 간주될 가능성이 있지만, 이는 외양 이면에 원인을
제공하는 실체를 탐구함으로써 밝혀질 수 있다는 뜻이 담겨져 있
습니다.[3] 마르크스는 종교적 이유로 받아들인 절약, 근면, 도전,
청빈의 미덕을 청교도들이 경제적 이익 증진에 본질로 삼은 것을
그 예로 들고 있습니다. 마찬가지로 자유를 지상으로 여긴 자유주
의자도 밀[4]처럼 자유를 수호하기 위하여 열정적이고 정교한 변론
을 쏟아낼지도 모릅니다. 그러나 마르크스는 그들의 주장이 자신
의 경제적 이익을 훼손시키지 않기 위하여 계층 착취에 필요한 수
단임을 숨기고자 한 위장술façade이었다고 하였습니다. 자유주의
자는 결코 그런 위선자일 수 없었습니다. 오히려 그들은 자신이
이해하거나 통제할 수도 없었던 경제적 힘의 희생자에 불과하였
습니다.

프로이트도 겉치레façade와 실체reality 사이를 대비시킴으로써
유사한 견해를 지녔습니다. 즉, 사람은 자신의 내면에서 비롯된
강한 욕구의 위협으로부터 자신을 방어하기 위한 인간의 생존 기
제를 가지고 있었다는 것입니다.[5] 내면의 욕구를 만족시키는 것,

다. 본문에서 합리화는 명목적으로 정당화될 성질을 지니는 것처럼 보이지만, 그 이
면에는 그와 반대되는 의도가 숨어 있다는 뜻이다. 청교도가 각종 미덕을 경제적 부
의 축적 수단으로 삼고, 고전적 자유주의자가 민중 착취 수단으로 자유를 내세운 것
을 그 예로 들고 있다. 그러나 자유주의자들이 결국 '보이지 않는 손'에 의하여 희생
되었다는 점을 지적하고 있다. 한 마디로 정당화 대 합리화, 미덕 대 이데올로기의
이분법에 따라 이중 목적이 설정된다.
3) 합리화와 정당화 구분은 심리적 방어기제로서 변명이나 핑곗거리가 행위의 합리적
이유와 다르다는 점에 있다. 제5장 역자 각주 7) 참조.
4) John Stuart Mill (1806~1873). 영국의 공리주의자이자 자유주의자. 다만 그의 사상
체계 안에서 이 두 가지는 상충하는 면이 있다. 제4장 역자 각주 7) 참조.
5) 여기서는 이 이분법에 따라 내면의 욕구에서 비롯된 위협(즉, 무의식)이 실체이고,

심지어 이를 겉으로 드러내는 것조차 비난, 처벌, 또는 이보다 더 나쁜 것을 불러들이는 것일지도 모릅니다. 그래서 사람은 프로이트가 설정한 반항 형식reaction-formation을 빌려 이러한 욕구를 부모의 금지사항과 결합시켜 버립니다. 아니면 그 사람은 자신의 행동을 합리화할지도 모릅니다. 여기서 합리화란 자신의 내면적 욕구를 만족시키는 데 있어서 그것을 사회적으로 용인될 수 있는 것인 양 가장하여 욕구를 정당한 것으로 만드는 것입니다. 프로이트는 정의는 변명에 불과하다고 했습니다. 우리는 모든 이의 공정한 몫이 중요하기 때문에 사회적 합의를 존중합니다. 하지만 프로이트에 따르면, 이러한 사회적 합의의 정당화는 우리 자신이 원하는 모든 것을 얻을 수 없기 때문에 다른 사람들이 우리보다 더 많은 것을 가질 수 없도록 하기 위한 술책을 깔고 있다는 것입니다. 아마도 이를 입증하는 명백한 예는 가학증세를 지닌 교장이 자신의 체벌을 체벌이 아이들에게 좋은 효과를 낸다는 변명으로 포장하는 경우일 것입니다. 또한 왕위 계승자를 낳는 데에만 몰두한 헨리 8세가 자신의 아내를 처형했을 때의 변명이나, 행실이 문란한 여자가 '그 남자가 나를 농락했다'는 주장을 변명거리로 삼는 경우도 이에 해당됩니다.

이들 이론의 공통점은 정당화란 우리가 어쨌건 하고 싶은 것을 하는 데 따른 핑계에 불과하다는 것입니다. 사람들의 변명 거리를 이런 식으로 설명하거나 우겨 대는 것이 건전한 것으로 종종 용인되는 것은 엄연한 사실입니다. 하지만 실수는 항상 용인된다는 것

이를 방어해야 하는 자신(자아)이 겉치레가 된다.

을 가정합니다. 물론 사람들은 때때로 자신이 원하는 바에 끌려서 그 이면에 숨겨진 두려움과 욕망에 사로잡힙니다. 그러나 자신의 손이 더럽다고 믿는 강박 관념에 사로잡힌 사람과 같이, 모든 증거에 반하여 자신의 신념을 굽히지 않는 경우나, 자기 행동의 합당한 근거가 없다는 데 도달한 경우에 그들이 제시하는 원인을 면밀하게 살펴보는 것이 우리가 수행해야 할 과제입니다. 신념의 원인은 근거와 뚜렷하게 구분되어야만 합니다. 그래서 근거 없이 제시된 원인을 검토하는 일이 중요합니다.

프로이트의 전형적인 설명은 인간의 '행위', 즉 자신이 무슨 일을 하는지를 숙려하면서 그 근거를 인식하면서 이루어지는 행위와 무관하다는 데서 문제점이 가장 극명하게 드러납니다.[6] 프로이트가 나름 발견해 낸 것은 서면 계약을 하거나 매시 니블릭 샷[7]을 치는 것과 같은 의도적인 행동의 원인이 아닙니다. 더 정확히 말하면, 프로이트는 꿈, 히스테리, 그리고 말이나 글의 일탈과 같이 사람에게 '우연히 일어나는happen' 것들을 다룬 원인입니다. 킹을 붙잡기 위해 비숍을 이동시키는 체스 선수나 벙커 위로 공을 쳐올려서 그린 안에 공을 멈추게 하는 골프 선수처럼 자신이 하는 일에 대한 확고한 이유의 경우에, 무의식적 욕구를 가지고 특별하

---

6) actions. 본문에서는 행위는 근거(grounds)와 이유(reasons)를 요구하며, 원인을 요구하지 않는다. 앞서 번역에서 'action'을 '행동'으로 번역하기도 했으나, 이에 대비되는 행동에 해당하는 용어는 'behaviour'이다. 이때 action과 behaviour의 대비는 곧 행위자(참여자)와 관찰자의 대비이다. 따라서 인간의 행위를 다룰 경우 '원인'이 아닌 '이유' 또는 행위의 '근거'를 물어야 한다는 것이 저자의 주장이다.

7) mashie-niblick shot. 골프 경기에서 7번 아이언의 오래된 명칭. 여기서 이 예는 서면 계약이나 골프의 샷처럼 인간의 정교하고 세심한 의도가 요구되는 경우는 프로이트가 주장하는 식으로 설명할 수 없다는 점을 들기 위한 것이다.

게 설명할 필요가 없습니다. 꿈의 경우처럼 특정한 이유가 필요 없거나, 혀나 손, 기억의 결함처럼 행동의 장애를 나타낼 때, 자신이 하는 일에 대하여 진짜가 아닌 '엉터리phoney' 이유를 대고자 할 경우에만, 프로이트가 유난히 설명하고자 한 것이 적절해 보입니다. [3]

사실, 우리는 어떤 사람이 합리화한다거나, 마르크스식 용어로 이데올로기를 기준으로 판단하는지를 가릴 검증을 상식 수준에서 충분히 할 수 있습니다. 논의를 통해 그것을 밝혀낼 수도 있습니다. 예를 들어, 체벌이 아이에게 전혀 이익이 되지 않는다든지, 교장이 아동 비행에 대한 만병통치약으로 체벌을 옹호하는 경우라면, 우리는 그가 내세운 이유가 사실은 합리화라고 말할 수 있습니다. 그가 믿고 있는 바를 논리적으로 뒷받침하는 것이 무엇인지를 고려해 보면 그러한 것이 전혀 없다는 점이 명백합니다. 앞서 물리적 강압을 원인으로 본 사례에서처럼 어떤 원인이 다른 선택의 여지가 없는 결과로 나타나는 경우를 예외적인 사례로 인정할 수는 있습니다. 하지만 모든 신념이 이런 종류의 것이며, 모든 원칙은 이데올로기였고, 모든 것이 합리화에 근거한다고 주장하는 것은 논리적으로 터무니없는 일입니다. 그렇다면 합리화와 이유를 구분하지 않고 인간 행위를 다루어서는 안 됩니다. 합리화와 이유가 다른 것은 어떤 행위를 하는 데에는 행위자의 신념이 있기 때문이며, 또 논리적 견지에서 자신의 신념을 변경할 수 있기 때문입니다. 인간의 신념을 깎아내린다는 점에서 '합리화'와 '이데올로기'와 같은 용어는 언어적 기생충verval parasites입니다. 이러한 용어들이 활개칠 수 있는 것은 일상 경험들이 근거 없이 합리적

신념과 행위 원칙의 형태로 둔갑할 경우뿐입니다. [8]

　그리고 지난 강연에서 내가 지적한 것처럼 원인 한 가지만을 가지고 한 개인의 행동에 대한 책임을 물을 수 없다는 점과 마찬가지로, 원인 한 가지만으로 행동을 뒷받침하는 신념을 손상시킬 수는 없습니다. 아서 쾨슬러[9]가 전하는 이야기는 나의 논점을 아주 깔끔하게 보여 줍니다. 피타고라스가 모래에 삼각형을 그리고 있었답니다. 한 친구가 다가와 그의 옆에 앉으니 피타고라스는 "왜 내가 삼각형을 계속 그리고 있는지 모르겠어. 삼각형은 나를 걱정시키기도 하고 매료시키기도 해."라고 말하였습니다. 친구가 약삭빠르게 물었습니다. "그것은 자네 아내와의 관계와 비슷한 거 아냐, 어때?" 피타고라스는 약간 우울해 보였고 그녀의 애정이 멀어지지 않을까 걱정된다고 중얼거렸습니다. 그러자 그의

---

8) 앞 장에서 언급한 바와 같이, 전혀 근거 없는 사태가 의사 진리(half-truth)라고 하면서 사실로 둔갑하는 경우와 유사하다.

9) Arthur Koestler (1905~1983). 헝가리 출신의 영국의 작가이자 저널리스트. 1940년에 전체주의를 반대하는 작품으로 유명한 『한낮의 어둠(*Darkness at Noon*)』을 발표하여 국제적 명성을 얻었다. 이 소설에서 다음과 같은 내용이 나온다. 체포된 혁명가 주인공 루바쇼프에게 그의 친구인 혁명가 이바쇼프가 하는 말이다. "인간의 윤리학에는 두 가지 개념만 존재하고, 그건 서로 반대편에 있지. 하나는 기독교적이고 인본적인 개념이야. 개인이란 신성불가침하여 수학으로 설명할 수 없어. 다른 하나는 집단의 목표가 모든 수단을 정당화한다는 것이지. 그래서 개인은 모든 점에서 공동체에 종속되어야 하고, 이를 위해 희생되어야 한다고 …"(문광훈 역, 213-4쪽을 참고로 역자가 일부 달리 번역). 이에 따르면, 윤리학은 인간이 '실제적으로 할 수 있는 것'이 없는 셈이다. 신성하여 아무것도 할 수 없거나 개인이 집단이 추구하는 목적에 수단(소모품)이 되거나… 그렇게 되면 인간은 스스로의 행동에 대하여 어떤 신념도 가질 수 없다. 그 결과 책임을 회피할 수 있으며, 나아가서 이런저런 핑계를 댈 수도 있다. 이 점에서 저자는 프로이트와 마르크스가 주장하는 바의 맹점을 쾨슬러가 잘 지적하고 있다고 언급한 것이다.

친구는 "아하!" 하며 "이제 자네가 왜 삼각형에서 마음을 뗄 수 없는지 알겠어."라고 말하였습니다. 그러자 피타고라스는 "자네 말이 옳아."라고 말하였습니다. 그러고 나서 그는 피타고라스 정리를 세운 것 이외에 아무것도 하지 않았습니다! 많은 식자들은 가치 있는 일을 하고 싶어 하지만, 마치 무의식이 자신이 하고자 하는 가치 있는 일과 관련이 있는 것인 양 생각합니다. 그래서 '내가 이 일을 하는 것은 오로지 무의식적으로 인정을 받을 필요 때문이야.'라는 터무니없는 생각에 자신의 소신을 잃게 됩니다.

어찌 되었건 사실을 꿰뚫어 보면, 나는 프로이트와 마르크스가 의도하는 최종점은 도덕성을 뒤흔들어 놓거나 인간이 도덕적 기준에 책임을 질 수 없게 하는 것이라 생각합니다. 그런데도 두 사람 모두 그들 자신과 동료에게 유달리 높은 수준의 청렴함을 요구하는 다소 청교도적인 사람이었습니다. 그들은 둘 다 19세기 과학적 휴머니즘을 공유했고, 인간을 이해함으로써 삶의 이면에 작용하는 힘으로부터 어느 정도 인간을 해방시킬 수 있다고 생각하였습니다. 프로이트는 "우리의 본능을 통제하는 다른 수단은 우리의 지성밖에 없다."고 말했습니다.

마르크스는 주로 도덕성보다는 교화moralizing를 반대하였습니다. 그는 설교가 악을 다루는 비효과적인 방법일 뿐만 아니라 또 다른 악을 대체한다고 생각하였습니다. 교화가 역사적으로 불가피한 부르주아 사회의 전복을 지연시키는 방법이라고 생각하였기 때문에 부르주아 개혁주의자의 도덕적 개혁 의지를 불신하였습니다. 마르크스에게, 악에 대처하는 것은 그 경제적 원인을 파헤쳐서 과거로부터 내려온 인민의 고통을 줄이고 완화시키는 것을 의미합니다. 그는 평등과 박애의 원리를 진정으로 받아들여야만 인간의 착취 구조가 계급 없는 사회로 대체되어 번성할 수 있다고 열렬하게 믿었습니다. 물론 그는 이데올로기와 진정한 평등과 박애 원리를 제대로 구분하지 못하였습니다. 그는 평등과 박애의 원리를 실천적 과학의 관점에서 바라보았습니다. 그러면서 그는 자신이 그렇게 연관시킨 것이 무엇을 의미하는지를 확실히 알고 있었습니다.

프로이트도 마찬가지로 자신이 '심리적 이상-지성의 우위'[10]라고 했던 개념에 불분명하였습니다. 마르크스처럼 프로이트는 사람들에게 외양 이면의 실체를 알게 함으로써 내면에 잠재되어 그들을 끌고 가는 어두운 힘을 떨쳐 버리도록 도울 수 있다고 생각하였습니다. 그러나 그는 결코 이 '실체에 따른 교육'과 도덕성 사이의 정확한 관계를 설명하지 못하였습니다. 실제로 그는 친구에게 보낸 편지에서 "도덕적인 것은 자명하다."라는 격언을 받아들일 수밖에 없다고 고백한 바 있습니다. 그는 "나의 신념이란, 정의 감과 타인의 배려 차원에서 타인을 고통스럽게 하거나 그들을 악용하지 않으면서, 나는 내가 아는 최고의 사람들에 견주어 나 자신을 판단하는 데 있다."라고 하였습니다. 도덕성이 자명하다고 말하는 사람들은 종종 더 이상의 추가적 이유를 추구할 필요가 없다는 식의 주장을 합니다. 그러나 그들은 도덕적 이유가 너무 분

---

10) the psychological ideal-the primacy of the intelligence. 모든 인간 행동을 심리적 내면으로 설명하고자 하는 것을 이상으로 삼으면서, 동시에 그것을 인간의 지력으로 파악할 수 있다는 것이 프로이트의 입장이라는 것. 그러나 내면의 잠재된 힘과 지력을 작동하는 힘은 상반된 것으로, 두 가지를 동시에 상정하는 것은 확실하지 않는다는 것이 저자의 주장이다.

명해서 그 근거를 별도로 언급할 필요가 없다고 생각하기도 합니다. 프로이트는 아마도 이 후자에 속한다고 봅니다. 왜냐하면 그는 예의 바르게 행동하는 데는 나름대로 타당한 이유가 있어서 그것을 종교적인 것에서 찾는 것은 유감스러운 일이라고 말하였기 때문입니다. 그의 견해에 따르면, 신을 믿는 이유는 이와 같은 도덕적 이유가 아닙니다. 그럼에도 불구하고 사람들이 도덕성의 근원을 신에 대한 믿음에 찾는다면, 사람들은 도덕 문제를 부당하게 종교로 치환시켜 버리는 잘못을 저지르는 것이라고 프로이트는 생각합니다.

무엇보다도 프로이트는 인간의 성실성과 지력을 믿었습니다. 그의 분석 목적은 사람들에게서 도덕적 기준을 빼앗거나 그것을 교묘하게 회피하는 데 있는 것이 아니라, 사람들이 그들 자신의 기준을 선택하도록 하는 데 있었습니다. 사람들이 자신과 타인에게 요구하는 많은 것이 기실 유치한 원천에서 비롯된 것임을 폭로함으로써, 그는 사람들이 자신의 자율적인 삶에 책임을 지도록 도울 수 있다고 본 것입니다. 마르크스와 프로이트를 통해 얻은 교훈은 사회악과 개인적 역경의 원인을 이해하는 사람은 그러한 난관을 헤쳐 나갈 부담을 짊어져야 한다는 것이었습니다. 이해는 동정뿐만 아니라 행동을 위한 길을 내어 줍니다. 그러나 두 사람 모두가 원인만을 근거로 이해하는 사람이 분노하는 데 대하여 동정심을 갖지는 않았을 것입니다.

◇ 저자의 미주

[1] 본서 66-71쪽과 제12장을 보라.

[2] 어니스트 존스*는 생전에 자기가 아는 한 프로이트가 '합리화'라는 용어를 사용하지 않았음을 지적한 편지를 보내 주었다. 나는 프로이트가 『집단 심리와 자아분석』에서 '이상화(idealization)'이라는 말을 사용한 것을 보면 비록 '합리화'라는 말을 사용하지는 않았지만 이미 이러한 개념을 가지고 있었다고 대답을 한 바 있다. 물론 존스의 지적이 옳다. 왜냐하면 그 스스로가 1908년 자신의 책 『일상생활에서 합리화(*Rationalization in Everyday Life*)』에서 '합리화'라는 말을 처음 소개했기 때문이다.

  * 역자 주: Alfred Ernest Jones (1879~1958). 웨일즈의 신경생리학자, 정신분석가로서 평생 프로이트의 동료이자 친구였다. 또한 1920년대와 1930년대를 거쳐 영국의 정신분석학회장을 역임하였다. 그런 만큼 프로이트의 생애와 사상을 다룬 세 권짜리 연작을 편찬할 정도의 프로이트 전문가이다.

[3] 이 관점에 대한 자세한 설명은 나의 책, *The Concept of Motivation* (Routledge, 1958) 제3장을 참조하라.

| 제3부 |

교육과 도덕교육

제8장

성년식[1]으로서 교육

1960년대에 들어서 맞게 된 새로운 국면은 교육이 공적 논의는 물론 이론적 숙고의 대상이 된 점입니다. 그 이전까지 교육은 소수의 교육받은 사람들에게 주어진 특권 또는 그들에게 베풀어진 시혜였기 때문에 공적으로 폭넓게 논의된 바 없습니다. 물론 논의가 있었어도 그것은 학창 시절에 대한 다양한 회고담에 그쳤으며, 그 결과 교육에 관한 열정적인 관심을 표명했다기보다는 자기중심적 도취를 담은 내용이었습니다.

---

1) initiation. 이 용어는 제도의 차원에서 보면 '성년식'의 뜻도 있지만, 활동의 차원에서 보면 '입문'이라는 뜻도 있다. 교육을 비유할 경우에는 번역어가 '성년식'이 되고, 공적 전통이나 가치 있는 활동 안에 들어간다고 할 경우에는 '입문'이 된다. 본서 제4장 역자 각주 5)에서 이미 밝힌 바와 같이, '성년식'은 관찰자 관점에, '입문'은 행위자 관점에서 각기 상응하는 번역어이다. 이하 번역에서 두 가지 번역을 함께 사용할 것이다. 이 글 제목에서 알 수 있는 바와 같이, '교육'을 성년식에 비유한 것이다. 그 비유는 교육을 인류 문명이 이루어 낸 하나의 제도로서 성년식에 해당한다는 것이다. 반면에 가르치고 배우는 구체적인 활동으로 보면 교육은 기존의 문명이 이루어 놓은 인류 유산인 가치 있는 활동 속으로 들어가는 것, 즉 입문하는 일이다.

지금 이 모든 것이 변하였습니다. 어떤 정치가들은 기회불평등의 원인이 사유재산이나 부의 불균형을 집요하게 유지하려는 간교한 집단보다는 교육에 있다는 것을 감지하고 맹렬하게 공격적인 자세를 취합니다. 또 다른 정치가들은 미국이나 소련의 선진 공학을 보면서 교육은 그 사회가 번성하기 위하여 투자할 가치가 있는 분야라는 경제적 관점에 초점을 맞춥니다. 사회학자들은 교사가 사회구성원을 사회화시키는 주역이라는 역할론을 강조합니다.

교사는 이러한 현실을 명백하게 직시하면서 이에 대한 좋건 싫건 태도를 드러내게 됩니다. 일상적으로 해 오던 일을 묵묵히 수행하는 노동자처럼, 교사들도 과중한 업무에 비해 저임금에 시달리는 등 그 업무의 중요성에 비하여 온전하게 대접받지 못하였습니다. 교육에 대한 일말의 전문성도 갖추지 못한 많은 사람들의 입방아를 겪으면서, 교사들은 차라리 귀를 막고 지내는 것이 인간적일 것입니다. 하지만 다른 관점에서 보면 그것은 결코 인간적인 것이 아닙니다. 인간만이 지니는 특성 중 하나는 오직 인간만이 자신의 행위를 결정짓는 요인이 무엇인가를 파악할 줄 안다는 데 있습니다. 사람에 따라 교사의 과업이 무엇인지를 다양한 각도에서 파악할 수 있습니다. 이러한 주장에 교사가 귀를 막는다는 것은 자신이 보는 세계관을 편협하게 제한하는 꼴이 됩니다. 마치 단조로운 삶을 살겠다고 세상을 등지는 수도승처럼 말입니다.

하지만 교사로서의 역할을 객관적으로 진술하는 작업은 자칫 객관적 기술의 일반성을 내세워서 교사의 특성을 여타의 직종과 동일시함으로써 교직의 독특한 소명을 심각하게 왜곡시킬 수 있을지도 모릅니다. 비유적으로 말하자면, 그것은 키스를 입술의 동작과 그에 자극받은 유기체의 반응으로 기술하는 것과 같이 어색한 것입니다. 한 술 더 떠서, 키스를 타액의 분비라든가 아무 생각 없이 나오는 신체 반응이라고 기술하는 것은 사태를 위태롭게 호도하는 것이라고 나는 생각합니다. 실제로 행동주의자들이 취하는 개념적 접근 방식이 지적으로 그릇되었을 뿐만 아니라 도덕적으로 매우 위험하다고 나는 종종 생각합니다. 행동주의자들은 과학적으로 엄격하게 탐구한다고 하면서 습관적으로 무기력한 개념을 통하여 인간을 기술하려고 합니다. 운 좋게도 행동주의자들은 지금까지는 자신의 실험실에서 왕처럼 군림하는 인간적인 사람이었으며, 자신들을 부각시킬 적마다 과학적인 태도가 아닌 일상적인 언어감각을 유지하여 왔습니다. 그러나 앞으로도 그들의 이러한 입장이 계속 견지될 수 있을지는 모를 일입니다.

교사들은 이와 유사하게 황폐화된 개념으로 인하여 피해를 받을 것입니다. 그 개념적 황폐화란 다름 아닌, 교사의 과업은 사회화에 있다는 것, 교육은 국가가 투자해야만 하는 경제적 가치라는 것, 또한 교사의 주된 관심은 아이들의 정신 건강에 집중되어야 한다는 것입니다. 하지만 교육은 사회사업, 심리치료 그리고 투자처와 확연하게 다릅니다. 모든 일은 그 독자적 특성이 있고, 그래서 다른 일과 당연히 구분되게 마련입니다. 교육시설, 교사수급, 예산부족, 능력별 학급편성, 학생선발[2] 등에 관한 현란한 논란 속

---

2) 능력별 학급편성(streaming)과 학생선발(selection)은 당시 영국 사회의 주요 쟁점이었던 듯하다. 주지하는 바와 같이, 영국은 노동계층과 중산층, 또는 블루칼라와 화이

에 실속 없이 함몰되어 정작 빠뜨려서는 안 될 일, 현실 속에서 추구해야 할 교육의 본질이 무엇인지에 대한 관심을 기울이지 않습니다. 그 결과, 교육은 과거 신화시대에나 있을 법한 천국의 일이 되어 버렸습니다.[3] 교육은 우리가 안고 함께 헤쳐 가야 할 현실이건만, 교육을 맹목적으로 지향해야 할 절대 선으로 설정해 버리고 말았습니다. 선출직 정치인들은 교육을 통하여 모든 것을 바꿀 수 있다고 믿는 사람들을 동원하여 교육을 호도하고 있습니다.[4] 그러나 도대체 교육의 본질이 무엇인지 명백하게 밝혀진 적이 한 번

트칼라의 계층 구분이 뚜렷한 사회이며, 이에 노동당 정부는 이 문제 해소에 주력한 것으로 유명하다. 특히 평준화된 공립학교(comprehensive school) 문제와 함께 사립학교의 독자적 선발 문제, 그리고 공립학교 내에서 능력별 학급편성 등이 매우 민감한 교육현안이었다. 1960~1970년대에 영국에서 사회 계층과 교육 성취 문제를 다룬 사회학적 연구가 많은 것은 이 때문이다. 물론 이와는 달리 교육의 본질과 해법을 사회계층이 아닌 '개인'에서 찾아야 한다는 주장도 있다. Brenda Cohen, 1981, *Education and the Individual*. London: George Allen & Unwin(김정래 역, 2014, 『교육과 개인』, 교육과학사) 참조.

3) Education has become rather like the Kingdom of Heaven in former times. '가르치는 일'이라는 현실 교육의 본질적인 특성을 제쳐 놓고, 교육이 모든 절대 선을 추구해 줄 수 있는, 이른바 천국실현의 수단이 되어 버렸다는 뜻이다.

4) 저자의 이 주장의 근거는 두 가지이다. 하나는 행동주의를 비롯한 실증주의 접근이 문제의 근원이라는 점이다. 예컨대, '교육은 인간 행동의 계획적인 변화'라는 조작적 정의 방식은 교육을 통하여 무엇이든 이루어낼 수 있다는 생각을 유발할 수 있다. 다른 하나는 선출직 정치 행태이다. 우리나라도 그렇지만, 지방선거에서 시·도지사, 시장·군수 그리고 교육감 후보들이 선거 때 내거는 공약은 앞서 저자가 지적한 교육 외적 문제들(무상 급식, 교복 무상 지급, 교원 수급 및 급여, 학생 선발 문제 등)이 대부분이다. 혹자는 이 문제들이 교육의 본질이라고 주장할 수 있을지 몰라도 이는 진실을 크게 왜곡하는 것이다. 교직이 전문직이라면, 교육의 핵심이자 본질은 '가르치는 일'에 있다. 마치 전문직으로서 의사가 수행하는 핵심과 본질이 의료수가 책정, 의료보험, 의대 정원 조정 등이 아니라 진단, 수술, 처방 등의 '질병 치료와 예방'에 있는 것과 마찬가지이다.

도 없습니다.

'교육'의 개념을 명료화하는 것이 현 시점에서 가장 긴요하게 요구되는 일입니다. 그리고 이러한 개념적 명료화 작업은 교육철학자들의 일차적 과제입니다. 하지만 이 과제를 수행할 철학자들이 개념 분석을 통하여 교육의 '본질'을 파헤칠 수 있다는 소크라테스의 확신을 공유하고 있습니까? 이미 교육의 경제적·사회적·심리적 측면에만 함몰되어 있는 교사들에게 개념적 탐구의 부담을 준다는 측면에서 나는 그들에게 현실을 외면하는 본질주의를 유도하고 있는 것일까요?

솔직히 나는 내가 과연 그렇게 했는지 별로 신경 쓰지 않겠습니다. 반론이 될 만한 논점은 무엇보다도 현안 문제의 맥락을 떠나서 본질적이라고 할 수 있는 것이 과연 있겠는가 하는 점일 것입니다. 자원 관리의 맥락에서 교육을 사회가 투자하고자 하는 무엇으로 생각하는 것을 반대하기는 어려울 듯하며, 사회 결속의 맥락에서 교육은 사회화 과정으로 규정하여도 그리 해로울 것은 없어 보입니다. 그러나 교실이라는 교육현장에 있는 교사의 과업이라는 측면에서 교육을 고려해 본다면, 이와 같은 규정은 너무 일반적이지만 동시에 매우 위험한 발상을 잉태하고 있습니다. 왜냐하면 이렇게 교육을 규정하면 교육을 순응주의적 관점과 도구주의적 관점으로밖에 볼 수 없기 때문입니다.

교육을 경제학적 그리고 사회학적으로 기술하는 것이 그릇된 이유 중 하나는, 오히려 맥락을 벗어나서 보면, 사회경제적 체제 속에서 교육의 '기능'에 초점을 맞추어 교육을 관찰자적 관점에서만 규정한다는 점입니다. 그것은 인간 활동에 몸담아야 할 참여자의 관점이 아닙니다. 이는 의술의 기능이 의약품 제조 인력 고용이나 인구증가에 있다는 주장과 유사합니다. 그러나 이는 의사가 의사로서 수행해야 할 과업을 통하여 스스로를 인식하는 것이 아니며, 의술의 본질과는 전혀 무관한 실용적 효과의 관점에서 자신의 과업을 재는 것은 의사 자신에게 매우 한탄스러운 일이 될 것입니다. 더욱이 외적 효용성만을 가지고 의사가 하는 일을 기술하는 것은 의사와 화학자가 하는 일을 구분할 수 없게 합니다. 교육의 본질에는 의도적인 것과 합리적인 활동이 반드시 포함되어야 합니다. 자살률 증가 또는 고용 증진과 같은 것들은 '교육'의 개념 안에 붙박아 놓을 수 없습니다.

물론 의도적이고 합리적인 특성은 사회화의 형태를 명백하게 띠고 있는 도덕교육이나 성교육 영역에서도 고려될 수 있습니다. 그렇게 되면 교사는 수학과 과학 교과를 가르칠 것인가보다 교육의 이러한 측면에 상당한 관심을 가져야 할 것입니다. 이와 같은 교육내용의 선정은 대개 우선순위 문제에 해당합니다. 뒤에서 논의하겠지만, 모든 교육은 '사회화' 형식으로 간주될 수는 있습니다만, 그것은 교육이 사고의 형식을 언어로 표현할 수 있는 공적 전통에 입문하는 활동이라는 전제 아래서 타당합니다. 그러나 교육을 사회화로 기술하는 것은 교육과 사회화를 구분해 주지 못한다는 점에서 너무 일반적인 진술일 뿐입니다. 사회학자들이 주장하는 맥락에서 보면 교사의 역할을 특정하여 기술하면 되는 매우 간단한 일입니다. 그러나 사회화 개념이 너무 팽배해지면 사회학자 자신들이 특정하고자 했던 의도마저도 제대로 이해되지 못한다는 점 또한 사실입니다. 만약 교사가 자신이 사회화를 이행하는 존재라는 말을 듣는다면 그는 모르기는 해도 자신을 아이들의 사회적 적응을 도와주는 '일반적인' 일에 몸담아야 하는 사회사업가[5]로 인식할 것입니다. 이렇게 되면 교사는 아마 자신의 과업이 내가 뒤에서 상론할 교육을 하는 것이 아니라, 아이들을 다른 사람과 잘 어울리도록 돕고 또한 건전한 취미생활이나 행복한 가정사에 만족하도록 하는 일에 집중하는 것이라는 인식을 갖게 될 것입니다. 뉴솜 보고서[1] [6]가 확실하게 부각시킨 바와 같이 우리 사회처럼 신분 지배의 곤경에 처하여 실제로 할 수 있는 일이 그리 많지 않다고 보는 아이들에게 이러한 종류의 교육은 반가운 일일 것입니다. 그러나 교사의 이러한 과업이 교육이 전제하는 인지 발달에 왜 필요한 것인지를 알려 주지 않기 때문에 교육은 매우 조야하고 다소 위험스러운 일이 되어 버릴 것입니다. 이제까지 수행된 연구[2]에 따르면, 많은 아이들이 초기 교육과 가정생활에 어려움 때문에 사회적 측면에서 결핍되어 있다고 합니다. 생존에 필요한 것들을 제공하는 것이 중요하고 시급한 일이라고 하면서 교육이 추구하는

---

5) social worker. 1950~1960년대만 하더라도 우리나라에서 이 말은 '자선사업가'라고 하였다. 이후 '사회사업가'라고 불리기도 하였다. 오늘날에는 '사회복지'라는 개념이 도입되어 사회복지사라는 전문직이 생겨났지만, 그 당시에는 전문직이 아니라 사회 일반의 이로움을 위하여 극빈자, 소외된 자들을 돕는 사람을 지칭하는 말이다. 복지학의 관점에서 본문의 내용은 잔여 복지(residual welfare)의 개념을 함의한다. 저자가 강조하는 바는 교사가 막연하게 사회의 일반 이익을 위하여 봉사하는 사람이 아니라는 점이다.

6) The Newsom Report. 이 보고서는 *Half Our Future*의 제명으로 1963년 출간된 영국 정부의 교육보고서. 이 보고서를 작성한 위원회의 위원장인 John Newsom의 이름을 빌어 '뉴솜 보고서'라고 한다. 의무교육 확대, 저학력 아동에 대한 교육적 관심 등에서 긍정적인 평가를 받지만, 교육을 인적 자원 확보로 본 점에서 부정적인 평가를 받는다. 저자는 후자를 언급한 것이다.

숭고한 희망을 제쳐 두고 대다수 비율의 아이들이 교육받을 능력이 없다는 식으로 단정해 버리는 것은 어쩌면 재앙일지도 모릅니다. 내가 두려워하는 바는 다름 아닌 교사가 '대중의 마음을 누그러뜨린다gentling the mass'는 명분에서 아이들의 사회화 작업이 자신의 본연의 과업이라고 무분별하게 인식하는 것입니다. '교육'과 '사회화'의 개념을 명료하고 정확하게 하는 일만이 이러한 위험을 피할 수 있도록 해 줍니다.

또 다른 위험은 사회학자들보다는 경제학자들이 '교육'을 언급할 경우에 해당하는 것으로 교육 전반을 수단적 가치를 지니는 과정으로 여긴다는 데 있습니다. 이러한 경제학적 관점은 이들이 교육을 얼마나 오만하게 취급하고 있는지를 쉽게 파악할 수 있습니다. 이와 같은 그릇된 관점에서 헤어나기 위하여 나는 우선 교육을 이해하는 데 요구되는 '교육'의 세 가지 개념적 준거를 설정하고자 합니다.

'교육'[3]은 바람직한 인간의 마음을 계발하는 과정과 관련되어 있습니다. 누군가가 교육을 받았는데도 불구하고 바람직한 방향에서 전혀 변화가 없었다고 하는 것은 누군가가 교도[7]를 받았는데 전혀 행동에 개선되지 않았다고 하는 것만큼 논리적으로 모순입니다. 물론 교육은 한 개인이 저지른 비행으로 빠져들었던 나락의 상태에서 벗어나는 교도 행위와는 다른 개념입니다. 그러나 무

---

7) reform. 원래 이 말은 교도소나 교정시설에서 그릇된 범죄 행위를 고쳐 나간다는 뜻이다. 그래서 교화(矯化)가 가장 적절한 번역어로 보인다. 그러나 이는 교화(敎化, indoctrination)와 혼동되므로, 이홍우가 『윤리학과 교육』에서 번역한 바와 같이 이를 '교도(矯導)'라고 한다.

엇인가 나은 상태로 이행한다는 점에서는 동일합니다. 게다가 교육은 의도적인 활동이라고 생각합니다. 우리 자신이 하는 일을 정확하게 파악할 경우에 우리 자신이나 상대방은 온전하게 처신할 수 있습니다. 루소[8]가 주장한 '교육은 우리가 자연으로부터, 인간으로부터, 그리고 사물로부터 비롯된 것을 배우는 것'[9]을 생각해 보겠습니다. 이 주장에는 '교육'은 이를테면 홍등가를 찾아가 배울 것이 있다면 그것까지도 포함할 수 있다는 파생적인 의미까지 용인해야 합니다. 그러나 교육 개념의 핵심은 마음의 바람직한 상태에 도달하게 할 활동이 무엇인지를 우리 자신과 모든 사람이 면밀하게 생각할 수 있는 입장을 지녀야 한다는 점에 있습니다.

그런 고로 '교육'이 마음의 바람직한 상태를 불러오는 활동을 포함한다는 점을 인정한다면, 무엇이 바람직한 것인가에 관하여 가장 유사한 사례를 살펴 이를 교육에 견주어 보는 일이 가장 쉬운 해결책으로 보입니다. 무엇보다도 가치 있다고 여겨지는 활동을 위하여 요구되는 가치중립적인 것이 행해져야 하는 경우부터 살펴볼 필요가 있습니다. 버스 탑승은 콘서트를 보기 위한 것입니다. 우표를 붙이는 것은 친구와 의사소통하기 위한 것입니다. 그

---

8) Jean Jacques Rousseau (1712~1778). 프랑스의 계몽주의 사상가이자 낭만주의 교육학의 선구자. 그러나 그는 자신의 사상적 기반인 계몽주의조차 비판함으로써 기존 제도에 대항하는 혁명적인 발상을 시도한 사람으로 평가된다. 그의 저서로는 『에밀』, 『사회계약론』, 『고백록』, 『인간불평등기원론』 등이 있다.

9) 'Education comes to us from nature, from men, and from things.' 루소의 『에밀』 제1권에 나오는 말. 이어 루소는 이를 다음과 같이 설명한다. 자연으로부터 교육은 우리의 능력과 기관으로부터 내면적 발달, 인간으로부터 교육은 이러한 발육을 어떻게 이용하는가를 가르쳐 주는가를 가르쳐 주는 것, 사물에 의한 교육은 우리에게 영향을 미치는 사물에 대하여 우리의 경험에 따라 습득하는 것을 뜻한다.

러면 교육받은 사람들의 관점에서 볼 때, 교육은 종종 사회에서 좋은 지위와 보수와 같은 바람직한 결과를 보장받기 위하여 감내해야 할 어떤 것으로 비추어질 수도 있습니다. 다른 한편으로 교사의 입장에서 볼 때, 성과를 내기 위한 또 다른 노력, 이를테면 가치 있는 것에 몰입하도록 교과의 실용성을 강조하는 것이 교육적으로 비추어질 수 있습니다. 마치 진흙이 도자기가 되고 고무가 골프공이 되듯이, 인간의 마음도 바람직한 최종 성과물로 주조moulding될 수 있으며, 맥주잔을 채우듯이 메울 수 있습니다. 교육을 이와 같은 두 가지 방식으로 규정한다면, "도대체 교육을 어디에 써먹을 수 있는가?"가 쟁점이 됩니다. 특히 교육비가 많이 드는 경우에 더욱 그렇습니다.

하지만 이러한 사고방식 안에는 근본적인 착오가 있습니다. 교육의 가치를 교육 자체 과정이나 활동에 포함된 것이 아니라 실용적인 무엇인가를 증진하는 데서 찾기 때문에 그러한 착오가 일어나는 것입니다. 교육내용을 구성하는 활동이 수단적 가치에 기여하는 것으로 보일 수도 있으며 동시에 내재적 가치를 구현하는 데 기여하는 것으로 보일 수도 있습니다. 예를 들어, 과학이나 목공일은 내재적 가치를 지니기도 하지만, 동시에 생산성을 증진하거나 집을 수리하는 데 수단적 가치를 지니기도 합니다. 따라서 누군가에게 과학을 가르치거나 목공 훈련을 시키는 이유를 묻는 것은 타당해 보입니다. 그러나 교육의 목적을 이와 같은 방식으로 묻는 것은 마치 도덕적 행위가 어딘가 유용한 것처럼 도덕의 실용적 목적이 무엇인가를 묻는 것처럼 어색한 일입니다. 우리가 추구해야 할 것은 지적 능력을 도모하거나 인격을 형성하는 것처럼 교육

자체 안에 내재되는 가치를 탐색하는 데 있습니다. 어떤 것을 교육이라고 할 수 있다면 그것은 가치 있는 일을 포함하거나 기여할 수 있는 활동이나 그 과정을 포함해야 합니다. '교육목적' 논의[10]는 결국 '교육'의 개념을 오해하는 데서 비롯된 것입니다.

내 주장의 논지를 좀 확장해서 보면 다음과 같습니다. '교육'은 훈련이나 강의와 같은 일련의 과정이나 특정한 활동을 지칭하는 개념이 아닙니다. 오히려 훈련과 같은 일련의 과정을 통해서 달성해야 할 준거를 뜻합니다. 그 준거 중 하나가 모종의 가치가 반드시 이행되어야 한다는 점입니다. 그러므로 우리는 누군가를 훈련시킴으로써 교육받게 할 수는 있지만, 반드시 그렇다고 할 수 없습니다. 왜냐하면 고문 기술을 훈련시킬 수 있지만 그것을 교육시킬 수 없습니다. 그러나 교육을 통해서 전수되어야 할 가치 있는 것이 있다고 해서 그것이 곧 교육이 별도로 이끌고 가거나 생산해내는 별도의 가치가 있다는 뜻은 아닙니다. 앞서 내가 제시한 예로 돌아가 견주어 보면, 이는 교도활동이 사람을 보다 나은 상태로 이끌고 가야만 한다고 말하는 것과 같습니다. 사람을 나은 상태로 만드는 것은 교도 이외의 다른 목적이 아닙니다. 사람을 나은 상태로 만드는 것은 '교도'라고 일컫는 모든 활동을 만족시키는 준거입니다. 교도와 마찬가지로 교육의 논리적 특성이 종종 외재적 목적으로 규정되기도 합니다. 그래서 사람들은 교육이 가치 있

---

10) Talk about 'aims of education'. 교육목적이 무엇인가를 논한다는 것은 곧 교육을 받는 것이 어디에 유용한 것인가를 묻는다는 것. 교육을 교육 이외의 다른 활동의 수단으로 보는 것은 결과적으로 '교육'의 개념을 오해하는 데서 기인한다는 것이다. 본서 제10장은 이 문제를 집중적으로 다룬다.

는 외적 활동에 봉사하는 것으로 생각합니다만, 사실은 어떤 활동이 '교육'의 개념으로 규정되면 가치 있는 것을 포함한다는 것입니다. 교육을 수단적으로 보거나 틀에 맞추는 주형으로 보는 관점은 아이의 마음에 길러지거나 심어져야 할 바람직한 것을 지나치게 강조한 나머지 교육이 지향하는 가치를 희화화한 것에 불과합니다.

'교육'에 관한 나의 주장을 뒷받침하기 위하여 '목적aim'의 개념을 간략하게 살펴보겠습니다. 이 말은 사격이나 투창과 같은 활동에서 비롯되었습니다. '목적하다aiming'라는 말은 맞추거나 관통해야 할 대상에 집중하는 것과 관련됩니다.[11] 이 말을 좀 더 비유적으로 사용하면 어느 활동 중 한 특정 분야에 몰두하는 것을 뜻하기도 합니다. 그래서 이 말을 활동 외적인 목적에 관심을 둔 '의도purpose'나 '동기motive'라는 의미로 사용하는 것은 석설하지 않습니다. 우리는 사람들이 목적을 찾지 못하거나 목적 없이 헤맬 때, 심지어 자신들이 선거운동 계획을 입안하거나 확고하게 목적을 설정하고자 할 때, 목적하는 바가 무엇인가 하고 묻게 됩니다. 어떤 사람에게 그가 무엇을 목적하고 있는가를 묻는 것은 곧 그가 집중하고 있는 것을 알아내고자 하는 일이며 그가 마음속에서 시도하고 있는 바를 명확하게 드러내는 일입니다. 그러므로 '목적'이라는 용어가 왜 교육의 맥락에서 자주 사용되는지를 쉽게 이해

---

11) 영어 'aim'과 그 번역어인 한자어 '目的'은 서로 의미가 잘 맞아 떨어진다. 한자어 '的'은 우리말의 '과녁'을 뜻하므로, 어떤 활동에 몰두하거나 집중한다는 뜻이다. 이 점에서 저자의 의도에 부합한다. 그러나 '목적'이 활동의 외적인 가치를 의도하거나 도모(동기화)한다면, 그 뜻은 저자의 의도에 어긋난다.

할 수 있습니다. 그 이유는 자신이 성취하려고 하는 바를 명백하게 규정하지 않은 채 사람들이 매우 진지하게 그 활동에 헌신하고 있다는 데서 찾을 수 있습니다. 그러므로 교육의 목적이 무엇인가를 묻는 것은 곧 성취할 만한 가치 있는 것을 명료하게 하고 그것에 집중하고자 하는 것을 뜻합니다. 그것은 교육 외적 가치를 생산하는 것을 묻는 것이 결코 아닙니다.

물론 도덕적 실천 지침moral policy은 단지 교육을 정의하는 데서 얻어 낼 수 없습니다. 이를테면, '교육의 목적'에 관한 개념적 논점을 파악한 사람이 다음과 같이 말할 수는 있습니다. "사실, 나는 교육에 반대합니다. 그보다 나는 사회의 생산성을 높이거나 보다 높은 보수를 받도록 하기 위하여 과학 훈련을 선호합니다. 과학이 이러한 유용한 목적을 명백하게 보여 줄 수 없다면 이 외에 과학을 가르치는 어떤 이유도 찾을 수 없습니다." 이 말은 논증해 볼 만한 여지가 있습니다. 하지만 이것이 곧 '교육'의 개념에서 비롯된 목적관이 결코 될 수 없는 일입니다.

역사적으로 말하자면, 교육의 공리적 모형이나 주형 모형이 도전을 받아 왔을 때, 바람직한 것을 전제하는 무엇을 향해 개인이 마치 식물처럼 발달 또는 '성장'하는 자연적 과정으로 보는 관점으로 대체하려 했습니다. 그 결과로 아동중심 이데올로기가 적극적으로 대두되어서 전통적 교육방법에 혁신하는 분위기가 우세하게 되었습니다.

'이데올로기'는 그 타당성보다는 그 연원이 어디에서 비롯되었는지를 가늠할 수 없을 만큼 느슨하게 결합된 신념에 주의를 기울이도록 하는 교조적 용어입니다. '성장growth'이라는 신념에서 비롯된 '진보적progressive' 아동중심교육의 이데올로기는 어느 한 특정 인물에 의하여 주도된 것이 아닙니다. 이른바 진보적 아동중심교육자들은 교육이 바깥으로부터 '형성moulding'되는 것이 아니라 아동의 내면에서 계발되는 것이라고 믿는 경향이 있습니다. 그래서 그들은 교육과정이 아동의 필요와 흥미에서 비롯되어야 하며, 개성self-expression이 '교과'의 학습보다 중요하며, 아이들은 지시에 순응하거나 벌을 받아서는 안 되며, 교사가 지시하는 수업이 아니라 '경험에서 배우도록' 허용되어야 한다고 믿습니다. 이들의 난점은 자신들의 이러한 관점이 어느 교육이론가에게나 다 통용되도록 하려는 점입니다. 프뢰벨은 여러 발달단계에서 아동의 중요성을 연구하여 각 단계에 맞는 아동의 흥미에 부합하는 것을 교육내용으로 채택되어야 한다고 주장한 인물입니다.[12] 그러나 그는 자신이 제안한 아동의 '천부적 재능gifts'을 바람직한 것으로 보고 이에 따라 환경을 구조화해야 한다고 믿었습니다. 그래서 그는 자연 전반에 편재해 있는 단일성을 경험해야 한다는 신비주의적 교육의 개념을 가진 인물입니다. '경험'과 '성장'이라는 개념과 관련시킨 인물은 듀이입니다. 그는 자신의 책[4]에서 미국 진보주의 운동의 이론과 실천을 위하여 교육의 책무를 부인하였으며, 미국 진보주의 운동이 오해받는 바를 수정하고자 한 인물입니다. 일부 논자들이 주장하듯이, 루소조차도 교육이 '자연적' 성향의 발현

---

12) Friedrich Wilhelm August Fröbel(1782~1852). 유아교육의 아버지로 불리는 독일의 아동중심교육자. 본문에서 천부적 재능으로 번역한 'gifts'는 독일어 Gaben 또는 Fröbelgaben으로 그가 주장하는 놀이도구인 '은물'로 번역되기도 한다. 어떻게 번역하더라도 아이에게 천부적으로 부여된 바를 가치 있는 것으로 보고, 이에 따라 교육이 행해져야 한다는 점에서 의미는 다르지 않다.

만을 조장하는 일이라고 믿지 않았습니다. 오히려 그는 '도덕적 자유', 자기신뢰와 자기통제, 그리고 진리애와 정의감의 형성을 위하여 매 단계마다 아이를 이끌어 가야 한다고 주장한 인물입니다.

잉글랜드와 미국의 아동중심적 이데올로기가 어떻게 형성되었는가를 추적하는 것은 교육이론과 실제의 역사를 전공한 이들의 전문적 견해에 따라야 할 것입니다. 이 문제는 이 강연의 주제를 벗어날 뿐만 아니라 나의 능력을 넘어서는 일입니다. 그러나 이 이데올로기와 더불어 야기된 문제는 교사를 발달 법칙을 연구한 사람으로만 여기는 교육상황입니다. 그 결과 교사는 어떤 압력이나 제약을 가하지 않고 아이들이 '자아실현self-realization'을 완벽하게 하면서 '성장'할 수 있도록 '환경'을 조성하는 역할을 이행하는 존재로 여기게 됩니다. 그러나 예리한 철학적 분석을 통해서 보면 이러한 교육환경은 낭만적인 이상에 불과하여 이카로스[13]와 마찬가지로 온전하게 지속될 수 없습니다. 왜냐하면 '자아실현'이나 '성장'과 같은 개념은 '자아'가 지향하는 바람직함이나 성장의 방향과 같은 모종의 가치 기준을 논리적으로 전제하기 때문입니다. 인간은 발달의 최종 목표를 향해 미리 정해진 경로에 따라 성장하는 꽃과 같은 존재가 아닙니다. '성장하기'나 '자아실현하기'와 같

---

13) Icarus. 희랍어 *Ikaros*. 희랍 신화에 등장하는 인물로 다이달로스($\Delta\alpha\iota\delta\alpha\lambda os$)의 아들. 다이달로스가 미노스 땅에서 미궁을 지은 죄로 크레타 섬에 갇히게 된다. 섬을 탈출하고자 한 그는 새의 깃털을 모아 엮어 거기에 밀랍을 발라 날개를 만들었다. 아들 이카로스와 함께 탈출하고자 한 그는 아들에게 너무 높이 날면 태양열로 날개에 바른 밀랍이 녹는다고 주의를 주었다. 결국 부자는 하늘로 날아 탈출하는데, 이카로스가 자유를 탐닉한 나머지 너무 높이 날자 밀랍이 녹아 바다에 떨어져 죽고 말았다. 본문에서는 교육목적이나 교육상황을 현실과 동떨어진 이상향으로 설정하면 그것에 탐닉하여 불행을 자초한다는 점을 이 신화를 들어 강조한다.

은 활동에는 여타의 가치를 배제하는 특정한 가치를 실현하는 일을 포함합니다. 무엇이 바람직한가를 판단하는 준거는 오랜 세대를 이어 온 인간의 업적에 의한 것입니다. 교육의 주형 모형은 적어도 교사가 아이들에게 권고해야만 할 바람직한 것이 무엇인가를 선정해야만 한다는 불가피한 사실을 시사해 줍니다. 그러나 이 점은 내가 이미 지적한 바와 같이 어디까지나 비유적으로 그렇게 설명할 수 있다는 점입니다.[5]

하지만 '성장'과 '자아실현'에 관한 뜬구름 잡는 식의 주장의 결함에도 불구하고, 교육상황을 이와 같이 희화화하는 것은 또 다른 편에서 보면 도덕적 중요성을 지닙니다. 이와 같은 진보적 개념들은 교육에 요구되는 가치 판단의 또 다른 측면, 즉 교육내용matter 보다는 교육방법manner에 보다 밀접하게 관련되어 있기 때문입니다. 즉, 절차적procedural 원리를 강조합니다. 무슨 밀인가 하면, 이 개념들은 개인의 선택, 경험에 의한 학습, 자율적 삶에서 절차를 강조합니다. 이 원리가 모두 개인의 자기주도성을 강조한다는 점에서 중요함에도 불구하고 전통교육이 이를 간과했다는 점입니다. 그러니까 진보교육은 무엇을 가르쳐야 하는가라는 교육내용 보다는 아이들을 어떻게 대해야 하는가라는 교육방법에 관한 가치판단을 중시한다는 것입니다. 이 점은 일반적인 도덕 관점에만 수긍할 만한 것이 아니라, 교육을 외재적 가치가 아니라 내재적 가치에 결부시킴으로써 교육에 구체적인 방향을 제시한다는 점에서도 존중받을 만합니다. 실제로 나는 교육의 '목적'에 관한 논쟁이 이러한 절차적 원리에 관하여 의견의 일치를 보지 못한 데 있음을 이미 논의한 바 있습니다.[6] '성장'을 강조하는 측이 지니는

문제는 바로 개인의 성장의 방향을 중립적으로 대할 수 있는 교육
자는 한 사람도 없다는 점에서 찾을 수 있습니다. 도둑질하는 능
력이 성장하는 도둑의 경우를 다룬 듀이의 입장은 논의에서 가장
만족스럽지 못한 답을 주는 사례일 것입니다.[7]

　개념적으로 말하자면, 교육의 '성장' 모형도 수단적 가치 모형
이나 주형 모형처럼 비유적인 희화일 뿐입니다. 비록 사용된 희화
가 비유에 효과적이었다고 하더라도, 그것은 그 두드러진 특징만
을 유독 부각시킴으로써 사실을 왜곡할 수 있습니다. 수단적 가치
모형이나 주형 모형이 외재적 가치로 왜곡되는 '교육'의 도덕적 측
면을 바로잡아 주는 것과 마찬가지로 성장 모형은 교육의 과정에
필연적으로 요구되는 절차적 원리를 부각시켜 줍니다. 성장 모형
의 근거는 '교육'을 '찍어내다stamping in'라는 뜻을 지닌 라틴어 '에
듀카레*educare*'보다 '이끌어 내다leading out'의 뜻을 지닌 '에듀세레
educere'에 연결시키는 데서 찾을 수 있습니다. 이는 '이끌어 내는
일'과 관련된 절차적 원리를 무시하는 '교육'의 개념은 받아들여서
는 안 된다는 설득적 정의[14)]에 해당합니다. 이와 같은 '교육'의 개

---

14) persuasive definition. 앞서 저자의 각주 [5]에서 밝힌 쉐플러 교수의 『교육의 언
　　어』에는 교육의 비유만이 아니라 교육을 정의하는 방식이 소개되어 있다. 이 책
　　에 소개된 쉐플러의 정의 방식은 기술적 정의(descriptive definition)와 약정적 정
　　의(stipulative definition), 강령적 정의(programmatic definition)이다. 당초 설득
　　적 정의는 쉐플러의 저서가 아니라 스티븐슨(C. L Stevenson)의 『윤리학과 언어
　　(*Ethics and Language*, 1944)』에 소개되어 있다. 정의주의(emotivism)를 주장하
　　는 스티븐슨에 따르면, 설득적 정의는 상대방의 변화를 이끌어 낼 목적으로 감정
　　을 유발함으로써 그로 하여금 자신의 목적에 동의하게 할 목적으로 고안된 정의
　　방식이다. 쉐플러는 자신의 책 20쪽의 각주에서 설득적 정의 대신에 강령적 정의
　　를 채택한다고 주장한다. 그 이유로 쉐플러는 개인의 감정상태보다는 사회적 실천
　　(social practice) 상황을 존중하고, 정의 방식에 인지적 요소를 반영해야 한다고 하

넘적 특징으로부터 도덕적 원리를 도출하는 논거를 면밀하게 살펴볼 필요가 있으며, 이것이 내가 밝히고자 하는 '교육' 개념에 관한 두 번째 논점입니다.[15]

　논지는 이러합니다. 비록 '교육'의 개념이 특정한 활동의 과정을 구체적으로 지칭하지는 않더라도, 가치 있는 것의 함양 이외에 만족시켜야 할 절차가 있다는 점입니다. 우선 교육받은 개인은 가치 있는 것을 소중하게 다룰 수 있다는 점, 즉 성취할 마땅한 준거를 존중할 수 있어야 한다는 점입니다. 과학을 배우고 나서 과학적 진리를 소중하게 여기지 않거나 과학을 따뜻한 물이나 핫도그를 얻어 내는 수단으로 여기는 사람을 '교육받은' 사람이라고 하지 않습니다. 더욱이 교육받았다는 것은 특정 활동이나 지식의 형식에 들어있는 방식에 따라 그 활동에 입문하는 것을 뜻하며, 그 결과 교육받은 사람은 자신이 하는 일의 의미를 파악할 줄 아는 사람입니다. 어떤 사람이 개를 피하도록 조건화되거나 최면 상태에서 무엇인가를 수행할 수도 있습니다. 그러나 이 사람이 자신이 배운 내용과 배우는 과정을 알지 못한다면 우리는 이를 '교육'의 개념을 통하여 설명하지 않습니다. 이런 견지에서 단순 훈련drill도 배제되어야 합니다. 왜냐하면 그 사람은 편협하게 정형화된 일련의 행동을 아무 생각 없이 하고 있기 때문입니다. 그래서 교육

　　였다. 같은 맥락에서 저자는 본문에서 진보사상가들이 주장하는 성장이나 천부적 재능은 설득 효과만을 지닐 뿐 교육의 본질에서 벗어났다는 점을 강조한 것이다.
15) 이 두 번째 논점이 이른바 '교육'의 과정적 준거이다. 피터스의 유명한 저서 『윤리학과 교육』 제1장에 제시된 순서와 다르다. 이 책에서 규범적 준거, 인지적 준거, 과정적 준거의 순으로 소개된다. 그러나 본서에서는 과정적 준거가 두 번째로 소개되고 있다.

에는 최소한 이해가 반드시 요구되어야 합니다. 이것은 초기 단계에서 아이에게 일러 주는 일이 요구된다는 점에도 부합합니다. 영유아 단계에서는 아이가 어떻게 행동해야 하는지와 성취해야 할 것이 무엇인지를 아는 것은 이러한 방식에 의존할 수밖에 없습니다. 여기에는 물론 아이들이 자신에게 요구된 것을 거절하거나 반발할 수 있을 만큼 자발적인 행위자라는 점을 최소한 충족시켜야 합니다. 이러한 조건은 최면 상태, 약물 복용, 세뇌와 같은 야만적 방법이 동원되는 것을 허용하지 않습니다.

교육에서 권위주의적 방법을 신봉하는 사람들은 아이들이 애초 스스로를 돌볼 능력이 없기 때문에 초기 단계에서부터 스스로를 돌볼 수 있을 때까지 돌봄을 받아야 한다고 주장합니다. 그래야 그들은 장차 교육받은 사람이 될 수 있다는 것입니다. 이와 반대로, 교육받았다는 것은 스스로 흥미를 느끼는 것과 이를 스스로 돌보는 것이 가치 있는 것으로 여기는 성장이론가들은 가치 있는 것이라면 그것이 어떤 것이든 아이들의 현재 관심사로 제시되어야 한다고 주장합니다. 그들은 심리학적 근거에서 강압과 명령은 아이들이 가치 있는 것을 경험하는 데 있어서 매우 효과적이지 못하다고 주장합니다. 더욱이 그들은 경험에 의한 학습이나 자기 선택을 존중하는 절차적 원리도 아이들에게 의무적으로 주어지는 경우라면 도덕적으로 망설여야 할 사안으로 봅니다. 그들이 지니고 있는 '교육'의 개념은 그들의 양심이 빚어 낸moulded 것입니다.

나의 두 번째 개념적 논점을 개괄하자면 다음과 같습니다. '교육받음'의 의미는 (a) 가치 있는 것을 존중한다는 것, (b) 가치 있는 것을 존중하도록 최소한의 이해와 자발성을 요구하는 방식에 합당한 지식과 기술을 소유하는 것입니다. 이 논점은 '성장' 이론가들에게 의하여 부풀려져서 '교육'의 개념이 자기결정과 같은 절차적 원리의 준수와 동일시됨으로써 '교육'의 설득적 정의를 가능하게 합니다. 그러나 이들의 관점은 '교육'의 개념적 논점을 절차적 원리로 끌어내려 버려서 심리학적 숙고나 도덕적 요구를 반영한 것이라고 보기 어렵습니다. 이들의 관점은 오히려 전통적 교육이 가치 있는 내용을 포함해야 한다는 주장에 대한 반론으로 야기된 것입니다.

이 점에서 보면 교육을 동굴 밖의 빛을 향해 영혼의 눈을 돌리는 것으로 본 플라톤의 관점이 이제까지 살펴본 두 가지 모형보다는 더 시의적절해 보입니다. 비록 플라톤은 모든 사람이 공통적으로 소유해야 마땅할 진리를 파악하고 성취해야 한다고 주장하기는 하였지만, 그것을 사람들에게 강요하거나 그들의 유연한 마음에 박히도록 하는 것은 도덕적으로 온당하지 못하다고 하였습니다. 또한 플라톤은 성장이론가들이 교육내용에 반드시 준수되어야 할 객관적 수준을 간과하고 있다는 점을 강조한 바 있습니다. 그렇다고 그가 '성장' 이론가들이 강조하는 절차적 원리를 염두에 두지 않은 것은 아닙니다.

플라톤과 '성장' 이론가들이 강조하는 '보는 일seeing'과 '이해하는 일grasping'을 스스로 할 수 있다는 것은 앞서 강조한 가치 있는 것의 전수와 마땅히 존중되어야 할 방법상 원리에 이어 '교육' 개념의 세 번째 준거가 될 것입니다.[16] 이 준거는 곧 교육내용의 인

---

16) 앞의 각주에서 밝혔듯이, 이 글에서 인지적 준거를 규범적 준거와 과정적 준거에 이어 세 번째로 제시하고 있다.

지적 측면과 관련됩니다.

　우리는 종종 인간은 교육이 아니라 고도의 훈련을 받아야 한다고 말합니다. 무엇 때문에 이와 같은 처방을 내리게 되었을까요? 이 말은 분명 우리가 용인하지 못할 기술의 습득을 뜻하는 것이 아닙니다. 우리는 어떤 작업이나 조치에 숙달한 의사, 심지어는 그렇게 한 철학자의 경우에 고도의 훈련을 받아야 한다고 말할 수 있을지는 모릅니다. 능란한 기량을 인정해야 하는 경우 말입니다. 그러나 그것은 마음이 없는 로봇이 하는 고도의 동작을 연마하는 것이 아닙니다. 그는 열정을 다하여 고도의 기량을 발휘하면서 확고한 신념을 가지고 지력을 행사하기 때문입니다. 오히려 그가 하는 일이 제한된 개념 틀에 갇혔다고 할 것입니다. 그래서 그는 자신이 하는 일을 삶 전반의 다른 일과 관련시켜 정합된 방식으로 볼 수 없습니다. 그 일은 그에게 단지 인지적 관련을 맺기 어려운 일에 불과합니다. '교육은 전인을 기르는 일'이라는 슬로건은 고도의 전문화된 훈련을 방지하자는 것만이 아니라 자신이 하는 일을 특정 영역에 매이지 않고 '교육'과 개념적으로 관련시킬 줄 안다는 것을 뜻합니다. 우리는 철학자, 과학자 또는 요리사가 고도의 훈련을 받았다고 말하기도 하지만, 그것은 그들 활동에 내재된 기준을 충족시킬 만한 고도의 역량을 획득해야 한다는 점을 강조할 경우에 하는 말입니다. 그래서 우리는 '철학자로서, 과학자로서, 요리사로서 교육을 받았다'라고 표현하지 않습니다. 우리는 그 전문가들이 교육받은 '인간'인가 아닌가에 초점을 맞추어 질문할 수 있을 뿐입니다. 이러한 질문을 통해서 얻고자 하는 것은 전문성의 한계를 면밀하게 묻는 것입니다.

'교육'과 인지적 관점 사이의 개념적 관련은 덜 전문화된 사안을 통하여 확인할 수 있습니다. 우리는 감정을 훈련시킨다는 말 대신에 '감정을 교육한다'는 말을 자연스럽게 사용합니다. 이는 단지 인지적 안목이 그에 상응하는 정서를 유발하고 이에 따랐다는 신념 때문입니다. 예를 들면, '질투'와 '분노'를 구분시켜 주는 근본적인 차이는 한 개인이 접하는 인물과 당면하는 상황에 따른 서로 다른 신념에 기인하는 것입니다. 질투하는 사람은 자기가 누려야 할 것을 다른 사람이 누리고 있다고 생각합니다. 그래서 질투심을 갖게 되는 순간 자신이 느끼는 것은 바로 이러한 신념과 은밀하게 연결되어 있습니다. 그러나 화를 내는 사람의 경우 이와 같은 신념이 따를 필요가 없습니다. 그는 단지 자신이 의도한 바를 다른 사람이 좌절시켜 버렸다고 여길 뿐입니다. 그러므로 우리가 사람들의 감정의 앙테나 반응에 어떤 변화기 일어나는기를 면밀히 살펴본다면, 정서적 태도와 양상이 곧 세계를 상이하게 보도록 하는 요인임을 확인할 수 있습니다. 질투심에 빠진 사람의 관점은 자기가 누려야 할 것에 대한 관점을 변화시키거나 또 다른 관점에서 상대방의 행동을 이해하도록 변화시킴으로써 그 질투심을 누그러뜨릴 수 있습니다. 우리가 '교육'의 개념을 논할 수 있는 것은 사람이 지닌 신념에 근거해서 행위가 이루어져야 하기 때문입니다.

다른 한편으로, 우리가 감정을 '훈련한다'는 말이 수긍되는 경우라 할지라도, 거기에는 함의하는 바가 전혀 다릅니다. 공로나 명예로 훈장을 받은 전투기 조종사나 신사의 경우를 생각해 봅시다. 이 영웅들은 훈련에 따라 비상상황에서도 흔들리지 않는 일련의 정연한 습관을 획득한 사람입니다. 그들은 공포심에 당황하거나 공공장소에서 질투심이나 값싼 동정심에 지배당하지 않습니다. 이때 '훈련'이라는 개념은 주어진 특정 상황에서 반응하는 정연한 습관 패턴을 획득하는 것입니다. 그러나 이는 '교육'의 개념이 함의하는 폭넓은 인지적 능력을 결여하고 있습니다. 우리가 '인격 훈련character training'이라는 말을 간혹 사용하는 경우가 있는데, 그것은 일정한 성향에 일관된 인격을 신뢰하기 위한 경우에 사용하는 표현입니다. 왜냐하면 '인격'이란 사람들이 하고자 결심한 바에 따라 이를 주어진 상황에 흔들림 없이 행동으로 옮길 경우에 드러나기 때문입니다.[8] 그러나 우리가 '도덕교육'이라는 말을 할 경우, 우리는 먼저 사람이 어떤 행동을 하는가를 즉각적으로 떠올리면서 그것이 어떤 신념에서 비롯되었으며 어떻게 정당화될 수 있는가를 생각하게 됩니다. 나의 논지를 보다 분명하게 하자면, 성에 관한 지식과 가치판단을 할 능력이 있는 의사, 교사 그리고 해당전문가가 '성교육sex education'을 하는 경우에도 성을 신체적 문제에서부터 인간관계 문제 나아가서 사회제도적 차원에서 다룰 수 있어야 합니다. 만약 이들이 아이들에게 한낱 '성 훈련 sex training'을 한 것이라면, 거기에는 교육이라 할 만한 활동이 있을 수 없습니다.

나는 신체훈련을 체육교육이라고 바꿔 부르는 것에 간혹 당혹스럽습니다. 역사적으로 보면, 이러한 일은 교육제도가 변천하는 과정에서 정치적 강경파들의 획일적인 압력에 따른 것이라는 점은 의심의 여지가 없습니다. 그러나 저변에서 이러한 변화를 이끈 원리에는 육체를 단련시키는 일을 몸매관리와 같은 훈련이나 기량을 쌓는 일로 여겨서는 안 된다는 확고한 신념이 자리 잡고 있습니다. 그러나 체육교육은 인지적 안목과 관련되며 보다 넓은 안목을 갖도록 하는 일입니다. 사람이 체육관에서 하는 활동을 보고 그 사람을 규정하는 일은 사람을 한 조각 풀잎이라고 상상하는 것만큼 어색한 일입니다. 그러나 체육교육은 제한된 기능훈련에 그치지 않는다는 점이 포함되어야 합니다.

'교육'과 인지적 내용 사이의 관련을 통해서 보면 특정 활동이 여타의 활동보다도 더 교육적으로 중요하다는 점을 알 수 있습니다. 폭넓은 인지적 능력을 포함하는 기능은 없습니다. 자전거 타기, 수영, 골프는 인지적 요소는 거의 없습니다. 이 활동은 '아는 지식'보다는 '하는 지식'[17], 또는 이해보다는 요령knack과 관련됩니다.[9] 더욱이 이러한 활동을 안다고 해서 여타의 것과 관련시키는

17) knowing-that; knowing-how. 이를 교육학계에서는 '명제적 지식'과 '방법적 지식'이라고 번역하기도 한다. 그러나 본문에서는 명제나 이론을 통해서 이해를 증진시키는 지식과 행위를 통해서 요령이나 기량을 습득하는 지식을 지칭하므로 각기 '아는 지식'과 '하는 지식'으로 번역한다. 저자의 미주 [3]에서 밝힌 바와 같이, 저자는 두 가지 지식을 구분한 라일(G. Ryle)의 주장과는 반대로 '하는 지식'의 중요성을 격하하여 이를 인지적 요소가 작용하지 않는 '훈련'으로 보고 있다.

　어느 경우이건, 역자는 이 두 가지 지식을 이분법적으로 구분하는 것이 타당하지 않다고 본다. 만약 이 둘을 양분한다고 하더라도, 두 가지 지식은 대등하게 양분되는 것이 아니다. 아는 지식 또는 명제적 지식은 하는 지식 또는 방법적 지식의 결과로 정형화된 언어와 명제로 보아야 한다. 라일이 방법적 지식을 강조한 것은 바로 이 때문이다. 또한 '하는 지식'은 고대 희랍의 '프락시스(praxis)'와 관련될 수도 있으며, '포이에시스(poiesis)'와도 관련될 수 있기 때문에 아는 지식 또는 명제적 지식과 하는 지식 또는 방법적 지식을 단순 이분법적으로 보는 것은 앎의 본질과 특성을 호도할 가능성이 있다. 이를테면 이 이분법에 의존하게 되면 피터스가 이어지는 본문에서 비판하는 바와 같이 듀이의 지식은 '하찮은 지식'으로 전락해 버린다. 무엇보다도 이러한 이분법은 '앎'의 영역을 '앎'과 '함'의 구분에 비추어 구분하는 모순을 낳는다.

능력이 생기는 것도 아닙니다. 반대로 역사, 과학, 문학은 그 적용 범위가 광대하며, 제대로 알게 된다면 앎의 폭이 확대되고 심화되어 여타의 것들과 관련을 맺게 해 줍니다. 같은 맥락에서 게임은 제한된 교육적 가치를 지닙니다.[18] 왜냐하면 게임이 브리지Bridge처럼 비록 고난도의 기술을 요구하고 어떤 인지적인 내용을 포함하고 있더라도, 그것을 '게임'이라고 부르는 이유 중 하나가 그것이 시공을 초월할 만큼 삶의 핵심이 되거나 그 자체로 완벽함을 지니지 못하기 때문입니다.[10] 게임이 교육적으로 중요하다고 할 경우가 있을 수 있는데, 그것은 지식의 획득과 마음의 계발을 도모하여 인격 수양에 도움이 되거나 게임에서 얻어지는 기술이 삶 전반에 폭넓게 적용될 수 있을 경우에 한정됩니다. 그러므로 그것은 곧 도덕교육의 중요성에 비추어 판단될 수 있습니다. '많은' 게임이 상당한 정도 교육적 의미를 지닌다는 것은 신비적인 방식에 열광한 나머지 그것을 교육의 만병통치약으로 보는 교육자들의 미신에 불과합니다.

내가 '교육'의 개념 중에서 인지적 문제를 강조하는 것이 교육을 단순한 수업행위로 격하시킬 위험에 빠뜨리는 것이 아닌가 하는 반대가 있을 수 있습니다. 이렇게 보는 것은 이제까지 분석해

---

18) 이하에서 논의되는 게임(game) 문제는 진보교육과 특히 유아교육에서 말하는 놀이(play) 문제와 상통한다. 이하 글에서 게임을 놀이로 대치하여도 의미가 그대로 통한다. 놀이와 게임의 교육적 의의에 관하여 논란이 있을 수 있지만, 피터스는 게임과 놀이가 폭넓은 인지적 안목을 요구한다는 교육의 개념적 준거를 충족시키지 못한다고 본다. 그러나 이어 밝히고 있듯이, 저자는 게임이 인지적 안목을 갖게 한다면 그것도 역시 교육적 의미를 지닌다고 본다. 저자 미주 [3]에서 소개한 라일의 주장과는 반대로 피터스는 '교육'을 과업어가 아닌 성취어로 파악하기 때문이다.

본 내용의 맥락을 벗어난 오해에 불과합니다. 나의 논점은 '교육'을 수업, 훈련, 단순도야와 같은 특정 행태 활동과 동일시하는 것이 아니라, 교육의 과정을 충족시킬 세 가지 준거를 설정하는 데 있습니다. 수업이나 훈련 그 어느 것도 교육과 동떨어져서 온전하게 기술될 수는 없습니다. 수업이나 훈련은 모두 마약 복용처럼 쓸모없는 일에 동원될 수도 있으므로 가치 있는 것을 추구한다는 첫 번째 준거를 만족시키지 못합니다. 더욱이 수업은 아이들이 견디기 어려운 무료한 내용을 전달하기도 하며, 또한 훈련은 아무 생각 없이 반복동작을 연마하게 함으로써 앞서 제시한 '교육'의 두 번째 준거를 충족시키지 못합니다.

하지만 수업이 '무료한 아이디어'를 전달한다는 데 동의하지 않는 사람도 교육을 마치 행동의 변화만을 야기하는 활동으로 여기기 쉽습니다. 그 이유는 아마도 생각을 '대치 가능한 행동surrogate behaviour'과 동일시하는 미국의 실용주의pragmatism와 행동주의 심리학의 영향 때문이 아닌가 합니다. 그러나 '교육받은' 인간은 그의 행동이 아니라 그가 '이해'하고 '파악'한 바에 따라 규정될 수 있습니다. 만약 교육받은 사람이 훈련받은 결과로 뭔가 능숙하게 행동한다면, 그는 자신의 행동을 통해서 여타의 세상사와 관련을 지을 수 있는 관점을 가져야 합니다. 수업을 티끌만큼도 받지 않은 사람이 훈련의 결과로 '교육받은' 사람이 되었다는 것은 어려운 일입니다. 왜냐하면 교육받았다는 것에는 '하는 지식'만이 아니라 '아는 지식'이 요구되기 때문입니다.

내가 '교육'의 개념을 '자유교육liberal education'의 개념과 동일시했다는 데 반대를 할 수도 있을 것입니다. 이 논쟁은 내가 의도

하는 바가 아닙니다. 교육이 '자유교육'이어야 한다는 나의 주장은 대개 교육이 부의 창출이나 국력과 건강의 증진과 같은 외재적 목적에 봉사해야 한다는 입장에 반대하기 위하여 개진되어 왔습니다. 이 주장의 골자는 마음의 개발은 어떠한 굴레의 제약에도 굽힘 없이 추구되어야 한다는 데 있습니다. 이 주장의 진정성은 진리가 마음의 기능에 내재되어야 한다는 기준을 충족시키는 데에 있습니다. '자유교육'의 의미를 이렇게 해석하면, 그것은 곧 교육이 바람직한 것을 추구해야 한다는 나의 첫 번째 준거와 관련된다는 또 다른 논쟁을 불러일으킵니다. 그러나 '자유교육'을 달리 해석해 보면 바로 지금 내가 논의하고 있는 인지적 안목에 관한 논점과 관련됩니다. 이는 곧 교육을 전문 직업 훈련으로 못 박아서는 안 된다는 호소이기도 합니다. 인간이 어느 한 전공지식을 배우는 것보다 많은 종류의 훈련을 받아야 한다고 주장할 수도 있습니다. 이것은 '교육'의 개념적 준거 논의에서 언급되지 않지만 실제적으로 일어날 수 있는 일입니다. '교육받은' 사람이 어느 한 분야에서 훈련을 받았지만, 여전히 다른 관점으로 세계를 이해할 능력을 갖추었다면, 이를테면 과학에서 훈련을 받았지만 역사적 안목이나 사회적 문제의식을 지녔다거나 그 외에 자신만의 스타일을 구사할 수 있다면, '자유교육'은 사람들이 전공 이외의 다른 사고방식을 '훈련'받아야 할 내용을 포함해야 한다고 주장할 수도 있습니다. 이런 경우라면 내가 개념적으로 '교육'이 어떠해야 한다고 주장한 것 이상으로 요구되어야 마땅합니다. 그렇지만 이 경우에도 '교육'의 개념적 준거가 암시하는 내용에 해당한다고 봅니다.

지금부터 논제를 벗어난 말씀은 더 이상 하지 않도록 하겠습니다. 내가 보기에, 훈련과 수업의 특성을 충분히 밝힌 만큼 이 양자가 교육의 개념과 혼동되어서는 안 된다는 나의 주장을 충분히 논의한 것 같습니다.

이제 앞서 비판했던 교육 모형들을 반연攀緣하여 내가 주장한 '교육'의 세 가지 준거와 일관되게 보다 적극적으로 설명할 수 있는 교육의 새로운 모형을 변증법적 방식에 따라 구축해 보도록 하겠습니다. 이는 곧 또 다른 교육 모형을 제시하는 것일 수 있습니다. 그러나 만약 새로운 모형을 제시한다 하여도, 그것은 적어도 이제까지 내가 구축해 온 교육의 개념에 엄밀하게 부합하는 면모를 지닌 모형이어야 할 것입니다. 이제까지 내가 주장한 바에 따라 '교육'은 교사와 학생 사이에 일어나는 특정한 활동으로 규정될 수 없으며, 어떠한 활동이건 간에 어떤 준서를 만족시켜야 하는 것으로 규정되어야 합니다.[19]

'교육'은 본질적으로 지적이면서 자율적인 방법에 따라 가치 있는 것으로 사람들을 이끌어 주는 과정이며, 이를 통하여 학습자가 그것을 성취하고자 하는 욕망을 지니게 되어서 자신의 삶 전반에 걸쳐 확고한 태도를 갖게 하는 활동입니다. '훈련'과 '수업' 또는

---

19) 이 주장은 사실어(X-term; fact term)와 관념어(notion term)로 설명할 수 있다. 사실어는 가리키는 구체적 대상이나 활동을 지칭하는 개념이며, 관념어는 가리키는 구체적인 대상이나 활동이 없는 경우 사용되는 개념이다. 저자는 '교육'을 관념어로 본다는 뜻이다. 비록 저자는 '관념어'라는 용어를 사용하지 않았지만, 자신의 『윤리학과 교육』제1장 앞부분에서 교육이 구체적인 활동을 통하여 정의될 수 없으며, 교육의 정의 역시 구체적인 활동을 지칭해서는 안 된다고 주장한 바 있다. 사실어-관념어 구분은 조무남의 『앎과 삶 그리고 덕』(2002, 교육과학사)의 제2장에서 논의된 내용을 토대로 역자가 대비시킨 것이다.

'가르치는 일'이라는 용어들은 너무 편협합니다. 교육은 그 개념이 함의하는 준거를 만족시키지 못하는 특정한 활동에 구속받아서는 안 됩니다. 반면에 '성년식'[20]은 여러 가지 상이한 활동을 포괄하는 일반적인 용어입니다. 게다가 이 용어는 이해의 폭을 넓힘으로써 마음을 바람직한 상태로 이끌어 준다는 뜻을 가지고 있습니다.

어느 누구도 마음을 가지고 태어나는 사람은 없습니다. 마음의 발달은 개인이나 종족이 성취해야 할 일런의 과업입니다. 아이가 정신적 능력을 가지고 태어나기는 하지만, 그것은 분화되지 않은 신념, 욕망, 감정일 뿐입니다. 인간 의식이 드러나는 모든 양상은 공적 세계의 사물을 접하는 것과 관련되어 있으며, 이와 더불어 성장하면서 사물을 인식하는 특정한 범례에 따라 발달합니다. 결국에 아이는 비현실적이고 부당한 욕망을 배제하고 자기가 원하는 것의 수단이 합당하다고 여겨질 때 행동하게 됩니다. 아이는 자신을 해치는 것을 두려워하며, 지나쳐야 할 것은 지나쳐야만 한다는 것을 알게 됩니다. 아이는 사물의 이름을 배우게 되고, 시공간에 적합한 것을 경험하게 되며, 사건이나 행동을 이해하는 데 요구되는 인과관계와 수단-목적의 범주를 알게 됩니다. 자신이

---

20) initiation. 여기서는 교육이라는 개념으로 제도적인 총체적 활동으로 보고 비유적 표현을 사용한 것이므로 '성년식'이다. 본문의 역자 각주 1)에서 밝힌 바 있듯이, 교과나 학문과 같은 구체적 활동의 논리적 특성을 내면화하는 것을 가리킬 경우에는 '입문'이라고 한다. 그러나 여기서 '성년식으로서 교육'은 곧 교육의 개념이 성취어로 설명되어야 한다는 뜻을 담고 있다. 결과적으로 논의를 종합하면, 피터스의 성년식 모형은 교육을 특정한 활동을 통하여[과업어 측면] 가치 있는 상태로 들어가게 하는[성취어 측면] 활동이라고 본다. 이하 본문 참조.

한 약속과 의도한 바에 비추어 예측을 할 수 있는 대처능력을 갖추게 됩니다. 물론 시작부터 모든 것이 이와 같이 되지 않습니다. 그러나 이렇게 유치한 마음의 수준도 멋 옛날 조상으로부터 세대를 이어 전수된 공적 언어를 통하여 개발된 공적 전통에의 입문 initiation된 산물입니다.

기본 기술을 연마하면 보다 광대하고 다채로운 유산inheritance에 들어갈 문이 열립니다. 아이가 과학, 역사, 수학, 종교, 예술이라는 특정한 지식의 형식과 도덕적·실천적 사고와 행위의 형식에 입문하게 됨에 따라 의식의 분화가 일어나게 됩니다. 이러한 의식의 분화는 아이의 마음이나 원시인의 마음에, 실제로 17세기 이전 사람의 마음에 저절로 용납되는 것이 아닙니다. 마음을 갖는다는 것은 제멋대로 사적인 환상을 즐기거나 어렴풋한 두뇌의 작용이 아닙니다. 마음을 갖는다는 것은 물려받은 전통 속에 함의된 전례에 맞추어 앎의 형식이 분화된다는 것입니다. '교육'은 개인이 그러한 전통에 입문하는 과정으로 규정될 수 있습니다.

그러면 나는 왜 마음의 사회사를 이렇게 간략하게 스케치하면서 '교육'의 개념을 적극적으로 개진하려고 하는 것일까요? 그 이유는 교육의 개념을 성년식 개념을 통하여 파악하고자 하기 때문이기도 하지만, 또한 공적 전통에 담긴 '공적인impersonal 내용과 절차'의 중요성에 초점을 맞추고자 하기 때문입니다. 입문은 연마하는 데 상당한 시간과 노고가 요구되는 특정한 지식과 행동 양식 안에 들어가는 것입니다. 이 개념을 내가 '인지적 내용'을 포함한 활동과 결부시키면 앞서 부적합한 것으로 비판한 교육 모형을 대체할 교육의 세 가지 기준의 세 번째를 만족시킵니다. 그러나 여기에 공적인 내용과 절차를 덧붙이는 것입니다.

지식을 전수해야 한다는 교육의 개념을 반대하는 듀이와 같은 학자는 많습니다. 그들은 지식 대신에 비판적 사고, 개인의 실험 정신과 문제해결을 강조합니다. 이러한 관점에 맹종한 미국의 학교에서 나는 교훈을 얻습니다. 이를테면 교사가 시는 순전히 '비판적 사고'를 도모하는 데, 역사는 문제해결력 증진의 도구로 활용한다는 것입니다. 시는 암송하면서 음미해야 하고, 역사는 사건을 역사적 관점에서 이해하는 데 의미가 있다는 생각은 전혀 고려되지 않습니다. 일련의 지식이 형성되고 비판받아서 수정되는 공적 절차를 교육적으로 고려하지 않는다면 '비판적 사고'를 아무리 강조해도 그것은 허황한 찬사에 불과합니다. 또한 비판할 대상으로 다룰 구체적인 교육내용이 없이 '비판적 사고'라는 추상적인 기량을 길러 낸다는 것은 어불성설입니다.[21] 왜냐하면 학문 영역이 존재하는 만큼 '비판적 사고'가 성격상 여러 가지로 존재하기 때문입니다. 또한 같은 문제라 하더라도 역사, 과학, 철학과 같은 다양한 학문 영역에서 그 문제를 다루는 방식은 독특하기 때문입니다.

이를테면 역사를 단순히 아는 것이 아니라 역사적으로 사고할 줄 알아야 하듯이, 사람들은 교육내용을 습득하는 데 그치지 않고

---

21) 저자가 '비판적 사고'의 경우를 논의하는 것은 그의 동료 허스트가 자신의 '지식의 형식' 이론을 설정하면서 비판한 일명 '하버드 보고서'의 내용을 비판한 것과 맥을 같이 한다. 관심 있는 독자는 P. H. Hirst, 1965, Liberal Education and the Nature of Knowledge, in: R. D. Archambault (ed.) *Philosophical Analysis and Education*, pp. 113-138을 참조하라. 피터스의 취임연설인 본문은 이 책의 허스트의 논문 바로 앞에 다시 게재되어 있다. 또한 허스트의 이 논문 역시 자신이 편집한 *Knowledge and the Curriculum*(1974)을 비롯하여 몇 권의 책 속에도 수록되어 있다.

종국에는 학문들이 규정하는 절차에 익숙해지도록 입문해야 한다는 점이 중요합니다. 그러나 역사적 사고방식을 배우는 것은 과거에 이미 역사적 사고방식을 통달한 사람의 업적을 면밀하게 조사하는 일이 요구됩니다. 학문의 절차는 이미 그 학문에 입문된 사람의 지도 아래 그 교과 내용을 탐구함으로써 연마할 수 있습니다. 단지 많은 것만 알고 있는 사람을 신이 내린 이 땅에서 가장 쓸모없는 한심한 인간이라고 화이트헤드[22]가 말한 바 있습니다. 내가 이 말에 전적으로 동의하는 것은 아닙니다. 나는 항상 백과사전적 지식도 흥미롭다고 생각합니다. 내가 보기에, 단지 비판적이기만 하면 아무것도 몰라도 된다고 보는 사람이 더욱더 한심한 사람입니다. 칸트의 풍자를 빌어 말하자면, 비판 없는 내용은 맹목적이며, 내용 없는 비판은 공허합니다.

새로운 발견을 하도록 기존에 개빌된 내용을 평가하고 수정하는 비판적 절차는 교사와 학생 모두가 사적인 개인 관심사를 벗어나 충실하게 준수해야 할 공적 준거를 지니고 있습니다. 내가 이제까지 살펴본 교육 모형들은 로렌스[23]가 '성스러운 토대the holy

---

22) Alfred North Whitehead (1861~1947). 영국 출신의 수학자, 철학자. 그러나 그의 철학은 수학, 신학, 생태학, 물리학, 생물학, 경제학, 심리학 등을 망라하고 있어서 간단하게 소개할 수 없다. 본문에 소개된 인용문은 그의 『교육목적론(*The Aims of Education*)』의 제1장 첫머리에 소개되어 있다. 이 책에 개진된 그의 교육적 입장은 두 말할 필요 없이 자신의 '과정철학(process philosophy)'에 근거한 것이다. 난해하다고 알려진 그의 과정철학은 『과정과 실재(*Process and Reality*)』에서 확인할 수 있다. 제11장 역자 각주 7) 참조.

23) D. H. Lawrence (1885~1930). 영국의 작가이자 시인. 그의 대표적인 작품으로 *Sons and Lovers*, *The Rainbow*, *Women in Love*, 그리고 *Lady Chatterley's Lover* 등이 있다.

ground'라고 했던 교육의 본질인 상호주관성intersubjectivity을 정당화하는 데 실패했다는 난점을 지니고 있습니다. 교육을 치유에 비유한다든가, 교육을 특정한 틀에 맞추는 것으로 여기거나 반대로 교육을 '성장'에 도움이 되도록 환경을 조절하는 일로 여기는 것은 전수되어야 할 교육내용과 교육활동을 검증하고 비판할 준거가 요구하는 공적 성격impersonality을 공유해야 한다는 점을 정당화시켜 주지 못합니다. 교사는 특정인에게 외적인 결과를 따로 떼어다가 안겨 주는 기술자가 아닙니다. 교사의 임무는 그가 가치 있다고 여기는 공적 삶의 형식public form of life 속으로 사람들을 입문시키는 일입니다. 과학에서 진리는 어떤 개인이 진리라고 믿는다고 진리가 되는 것이 아니며, 도덕에서 정의는 어떤 개인이 주장한다고 해서 정의가 되는 것이 아닙니다.

교육의 최종 단계에 이르면 교사와 교육내용 간의 구분이 없게 됩니다. 교사와 교육내용은 평범한 세계 탐구라는 경험을 공유하는 데 상호 간여한다[24]는 점에서 그러합니다. 교사는 세계가 돌아가는 정황에 익숙한 존재여서 그 신비함을 해명하고 그 오묘함을 찬탄할 줄 아는 존재입니다. 가르치는 상황에서 교사의 이러한 과

---

[24] participating. 대개 이 용어를 '참여한다'로 번역하기 쉬우나, 여기서는 서로 상통한다, 상호 간여한다는 뜻이다. 만약 '교사와 교육내용이 상호 참여한다'고 번역하게 되면, 그 뜻이 매우 어색해진다. 교육내용은 공적 전통으로 이어져 오는 내용이며, 교사는 이를 단지 전수하는 것이 아니라 그 전통에 참여함으로써 교사 존재가 전통과 서로 통하게 된다는 뜻, 즉 교육내용과 교사가 서로 간여(干與)하게 된다는 뜻이다. 달리 말하자면, 교사가 공유하는 공적 세계에 간여하게 됨으로써 학생은 가치 있는 공적 전통에 입문할 수 있는 것이며, 학생이 그 세계에 들어가는 성취가 곧 '성년식'이다. 학생의 입문이 가능한 것은 교사가 공적 전통의 화신(化身)이기 때문이다.

업은 대화의 형태를 띠게 됩니다. 그러나 그것은 공적 경험의 형태를 띠게 됩니다. 위대한 교사는 준엄한 표준canon에 의거하여 공적 탐험을 실행하는 사람이며, 동시에 공동의 열망을 담아 그것을 모두에게 전염시키는 존재입니다. 이것이 유머를 사용하는 교사에게 유머가 왜 가치 있는지를 가리키는 이유입니다. 만약 사람들이 함께 웃을 수 있다면, 그것은 그들이 자신의 연령, 성별, 지위에 따라 규정되는 자기 규준의 그늘에서 벗어나게 되기 때문입니다. 이처럼 공유된 경험을 창출해 내는 일은 다양한 계층의 사람들이 공통된 일에 참여하게 하는 촉매제가 됩니다. 이는 일종의 박애를 느끼는 것으로서 공평무사한 원리에 따라 삶을 영위하게 하는 정서적 토대가 됩니다.

가르치는 일을 개인적 차원에서 살펴보면, 이를 느슨하게 보는 사례가 너무 많습니다. 실제로 사람들은 학생들과 '좋은 인간관계를 맺는 일'이 곧 학생들을 가르치는 일로 대체될 위험에 처해 있다는 점에 종종 두려움을 갖습니다. 앞서 언급한 박애의 감정에 더하여 교사에게 요구되는 것은 학생들과 마냥 가까워지는 것이 아니라 인간 존중의 태도를 갖는 것입니다.[11] 가르치는 상황에서 사랑은 교사가 처한 교육상황에서 맺어지는 특별한 인간관계에, 즉 학생을 자식이나 형제가 아니라 학생으로 여기는 데 어울려야 합니다. 교사는 교육의 본래 의도와 상충하는 감정과 의도를 가지고 학교에 와서 자기 나름의 독특한 의식을 지닌 사람들을 대하고 있다는 점을 늘 명심해야만 합니다. 이들 개개인은 모두 소신에 차 있으며 자신이 성취하고자 하는 바에 대하여 확고한 자부심을 가지고 있습니다. 또한 나름대로 세계를 보는 독특한 관점을 가지고 있습니다. 교육의 초기 단계에서 개인차를 강조하는 일에 주목해야만 합니다. 왜냐하면 이 시기에 주된 교육적 과제는 공통된 기본 역량을 갖게 하는 것이기 때문입니다. 이때 길러지는 기본 역량은 차후 공부하는 데 필요한 것이기는 하지만, 공적 전통에 의하여 아직 형체가 이루어지지 않은 마음에 부합하도록 길러져야 한다고 주장합니다. 그 결과로 학습 방법과 개인의 성장 모형에 대한 적합성 문제, "우리는 교과가 아니라 아동을 가르친다."[25]는 슬로건의 시의성 문제, 그리고 교사에게 필요한 것은 개인차와 아동발달에 관한 심리학자들의 연구결과를 존중해야 한다는 주장이 대두됩니다. 이러한 '아동중심' 접근은 유아 문제를 다루는 데 가장 적합하며 뿐만 아니라 지진아 문제나 문제 청소년을 다루는 데도 적합합니다. 그러나 논점은 이 같은 연령 문제가 아니라, 동기화 문제와 지적 발달에 있는 것이며, 나아가서 이를 통하여 다양하게 분화된 공적 사고의 형식에 입문하도록 하는 데 있습니다.

---

25) We teach children, not subjects. 당시 미국의 진보주의들의 입장을 대변하는 슬로건이다. 그들은 교과가 아이들에게 무료한(boring) 형태로 가르쳐서는 안 된다고 주장한다. 이 문장만을 보면 교육은 '교과중심(subject-centred)'에서 '아동중심(child-centred)'으로 이행을 뜻한다. 그리하여 아동중심교육이라는 일련의 사고가 성립하는 단초를 제공해 준다. 피터스의 지적처럼 교육을 교과를 대신하여 아동을 가르치는 일이라고 보는 데에는 문제가 있다. 그러나 이 문장이 이러한 이분법적 대체로 이해되어야 하는가에는 의문이 남는다. 여기서 '아동을 가르친다'는 것은 교과가 아동의 경험 속에서 경험의 일부가 되며, 동시에 경험의 성장에 도구가 된다는 뜻이다. 이는, 앞서 역자가 교사와 교육내용이 상통하고 상호 간여하는 것이라고 주석한 것과 마찬가지로, 아동의 경험과 교육내용(교과)이 상통하고 서로 간여한다는 것을 뜻한다. 이에 관하여 더 자세한 논의가 요구된다. 특히 미국의 존 듀이(John Dewey)가 이 슬로건을 대변하는 인물인가 하는 문제는 더욱 심각한 논의를 요구한다.

초기 교육의 반대쪽, 즉 대학교육, 성인교육, 그리고 중등교육의 후기 단계에서 보자면, 개인차를 고려한 입문이 아니라 사고의 형식에 함의된 표준이 중요한 것입니다. 박애 정신에서 비롯된 인간 존중이야말로 교사가 다른 사람을 사고의 형식에 입문시키고자 시범 보이는 일을 자신의 가장 중요한 과업으로 여기는 데 필요한 따뜻한 감정입니다. 행위의 규범이나 학문의 준거를 이해하는 것과 이를 기량과 판단력을 가지고 특정 상황에서 적용하는 것은 별개의 일입니다. 롱기누스가 언급하듯이, 판단력은 많은 경험을 겪은 최종 단계에서 피는 꽃입니다.[26] 그러나 이때 경험은 이미 그러한 판단을 내릴 줄 아는 사람과 함께 할 때만 획득할 수 있으며, 책이나 강의만 형식적으로 듣는다고 얻어지는 것이 아닙니다. 오우크쇼트는 교육에서 이러한 개인적 차원의 문제를 현저하게 강조한 바[12] 있지만, 이 문제를 더 설명하려는 것이 내게는 오히려 객쩍은 노고로 보입니다. 이러한 경험에 몸담은 사람이 개인적 관심사를 떠난 문제로 눈을 돌리게 하는 '성년식'이라는 개념이 교육의 본바탕이 되는 측면을 적절하게 보여 주고 있다는 것 이외에 어떤 다른 말을 보탤 필요가 있을까요?

'성년식'이라는 말은 '성장' 이론가들이 강조한 교육의 다른 측면을 묘사하는 적절한 개념입니다. 즉, 교육받은 사람은 자신에게 전달된 가치 있는 내용을 연마하고 실행하는 데 있어서 확고하다

---

26) Judgement is the final flower of much experience. 즉, 개인이 자율적으로 내릴 수 있는 판단은 모든 것을 배우고 경험한 이후에 이르러 획득되는 능력이라는 것이다. Gaius Cassius Longinus (BC 85~42). 로마 공화정 말기의 정치인이자 군인으로 율리우스 카이사르 암살의 주동자이며 마르쿠스 브루투스의 매제.

는 점입니다. 이는 과거 낡은 강압적인 수업 방법이 진보적인 아동애호가들의 부추김으로써 대체될 수 있다는 말이 아닙니다. 내가 보기에, 지적 수준이 다소 떨어지는 아이들에게 여전히 중요한 것으로 판단되는 교사의 지시와 명령이 현대 교육학자들에 의하여 과소평가되어 있는 듯합니다. 적어도 이는 교육자가 가치 있는 것이 무엇인지와 아이들에게 호감이 가는 내용을 부적절하게 동일시하는 것을 심각하게 생각해야 한다는 것을 뜻합니다. 적어도 아이들이 자신의 현재 처지에서 가치 있는 삶이 무엇인가를 찾아내어 이를 숙고하고 실행할 수 있을 만큼 자신의 마음을 뒤집을 수 있어야 합니다. 아이가 원하는 것을 스스로 찾아내었다고 해서 이것으로 모든 것이 이루어져야 한다고 하면, 그것은 곧 아이가 원하지 않는 것의 가치를 비추어 볼 기회마저 없는 셈이니 그 가치조차 떨어뜨리는 일이 되어 버립니다.

이러한 사실로 인하여 나는 '교육'의 개념에 포함될 가장 중요한 마지막 논점을 제시하고자 합니다. 이미 나는 '교육'에는 반드시 교육목적이 아니더라도 모종의 준거가 포함된다는 점을 지적한 바 있습니다. 교육은 교육이 사람들로 하여금 모종의 활동에, 즉 사람들 스스로가 생각하고 행동하고 느낄 수 있도록 하는 어떤 기준을 가진 사고와 행동의 형식에 입문시키는 것입니다.[27] 만약

---

27) 이 글의 제목에서 알 수 있듯이, '교육'을 '성년식'에 비유한 것은 이전에 교육을 '주형'과 '성장'에 비유한 일련의 기존 주장에 대한 정-반-합의 변증법적 전개로 볼 수도 있다. 즉, 피터스의 '성년식으로서 교육'은 '주형으로서 교육'과 '성장으로서 교육'에 대한 대안이면서 변증법적 발전에 따라 이른 결론이다. 교육을 설명하는 틀이 있다면, 주형 모형, 성장 모형 그리고 성년식 모형이 성립하는 셈이다. 한편, 변증법적으로 본 '성년식 모형'은 이어 소개되는 화이트헤드의 교육의 리듬 중 '일반

교사가 이러한 확신이 없다면 다른 직장을 선택해야 할 것입니다. 교육 현실에서 교사는 어떤 활동이 더 가치 있는가에 대한 확신이 없을 수도 있습니다. 이는 그리 놀랄 만한 일이 아닙니다. 왜냐하면 정당화 문제는 소크라테스 시절부터 다루어 온 도덕적 문제와는 전혀 다르기 때문입니다.[13] 무엇이 가치 있는가를 다루는 문제는 현실에서 상대적으로 민감한 문제입니다. 그래서 선택을 허용하는 제도의 중요성이 부각됩니다. 그러나 어떤 활동이 가치 있다는 사실을 두고 교사가 논쟁에 전적으로 몰두할 필요는 없습니다.

자신이 입문된 존재로서 교사는 이미 특정한 사고와 행위의 형식을 지닌 이러한 활동의 내면에 들어와 있습니다. 교사는 어떤 창작물은 아름다운데 그렇지 않은 작품도 있다는 사실을 생생하게 이해할 수 있으며, 논증의 수려함이나 논조의 일관성, 표현방식의 명료성, 구성의 탄탄한 짜임새, 공정한 판단의 지혜를 지닌 존재입니다. 어떤 면에서 교사는 진리의 수호자이면서 공정함에 대한 열정을 지니며 비속함을 싫어하는 존재라고 할 수 있습니다. 교사에게 자신이 입문한 삶이 어떤가, 그것이 왜 중요한가를 묻는 것은 불필요한 질문일 뿐입니다. 소크라테스와 마찬가지로, 교사의 입장에서 무엇이 선인가를 이해하는 일은 '사실상*ipso facto*' 바로 선을 추구하는 일에 몸담고 있는 것입니다. 타당한 논의가 무엇이며, 공정하고 현명한 판단이 무엇인지를 이해하는 사람이 어떻게 형편없는 논거로 닥치는 대로 행동하거나 부주의한 선택을

화 단계'에 상응한다. 이하 역자 각주 29)와 30) 참조.

할 수 있단 말입니까? 이러한 질문은 가치 있는 활동 바깥에서 입문하지 못한 야만인들에게나 할 수 있습니다. 물론 교사도 과학, 수학, 역사와 같은 활동을 수단적 가치 관점에서 고려할 수도 있습니다. 이러한 활동이 병원을 많이 증축하거나 전쟁에서 승리하거나 국토를 개발하거나 통신망을 늘리는 데 기여할 수도 있습니다. 그러면 교사는 정작 어떤 질문을 제기할까요? 인간은 무엇을 하면서 살아야 하며, 어떻게 생각해야 하며, 생존에 필요한 기본욕구 이외에 무엇을 추구하고 살아야 하는가를 물을 것입니다. 이러한 문제를 냉철하게 숙고할 줄 아는 확고한 사람이 문명화된 사람이라고 할 수 있습니다.

아이들도 어느 정도는 이와 같은 질문을 제기할 수는 있습니다. 그러나 아이들은 야만인처럼 가치 있는 활동의 바깥쪽에서 질문을 던지기 시작합니다. 문제는 아이들을 문명이라는 성채 안으로 들어오게 하여 세계가 어떤가를 뚜렷하게 볼 수 있고 이를 사랑하게 만드는 일입니다. 문명의 징표로서 이러한 활동에 담긴 사고와 행위의 형식을 연마하는 것은 매우 어려운 일임을 숨길 필요가 전혀 없습니다. 이것이 교육자가 달리 지름길이 없는 지난한 과업을 짊어져야 할 이유입니다. 미국의 학자들처럼 아이들이 행복을 느껴야만 한다는 주장은 이러한 엄연한 사실을 묵살하는 것입니다. 사람들은 햇볕에 누워서 행복할 수도 있습니다. 그러나 이러한 행복은 교육자들의 관심 사안이 아닙니다. '복지'[28]라는 개

---

28) welfare. 본문에서 피터스의 지적처럼, '복지'는 인간의 기본적 삶의 필요에서 비롯되는 개념이다. 본문에서 언급된 복지는 의식주와 같은 생존에 요구되는 문제와 관련된다. 그러나 '기본적인 삶'이 생리적 차원의 존속에 그치지 않고 최소한 인간

넘에 집중하다 보면, 그것은 행복함과 가치 있는 삶을 혼동하게 하여 곤란한 지경에 빠지게 합니다.

이렇게 물을 수도 있을 것입니다. '교육'이 의미하는 바가 이런 것이라면, 많은 사람 사람들이 이를 수긍할 수 있겠습니까? 이는 철학적 질문이 아닙니다. 왜냐하면 철학자는 어떤 개념이 적용될 수 있는 데 요구되는 일반적인 조건에 관심을 갖지만 그 조건이 현실적으로 실현될 수 있는가를 결정하는 것은 경험적 문제이기 때문입니다. 이를테면, 철학자는 도덕이 무엇을 의미하는지와 함께 그것을 현실적으로 적용하는 데 필요한 조건을 만족시키는 것이 무엇인지를 그려 낼 수 있습니다. 마치 신경계를 이해할 개념을 지니는 것과 사람들이 공감하도록 하는 일처럼 말입니다. 그러나 얼마나 많은 사람들이 그가 설정한 조건을 만족시킬까를 사량하는 일은 철학자가 수행할 철학자 본연의 일이 아닙니다.

이와는 달리, '교육'의 개념을 이처럼 분석하는 일이 인지적 구조와 동기와 관련된 필요조건이라는 것은 분명합니다. 이 문제에 관한 경험적 성과 여부가 철학자의 일이 아니라고 할지라도, 철학자가 경험적 사실들을 잘 알지 못한다는 사실을 적시하는 것은 논점을 벗어난 일입니다. 앞서 밝힌 바와 같이,[14] 많은 것이 가정과 학교의 초기 조건에 따라 결정된다는 점입니다. 영국 국민의 다수가 동기화와 인지 발달에서 장애를 겪는 환경에 시달리고 있다는

적 삶이라는 것으로 확대되면, 기초교육과 같은 것이 '복지'의 개념으로 들어온다. '생존적 필요'와 달리 이를 '보편적 필요'라고 한다. 무상의무교육의 정당화는 이 개념에 근거한다. 여기서 교육받을 권리가 복지권임이 명백해진다. 김정래,『증보 아동권리향연』(동문사, 2020) 제6장 참조. 그러나 본문에 언급된 복지는 '생존적 필요'에만 관련된다.

경험적 사실이 곧 교육이 '엘리트'만을 위한 것이라는 현명하지도 타당하지도 못한 결론을 내리는 데 동원됩니다.

많은 교육자들이 아이들에게 끌리지도 않는 내용을 강압적으로 하도록 하는 전통 교육방식이 경멸적이고 비효율적이라고 보면서 '흥미'를 위주로 한 이론을 옹호합니다. 만약 이러한 어려운 내용을 아이들이 원하는 바와 교묘하게 엮어 버리면, 사람이 도야하는 것이 아니라, 그 과업이 곧 아이들에게 고역을 치르게 만든다고 그들은 주장합니다. 기량, 판단력, 변별력은 기존 욕구의 기반이 되도록 해 줄 수도 있습니다. 예를 들어, 청소년 활동Youth Service에서 우리는 예절, 사교, 개인 취향이나 치장 문제를 아이들의 성적 관심과 연결시켜 다룰 수 있습니다. 이를테면, 소녀들이 춤을 배우면서 이를 남자 아이들을 사귀는 수단으로 여기지 않고 이에 따르는 예절을 배우고, 나아가서 엄격하게 고정된 틀에서 벗어나기를 바라는 마음을 갖게 됩니다. 그러므로 사람들의 현재 흥미를 활용하여 이전에는 전혀 꿈도 꿀 수 없었던 흥미를 갖도록 그들을 유도하는 것은 입문시키는 일의 한 가지 기법입니다. 이러한 기법을 활용하는 데 따르는 위험은 흥미가 다른 고차원적 흥미로 연결되지 못하고 오로지 수단적 가치만을 강화하는 데 그친다는 데 있습니다. 그 위험은 자신이 지니는 흥미가 곧 이와 관련된 외재적 목적에 봉사할 경우에 가치 있을 뿐이라고 생각하게끔 독려하는 것입니다.

물론 이것은 성년식을 매우 제한적으로 파악한 것입니다. 왜냐하면, 성년식 개념은 욕구의 유동성을 반영하지 않기 때문입니다. 대부분의 경우, 사람들이 욕구하거나 흥미를 지니는 것은 그들이 이미 겪어서 문턱을 넘은 결과입니다. 교육자가 해야 할 일이란 기존의 욕구를 충족시키는 데에만 있는 것이 아니라 기존의 욕구가 새로운 욕구와 흥미를 자극하는 방식으로 가치 있는 것에 입문하도록 하는 것입니다. 만약 교사가 이러한 일을 하지 않는다면, 다른 부류의 사람들, 이를테면 광고업자와 '동료집단peer group'이 할 것입니다. 허용적인 교육방법과 집단 동질성group conformity 간의 상관관계에 관한 흥미 있는 연구결과 하나가 미국에서 나왔습니다.[15] 만약 교사가 아이들이 공부하는 데 성취 기준을 제시하지 않는다면, 다른 사람들이 아이들을 모호한 길로 인도할지도 모릅니다. 화이트헤드는 현명하게도 이와 관련하여 교육의 '낭만' 단계를 언급한 바 있습니다. 가치 있는 흥미를 창출해 내는 어떤 방법도, 이에 전문인 사람이 하는 경우라면 그것이 구두 설명식이라고 하더라도, 제외되어서는 안 됩니다.[16] 그러나 낭만의 단계는 엄밀성의 단계로 이어져야만 합니다.[29] 일련의 엄밀한 기준이 피와 땀과 눈물로 비유되는 노고와 함께 해야 합니다. 마냥 '놀이 방식play-way'이 약속된 땅Promised Land에 대한 환상을 심어 줄

---

29) 화이트헤드가 주장하는 '교육의 리듬(Rhythm of Education)'을 말한다. 교육을 하나의 흐름(flow, flux)으로 보는 그는 이 리듬을 세 가지 변증법적 단계로 설명한다. 그것은 낭만의 단계(stage of romance) → 엄밀성의 단계(stage of precision) → 일반화의 단계(stage of generalization)이다. 낭만의 단계는 아이들이 교과 활동에 호기심을 지니는 단계이다. 엄밀성의 단계는 호기심으로 촉발된 교육내용이 교과의 본질적 특성을 면밀하게 도야하는 단계이다. 이를 통하여 아이는 일반화의 단계로 들어가서 공부한 내용을 자신의 것으로 내면화하여 이를 다른 분야에 적용할 수 있다고 본다. 이러한 일련의 과정을 피터스는 자신의 '성년식' 모형을 설명하는 데 원용하고 있다. 그러나 피터스의 '성년식'과 화이트헤드의 '리듬'은 각기 전제하는 철학적 가정이 다르다. 이에 대하여 별도의 상론이 요구된다.

지도 모릅니다. 그러나 놀이 방식 그 자체가 약속된 땅에 이르는 데 필연적으로 요구되는 엄밀성, 기량, 판단력을 전혀 제공해 주지 않습니다. 학생은 궁극적으로 활동의 규칙grammar을 자신의 내면으로 체화해야 함으로써 자율의 단계stage of autonomy[30]에 도달할 수 있을 것입니다. 그러나 그나마 살아있는 전통의 세계로 인도하는 자신들의 선배들이 제시하는 활동을 연마하지 않는다면, 이러한 일도 일어나지 않을 것입니다. 이 경우 학생이 할 수 있는 일은 기껏해야 실증적인 질문을 제기하는 것에 불과합니다. 아이들이 역량이 없는 상태에서 '창의성'을 운운하는 것은 그냥 맹랑한 말장난에 불과합니다. 아이들이 당면하여 해결해야 할 문제의 심각성을 인식하지 않는다면, '문제해결'을 운운하는 것은 빈말에 불과합니다. 오우크쇼트가 '언어'라고 지칭한 사고와 활동의 형식을 연마하는 유일한 방법은 우선 그 활동을 담고 있는 '문헌'[31] 속으로 입문하는 것밖에 없습니다.[17] 이것은 오르기 힘든arduous 일입니다.

사실상 교사가 특정한 분야에만 편향적으로 매달려서는 안 되며, 또한 엄격하게 공부시키려고 교사가 중심이 되거나 교사의 비위를 맞추어서는 안 된다는 점을 뒷받침하는 증거가 있습니다. 왜

---

30) 화이트헤드의 일반화 단계(stage of generalization)를 지칭한다.

31) 여기서 말하는 '언어(language)'와 '문헌(literature)'은 단지 명제나 명제로 이루어진 이론을 뜻하는 것이 아니다. 오우크쇼트는 다른 글(Teaching and Learning)에서 '정보'와 '판단'을 구분하고 있는 바, 언어는 판단에 요구되는 사고와 활동의 형식을 가리키며, 문헌은 이러한 일을 가능하게 하는 고전을 가리킨다. 본문의 맥락에 비추어 '문헌'이 판단력을 요구하는 입문의 과정에 활용되지 않는다면, 그것은 단순한 '정보'에 그칠 뿐이다.

냐하면 내재적으로 가치 있는 성취와 역량에 관한 일반화된 흥미가 있을지도 모르기 때문입니다.[18] 어려운 과제를 연마하는 일, 사물을 온당하게 파악하는 일, 옳은 행위는 동기화의 매우 강력한 근원이 됩니다. 이는 이미 성취한 성인만이 아니라 아이들을 사로잡게 합니다. 이는 아마 한 때 잉글랜드에 활력을 불어넣어 주었던 청교도 정신Puritan movement의 역동적인 힘이었을지도 모릅니다. 물론 이것이 강압적인 것으로 변질될 수도 있습니다. 또 무익하고 사악한 것으로 정형화될 수도 있습니다. 그러나 가치 있는 것으로 비추어질 때 그것을 파기해서는 안 됩니다. 모험심, 질서, 철저함, 인내심과 같은 청교도의 일반적 덕목들은 특히 교육에 많은 것을 시사해 줍니다.

그러므로 교육은 그 자체를 넘어서는 목적을 갖지 않습니다. 교육의 가치는 교육에 함의된 원리와 준거로부터 도출됩니다. 교육받았다는 것은 특정 지점에 도달했다는 것이 아닙니다. 교육은 다양한 가치를 지향할 수 있습니다. 해야 할 일은 설정된 목표를 달성하기 위한 수단에 몰두하는 것이 아니라, 가치 있는 일을 체험할 수 있도록 엄밀성, 열정과 개성을 발휘하는 것입니다. 마치 교사의 미소가 태양처럼 비추어 마음속의 씨앗이 꽃으로 저절로 만개하는 것이 아닌 것처럼, 이러한 가치 있는 일들은 내키지 않는 마음속에 강제적으로 집어넣는 일도 아닙니다. 가치 있는 일들은 이미 그것을 획득한 결과로 인내와 열망을 지니고 아이들을 가치 있는 활동으로 입문시키고자 하는 사람들과 접촉함으로써 획득될 수 있습니다.

'단조로운 사실적 삶을 넘어서 고양된 삶이 존재한다.'[32][19] 위대한 교사는 이러한 삶의 질을 다른 사람에 전달하고자 하는 사람이며, 그러한 일이 자신의 삶 속에 자리 잡아 자신이 최선이라고 여기는 삶에서 생각하고 느끼는 바에 헌신하고 이를 갈망하면서 살아갑니다. 단조롭게 주어진 삶에 목적이 있거나 거기에 자신을 매이게 해서는 안 됩니다. 그렇게 되면 명확한 삶의 목적을 설정할 수 없습니다. 헤쳐 나가야 할 역경도 있지만 향유해야 할 기쁨도 있습니다. 인내를 통하여 고통이 따르지만 신성한 세계로, 동물적 쾌락으로부터 고양된 삶으로 우리를 영속적으로 이끌어 주는 것은 바로 교육입니다.

---

32) There is a quality of life which lies always beyond the mere fact of life. 즉, 가치 있는 활동에 입문함으로써 얻어낸 삶의 가치.

◇ 저자 미주

[1] *Half Our Future*. 1963년 잉글랜드 교육자문위원회 보고서. 왕립문서청 (H. M. Stationery Office) 간행.

[2] 예를 들어, B. Bernstein, 'Social Class and Linguistic Development: A Theory of Social Learning' in Halsey, Floud, and Anderson (eds), *Education, Economy, and Society* (Free Press, 1961)를 참조하라.

[3] '교육'은 라일이 칭한 '과업'의 측면과 '성취'의 측면 모두를 지닌 용어이다. G. Ryle, *The Concept of Mind* (Hutchinson, London, 1949), pp. 149-53을 보라. 라일의 책에 소개되는 복잡한 논의는 교육 문제를 다루는 데 똑같이 취급될 수는 없을 뿐만 아니라 본 논의의 흐름에도 직접 영향을 주지 않는다. 교육 개념의 분석에 관해서는 오히려 라일의 논의에 대한 반론을 제기한 다음 저서를 보라. P. H. Hirst and R. S. Peters, *The Logic of Education* (Routledge, 1970) 제2장과 116-118쪽을 참조하라.

[4] J. Dewey, *Experience and Education* (Collier-Macmillan, 1938).

[5] '주형(moulding)'과 '성장(growth)'의 비유에 관한 보다 자세한 논의는 I. Scheffler, *The Language of Education* (Thomas, Springfield, Illinois, 1960)의 제3장을 참조하라.

[6] 본서의 제10장을 참조하라.

[7] J. Dewey, *Experience and Education* (Constable, 1961), pp. 37-8.
* 역자 주: 애석하게도 저자의 미주 [4]와 여기의 출간 연도가 다르게 표기되어 있다. 초판은 1938년 Kappa Delta Pi판이다.

[8] '인격'에 관한 보다 상세한 논의는 나의 논문, 'Moral Education and the Psychology of Character' in *Philosophy* (January 1962)와 본서 제11장을 참조하라.

[9] G. Ryle, *The Concept of Mind* (Hutchinson, 1949) 제2장을 참조하라.

[10] J. Huizinga, *Homo Ludens* (Routledge, 1949) 제1장을 참조하라.

[11] 여기서는 다소 엉성하게 언급하였지만, 이 논점에 관하여 [3]에 소개한 P.

H. Hirst and R. S. Peters의 저서 제6장을 참조하라.

[12] M. Oakeshott, 'Political Education' in *Rationalism in Politics* (Methen, 1962)를 참조하라.

[13] 이에 관한 보다 자세한 논의는 R. S. Peters, 'The Justification of Education' in R. S. Peters (ed.), *The Philosophy of Education* (O.U.P., 1973)을 참조하라.

[14] 앞의 166-168쪽을 참조하라.

[15] 예를 들어서, F. Kerlinger, 'The Implications of the Permissiveness Doctrine in American Education' in H. Burns and C. Brauner, *Philosophy and Education* (Ronald Press, New York, 1962)을 참조하라.

[16] A. N. Whitehead, *The Aims of Education* (Williams and Norgate, London, 1932), Ch. 2.

[17] M. Oakeshott, 'The Teaching of Politics in a University' in *Rationalism in Politics* (Methuen, 1962)를 참조하라.

[18] D. MacClelland, *The Achieving Motive* (Appleton Century, New York, 1953)를 참조하라. 아울러 R. White, 'Competence and the Psycho-sexual Stages of Development' in *Nebraska Symposium on Motivation*, 1960 등과 같은 최근의 연구를 참조하라.

[19] A. N. Whitehead, *Religion in the Making* (C. U. P., 1926), p. 80.

제9장

교육과 실상을 보는 일[1]

　스토아 사상가들은 인간은 자신이 처한 상황에서 악한 것을 바꿀 수 있다면 그것을 바꿔야만 한다고 말하면서, 동시에 그것이 바꿀 수 없는 것이라면 이를 수용하고 살아갈 교훈으로 새겨야 한다고 말한 바 있습니다. 인간의 이익을 위하여 자신의 의지에 따라 사물을 대하는 데 한계가 있다는 것입니다. 그러나 이러한 이면에 세상을 있는 그대로 보고 주어진 것을 그대로 받아들여야 한다는 결정론적 생각이 삶에 임하는 철저한 합리적 자세로 자리 잡게 되었습니다. 이러한 태도는 자신들 앞에 전개되는 삶의 여정 중에서 자신이 추구하는 가치를 완벽하게 실현하기 위하여 어떤 것은 포기하고 회피해야 한다는 생각이 궁극적 가치로 자리매

---

1) Seeing what is there. 자신의 편견이나 선입견을 갖지 않고 있는 그대로를 보는 일. 이를 '실상을 보는 일'이라고 번역한다. 이를 실재라고 하면 관념론적이고 어떤 실체가 있다는 가정을 해야 하므로, 적절하지 않은 듯하다. '상'이라고 하면 형상(Form)의 경우를 나타내기도 하지만, '모습'을 총괄하는 말로서 이해된다. 그래서 '실상(實相)'이라고 번역한다. 물론 이 번역어가 한자어로 '實像'이나 '實狀'으로 이해되어서는 안 된다.

김하였습니다. 이러한 맥락에서, 버트란트 러셀[2]은 진리가 인간이 설정한 목적에 대한 유용성과 동일시된다고 여기는 실용주의자들을 근원적으로 불경한 태도를 가진 자들이라고 비난한 바 있습니다.

세상을 있는 그대로 보기를 포기한다는 것은 세심한 철학적 사고의 결과가 아닙니다. 그것은 세속적인 욕망이나 두려움에 뿌리를 두고 나온 것입니다. 이를테면 파리 여행을 가고 싶다거나 새차를 구입하고 싶을 때 이에 충분한 돈이 있는가를 확인하듯 말입니다. 그러나 통장 잔고가 얼마인가를 확인하는 것과 실제 여행을 갈 수 있는가를 고려해 보는 것은 삶의 전혀 다른 이야기입니다. 빳빳하게 다린 셔츠를 잘 차려 입고 나타난 청년에게 반한 여성을 생각해 봅시다. 그 청년이 자신의 야욕대로 그 여성을 이용하려는 무례한 놈팡이라는 사실이 알려졌다고 합시다. 그러나 그녀는 자신을 성적 상대로 여기는 그에 관하여 알려진 사실을 알 수도 없고 알려고 하지도 않습니다. 그녀의 욕구와 욕망이 자신이 처한 상황을 자신의 경로[3]대로 봅니다.

멋진 차를 몰고 다니는 많은 남자들에게 무슨 일이 벌어지는가를 생각해 봅시다. 자리에 앉아서 운전대를 잡고서는 마치 토드

---

2) Bertrand Arthur William Russell (1872～1970). 영국의 철학자, 논리학자, 수학자, 정치활동가. 그는 자유주의, 사회주의, 평화주의를 내세우면서 기존 제도와 전통에 대항한 인물로 잘 알려져 있다. 반전, 반핵운동에도 앞장섰으며, 1950년 노벨 문학상을 수상하기도 하였다. 철학에서는 비트겐슈타인과 함께 논리실증주의로, 수학에서는 화이트헤드와 함께 *Principlia Mathematica*를 저술한 것으로 유명하다. 여기서는 러셀의 진리 실재론 입장을 언급하고 있다.

3) tunnel. 자신만의 잣대로 편협하게 세상을 본다는 뜻. 이어지는 tunnel vision은 그에 따라 세상을 보는 시각을 뜻한다.

선생[4]처럼 과대망상에 젖어서 젠체할 것입니다. 그는 여유 있는 표정을 짓고 있는 자기 앞에 지나가는 여성을 낚아채려고 하면서 여성은 결코 운전을 해서는 안 된다고 우격다짐을 합니다. 자전 거를 타고 차도 중앙을 가로질러 나란히 가는 이들을 보면서, 이 렇게 말하겠지요. "빌어먹을, 자전거 운행에도 세금을 부과해야 해." 그들은 그에게 뭐라고 말할까요? 그들은 그가 거만하게 차를 몰아 먼지를 일으킨 소란을 언급하면서 그를 경멸하겠지요. 그렇 지만 그들은 고분하게 집으로 돌아가는 조용한 사람들입니다. 자 동차 탄 청년과 자전거 탄 사람들은 각자의 경로대로 세상을 봅 니다. 그들은 모두 다른 사람이 살아가는 삶의 방식을 볼 줄 모릅 니다.

이러한 경로 시각tunnel vision 경향은 불안과 공포의 상황에서 특히 두드러집니다. 새로운 차를 구입하거나 파리로 여행을 갔던 사람이 자신의 대출 초과 장부를 엄격하게 심사하는 은행원을 가 학자로 여긴다는 것은 쉽게 볼 수 있는 사례입니다. 그 고객은 은 행원이 상사에게 자신이 잘못 대출해 준 데 대한 사과, 과거의 채 무 이행 약속, 고객의 전망을 잘못 예측했던 후회스러운 사실과 같이, 남들이 처한 입장에 대하여 자신은 아랑곳하지 않습니다. 그러면서 우리 자신에게 비판적인 다른 사람의 잘못에는 왜 그토 록 민감하게 반응하는지 놀라울 뿐입니다. 다른 사람이 우리를 좋 게 평할 경우에도 그들을 보는 시각이 긍정적이지 못한 경우는 또 얼마나 많이 있습니까?

---

4) Mr Toad. 부유해서 여가를 즐기면서 세속적인 욕망을 분출하기도 하고, 지적이기도 하지만 자기중심적인 사고를 지닌 평범한 졸부를 이르는 말.

우리의 호불호wish and fear는 우리가 세계를 보는 방식을 제한합니다. 우리는 모두 '단세포적 근시안monadic myopia'이라고 부를 인간의 생존조건에 따라 나오는 병리 현상에 매인 희생자들입니다. 라이프니츠가 말했듯이, 우리는 특정 관점을 가지고 세계를 비추어 봅니다. 그러나 이것이 우리의 개인적인 호불호에 따라 편협하게 구축된다면, 결국 우리는 창 없는 경로 시각을 갖게 되어 우리의 선입견에 따라 세상을 들여다보는 존재로 결정되어 버립니다.[5] 물론 편집증은 이러한 상황이 낳은 아주 극단적인 경우겠지만요.

이런 종류의 고통은 눈덩이 효과를 지닙니다. 한때 나는 자신의 일을 불길한 방향에서 긍정하지 못하는 목사 한 분을 본 적이 있습니다. 그의 경미한 편집광적 태도는 "나와 함께 아니하는 자는 나를 반대하는 것이다."[6]라는 예수님의 말에서 형성된 것입니다. 결과적으로 그 목사는 자기가 좋아하는 모든 것을 적으로 만들어 버림으로써 종말을 맺게 되었습니다. 사람들은 특정인이 이전부터 해 왔던 방식을 보고 그렇게 행동한다고 그를 인식하게 됩니다. 왜냐하면 그는 자신들을 위협하는 상황을 초래할 행동을 한다고 그들은 생각하기 때문입니다. 남들이 자신을 그렇게 대하지

---

5) 실제로 라이프니츠의 단자론(Monad)은 단자가 창문을 가지지 않음(windowless)을 천명하여 그들 간의 유기적 관련성을 부인한다. 피터스는 여기서 다른 사람의 입장, 관점을 이해해야 한다는 점을 강조하기 위하여 라이프니츠의 단자론을 인용한다.

6) Whosoever is not for me is against me. 마태복음 제12장 30절에 나오는 말. 여기서는 기독교 교리나 심지어 복음서 내용도 근시안적 배타성으로 악용될 수 있음을 뜻한다. 즉, 종교적 교화는 배타성을 낳고 그것은 실상을 제대로 볼 수 없게 만드는 장애가 된다는 뜻.

않지만 자신의 왜곡된 선입견을 가지고 남들을 계속 대하고자 하는 일부 사람들이 있다는 것이 놀라울 뿐입니다. 예를 들어, 많은 사람들이 유태인은 항상 욕심내 달려들려 하고, 매사 의심하며, 배타적이며, 이러한 방식으로 자신들을 대한다고 믿습니다. 그들의 이러한 태도와 행동은 시간이 경과하면서 유태인에게 모든 탓을 돌리는 그릇된 행동을 야기할지도 모릅니다. 종종 교사가 학급에서 험악한 태도로 아이들을 대하기도 합니다. 이때 몇몇 아이들은 뒤에서 수군거립니다. 교사는 이를 자신에 대한 비난이라고 감지하고 약간의 의심을 품을 것입니다만, 사실은 아이들이 축구 경기에서 리즈팀이 운이 없어 졌다는 말을 속삭인 것인데 말입니다. 그러나 증오는 증오를 낳고, 오래지 않아서 교사는 실제로 아이들과 적대적 관계를 가지고 수업을 해야 합니다. 그러나 교사가 아이들의 관점에서 상황을 바라보려는 노력을 경주했더라면 이와 같은 일은 결코 일어나지 않을 것입니다.

인간이 자신의 호불호에 관계없이 타인들의 행동을 객관적으로 본다는 것은 특히 어려운 일입니다. 자연세계를 객관적으로 보는 것은 이보다 쉬울 것입니다만, 이조차도 사상사 연구결과를 보면 그렇지 않은 듯합니다. 과학이 인간과 가장 멀리 떨어져 있는 천체를 연구하는 데서 비롯되었다는 점은 매우 의미심장합니다. 19세기 말에 이르러서야 인간 행동에 대한 체계적인 연구가 시작되었습니다.

우리의 오감으로 파악한 명백한 증거조차 부정할 정도의 두려움은 바로 집단 내에서 따돌림을 당하거나 이상한 사람 취급을 받는 두려움입니다. 이를 매우 극적인 방법으로 입증해 보인 솔로몬

애쉬[7]의 유명한 실험이 있습니다. 실험의 한 집단에게는 길이에 대하여 긴 선을 길다고 반응하도록 하고, 다른 한 집단에게는 선의 길이를 판단하기에 앞서 사전에 긴 선이 사실은 짧은 선이라고 알려 주었습니다. 실험 결과, 사전에 압력을 받은 집단의 개인은 자신의 감각이 내리는 증거를 부정하는 것으로 드러났습니다. 사고의 독립성은 자연적으로 드러나는 현상이 아닙니다. 사고는 인위적 조치에 따라 일어납니다. 나는 학계에 나도는 평판이 시류를 탄다는 사실에 끊임없이 놀라곤 합니다. 아무나 무심코 "그의 업적은 별로야."라고 합니다. 그러나 이러한 판단을 뒷받침하는 근거를 살펴보십시오. 그러면 당사자의 연구물을 읽어보거나 그의 강연을 들어보는 어떤 일도 하지 않은 사람이 그러한 판단을 자주 내린다는 것을 알게 될 것입니다. 이러한 말이 떠돌아다니게 되면, 이러한 그릇된 유행이 지속되는 한, 당사자는 끝장이 나는 것입니다. 소설을 자세하게 읽고 그 가치를 제대로 평가하는 경우가 정작 많을까요? 로렌스[8]는 들어본 적이 있지만 디킨스[9]는 들어본 적이 없습니다. 그런데 디킨스를 안다고 생각합니다. 그렇게 되면

---

7) Solomon Eliot Asch (1907~1996). 폴란드계 미국인 게슈탈트 심리학자. 따라서 그는 전체는 부분의 합보다 크며, 전체가 부분의 특성을 바꿀 수 있다고 주장한다.

8) David Herbert Lawrence (1885~1930). 제8장 역자 각주 22)에 소개했던 인물로, 여기서는 그의 작품이 외설 시비를 불러 일으켰다는 점에서 그의 작품을 읽거나 작품 세계를 이해하지 않고도 그의 이름이 대중에 회자된다는 것이다.

9) Charles John Huffam Dickens (1812~1870). 영국의 작가이자 사회비평가. 그의 대표적인 작품으로 *A Christmas Carol*, *Oliver Twist*, *Great Expectations*, *A Tale of Two Cities* 등이 있다. 영국 빅토리아 시절 가장 유명한 소설가로, 당대는 물론 20세기까지도 미증유의 명성을 얻은 천재 작가로 평가된다. 그는 천재적인 만큼 대중이 건성으로 알기 힘든 작품을 썼다. 그런 만큼 대중의 인지도가 떨어진다는 뜻이다.

우리는 남의 말에 의존해서 짐작에 따라 김빠진 인생을 살아가게 됩니다.

우리 자신에 관한 판단은 더욱더 매우 어려운 일입니다. 자신에 대한 판단은 아들러[10]가 '가공적인 허구guiding fiction'라고 칭한, 우리 자신의 실상과는 전혀 관계없는 내용에 따라 조작됩니다. 많은 철학자들이 '신 콤플렉스God complex'로 고생을 합니다. 그들은 자신을 플라톤에 기대어 자신의 모습을 그려 냅니다만, 결코 그럴 수는 없습니다. 논문 한 편 읽고 난 한 철학자가 내게 "오 맙소사, 오늘 저녁 골이 아픕니다. 나는 내 자신의 모습이 어떤지 알려 주는 어떤 것도 생각해 내지 못하였습니다."라고 말하더군요. 그의 경우는 자신이 명석하지 못한 데 대하여 어떤 특별한 설명을 해야 할 필요가 있습니다. 그렇지 않으면 자신이 가치 없거나 쓸모 없다는 확신에 사로잡혀 있는 경우가 많습니다. 자신의 근원과 실상을 온전하게 파악하는 일은 정말 어려운 일입니다. 우리는 어느 정도까지 자신이 어떤 존재라고 스스로를 파악하고 있습니다. 조숙하다거나 아둔하다고 분류된 아이들은 다른 사람의 그러한 기대에 맞추어 행동합니다. 그래서 그들의 미래 됨됨이에 한계가 그어집니다. 그러면 우리는 우리 자신의 그러한 한계를 어떻게 찾아낼 수 있을까요? 그리고 우리가 원하는 것이라고 여기는 것이 아니라 우리가 실제로 원하는 것을 어떻게 알 수 있을까요? 콘서트

---

10) Alfred Adler (1870~1937). 호주의 의사이자 정신분석가. 개인심리학(individual psychology)의 창시자. 프로이트와 달리 인간의 중심 에너지가 성욕이 아니라 '우월해지고자 하는 노력'에 있다고 주장하여 열등감과 우월감을 가지고 성격 형성을 설명한다. 개인을 하나의 전인체로 보기 때문에 그의 심리학을 개인심리학이라고 칭한다.

장에서 음악 애호가라는 입장이 아니라 음악 자체를 즐긴다는 사람이 과연 몇이나 될까요? 자기 고유성authenticity을 파악하고 아울러 자기기만에서 빠져나오는 것을 성취하는 것은 매우 어려운 일입니다. 이는 소크라테스가 영혼을 돌보고자 했던 일로 소급됩니다. 포스터[11]는 다음과 같이 언급하였습니다.

> 나이 드신 분들의 말에 귀를 기울여라. 온 세상이 혼란 그 이상도 그 이하도 아니다. 죽음과 운명을 직면하고 만사가 고난스럽다는 것을 받아들이는 것은 쉬운 일이다. 내가 회피하고자 하는 문제에 두려움을 지니기 때문에 나의 마음이 혼란스러운 것이다. 나도 한때 젊은이들에게 삶의 의미를 온전하게 가르쳐 왔다고 생각한 적이 있었지만, 지금 내가 깨달은 바는 이 사실이다. 즉, 삶이 고난이라는 것을 깨달았다는 것이다.[1]

자기 지식의 중요성에 초점을 맞추는 데 있어서, 나는 기존의 내관법이나 자신에게 몰입하여 자기도취에 빠지게 하는 자의식을 가지고 설명하고 싶은 생각은 없습니다. 실제로 자기 몰입은 실상을 그대로 보는 일[12]을 가로막는 적입니다. 내가 아는 어떤 분은 자기와 부인이 아이를 가질 수 없다는 사실에 비통해하면서 "나의 결혼생활 모두를 부숴 버렸어." 하며 탄식한 바 있습니다. 그

---

11) Edward Morgan Forster (1879~1970). 영국의 소설가, 수필가, 대본작가. 그의 작품은 사람들의 위선을 다룬 것으로 유명하다. 그의 대표작으로 *A Room with a View* (1908), *Howards End* (1910), *A Passage to India* (1924) 등이 있다.
12) Seeing what is there. 자기 몰입과 같은 주관적 편견을 벗어났을 경우에만 있는 그대로를 본다는 뜻이다. 앞의 역자 각주 1)을 참조.

리고 "나는 늘 내 자신이 아내와 함께하는 순간에도 아이들이 일을 마치고 오는 나를 정원 앞까지 배웅하는 것 같은 생각이 든다."고 하였습니다. 나는 그가 아내의 감정을 조금만 더 생각하고 남편으로서 자신을 조금만 덜 내세워야 한다고 충고하지 않을 수 없습니다. 환자들이 하는 '나'라는 말을 그들의 증상을 나타내는 정도로 보고, 이에 따라 환자의 상태를 어느 정도 치료할 수 있다고 주장하는 정신과 의사가 있습니다. 만약 환자가 앞을 볼 수 없다고 주장하는 경우, 환자가 '모든 불빛이 나가서'라고 자신의 이야기를 맺는다면, 그것은 사물을 볼 수 없음이 선천성이라는 것을 말해 줍니다. 그러나 만약 그 환자가 "**나**는 아무것도 볼 수 없었어."라고 말했다면, 그가 사물을 볼 수 없음은 발작 증상을 일으키는 하나의 곤란한 상황을 말해 줍니다. 이와 비슷하게, 수병이 닻을 감아올리면서 "닻이 너무 무거워서…."라고 말했다면, 그것은 닻이 무거웠기 때문입니다. 그러나 만약 수병이 "아, **나**는 닻을 감아올릴 수 없어."라고 말했다면, 그것은 그가 갑판에서 골칫거리였음을 말해 줄지도 모릅니다. 성격 특성을 유아기의 원인으로 보는 전문가인 프로이트조차도 자기 지식self-knowledge을 기껏해야 사람이 자신의 의지로 자립하는 데 요구되는 최소 필요조건으로 간주합니다. 자기 지식은 확실히 충분조건이 되지 않는다는 것입니다. 실제로 그는 마치 배고픈 사람에게 메뉴판을 보여 주는 것처럼 어떤 조건에서는 자기 지식이 증상을 악화시킨다고 주장합니다.

논점은 자아의식에 따라 형성된 그림자라는 자기 보호막에서 벗어나서, 우리 자신이 세상의 실상을, 이를테면 남들이 살아가는 방식을 제대로 보도록 하는 것입니다. 다른 사람들의 말을 건성으로 듣지 않고 주의를 기울여 듣는 사람이 얼마나 드문지 아십니까? 대부분의 사람들은 남들이 한 말을 자기 과시를 위하여 사용하는 발판 정도로 여깁니다. 그래서 사람들은 대화를 미국 북서부 해안의 원주민들의 포틀래치[13]에 관한 추억 정도로만 여깁니다. 그 결과, 사람들은 자신의 우월함을 드러내려고 자신을 소모하면서 경쟁해 갑니다. 좀 나은 경우에 서로 주고받은 재치조차 자신에게 유리하게 덮어씌웁니다. 우리는 실제 대화를 통해서 마치 화가가 사물의 인상을 화폭에 자아내듯이 영감을 민감하게 삽입하여 공통된 의견을 창출해 낸 적이 없습니다. '타인은 지옥'[14]이라는 사르트르의 말이 생생하게 표현하는 상황에서 벗어나기 위하여 우리는 더욱 스스로 편견에서 약간씩 물러날 필요가 있으

---

13) potlatch. 북서부 미국 원주민들이 겨울 축제에서 부와 권력을 과시할 양으로 나누어 주었던 선물 분배 행사를 뜻함. 즉, 대화를 자기 과시하는 행사 정도로 알고 있음을 꼬집어 하는 말이다.

14) Hell is the other people. 본문에서는 Hell is the other fellow(불어로는 'L'enfer, c'est les autres')라고 되어 있다. 사르트르의 '출구 없는 방(*Huis clos*)' 영어 제목은 '*No Exit*' 또는 '*No Way Out*'의 마지막 부분에 나오는 대사이다. 이 대사는 다음과 같은 점에서 본문과 관련된다. 인간이 정작 고통을 받는 것은 작품에서처럼 지옥에 떨어져서가 아니라 다른 사람들의 시선 때문이다. 다른 시선으로부터 절대 자유로울 수 없으므로 서로의 시선에 갇힌 것이 또 다른 감옥을 만들어 낸다는 것이 작품의 줄거리이다. 타인들의 시선으로 인하여 자신의 내면 의식은 스스로를 가두어 버리고 자신의 세계를 자유롭게 선택하지 못하게 만든다. 이러한 상황에서 사람들은 타인의 죄를 폭로하고 서로의 시선이 서로에게 가해지는 폭력이 된다. 사르트르의 극 중 주인공이 자신의 죄를 고백해도 서로의 시선 때문에 구원을 얻지 못한다. 극 중에서 '각자가 다른 두 사람에게 사형집행인'이라는 말이 그래서 나온다. 결국 타인의 시선 속에서 자신을 재단하게 되어 고통을 받는다는 것, 그래서 실상을 제대로 볼 수 없음을 뜻한다.

며, 상상력을 동원하여 세상을 아름답게 장식해 가면서 때로는 우리가 분별해 내고 지어낸 것에 도취될 역량이 필요합니다. 우리는 실상을 제대로 보기 위하여 조금 더 '바깥의 시선으로'[15] 살아갈 필요가 있습니다.

실상을 본다는 것은, 적정한 시점과 기준을 따른 관점을 가지고, 있는 그대로를 더욱더 면밀하게 제대로 인식한다는 뜻입니다. 적정한 시점과 기준을 갖지 못하도록 하는 주된 적은 진보와 보수 양쪽에서 다 찾을 수 있습니다.

진보는 장차가 이전보다 좋아져야 한다고 믿는 것입니다. 그러다 보니 현재를 서둘러 마치려 하고, 현재에 함의된 가치를 읽어내는 데 실패합니다. 왜냐하면 현재는 앞으로 나아가는 수단일 뿐이라고 보기 때문입니다. 책을 읽고, 숙제를 해야 하는 것은 오로지 시험 때문입니다. 그리고 시험은 직업을 얻기 위한 수단일 뿐입니다. 또 직업은 돈을 벌기 위한 수단에 불과합니다. 그러면 돈을 버는 것은 무슨 소용이 있을까요? 일단 연명해 가면 되고, 여기에다 적당한 기준을 가지고 그럭저럭 살아가면 되는 것입니다. 그러면 삶의 기준은 어디서 나오는가요? 그것은 우리가 하는 일 속에, 지금 손에 잡고 읽는 책 속에, 그리고 어떤 종류의 책을 읽는가 하는 데에 내재해 있지 않을까요? 인생을 이처럼 수단적 방식으로 본다는 것이 궁극적으로 의미가 있을까요? 우리가 얻고자 하는 것에만 눈을 돌린다고 해서 우리 눈앞에 놓인 것을 놓치지

---

15) out there. 자신의 내면에 지닌 편견이나 선입견은 물론 타인의 시선에 구속됨에서 벗어나 객관적인 조망이 가능한 상태를 지칭한다. 이러한 표현은 피터스가 교과를 다루는 문제에 있어서 실재론적 입장에 서 있다는 사실을 뒷받침해 준다.

않을 것 같습니까? 그러면 궁극적으로 얻을 수 있는 것은 어디서 찾아야 하나요? 항상 미래에 나아질 것만을 고려하면 확실히 나아질 것은 하나도 없습니다.

반면에, 보수는 과거에 설정된 가치가 좋다고 믿는 것입니다. 보수주의자들은 일종의 '에덴의 동산' 관점을 지니고 있습니다. 모든 것이 과거가 좋다는 것입니다. 변화는 늘 퇴보라고 합니다. 그래서 현 상태는 항상 과거보다 나쁘다는 것이지요. 그러나 이유는 반드시 현재가 과거와 상황이 다르기 때문만은 아닙니다. 변화는 분명 좋은 것도 아니고 나쁜 것도 아닙니다. 가치는 당장 벌어지는 일에서 나오는 것이 아닙니다. 그래서 현재는 과거의 가치를 옮겨 주는 수단이라고 보는 것이 당연합니다. 사실 현재는 우리가 가질 수 있는 모든 것이라는 점에서 의미가 있습니다. 그러나 현재를 이러한 엄연한 사실과는 달리, 즉 매 순간이 의미 있는 것이 아니라 과거로부터 이어져 미래로 가는 데 의미가 있다는 관점으로 봅니다. 이는 아마도 보수주의자들 스스로가 반대하는 사회를 대표하는, 히피 문화와 금욕적 문화에 다 붙일 수 있는, 현재를 보는 왜곡된 견해입니다. 청교도 윤리는 성실한 노고를 강조하고, 노고를 마치면 공허함만이 남기 때문에 축복의 미래가 도래할 때까지 그 보상의 유예를 설파합니다. 일을 수행하는 노고에 초점을 두고 일의 시의성을 강조합니다만, 일에 담긴 기쁨은 없습니다. 기쁨은 궁극적으로 받는 보상을 뜻할 뿐입니다. 히피 문화는 미래에 대한 관심, 성실한 노고, 보상의 유예를 모두 거부합니다. 미래를 고려하지 않고 현재 즉각적으로 주어지는 보상이 가장 중요합니다. 그것이 마약이건, 성행위건, 심령단체와 결탁하건 아랑곳하지 않습니다.

　이러한 극단적 입장과는 대조적으로 패스모어[16]가 최근 저작 『인간의 완전가능성』에서 언급한 삶의 '도리에 맞는humane' 또는 문명화된 관점이라는 뜻이 있습니다.[2] 여기에는 과거와 미래, 그리고 현 시점에 일어난 일에 관한 조심스러운 의식을 뜻하는 '관심care'이라는 뜻이 포함되어 있습니다. 그러나 현 시점에 일어난 일이란 외적 목적에 따라 이어져 온 것이 결코 아닙니다. 우선 주어진 기준에 맞추어 수행하는 활동에 수반되는 '기쁨'[17]이 있습니다. 그러나 이러한 관심이 활동의 관점에서 떨어진 의미로 사용되기도 합니다. 예를 들어, 철학자들은 영민한 논증을 한껏 발

---

16) John Passmore (1914~2004). 호주의 철학자. 그는 철학적 문제를 역사적 맥락에서 논의한 것으로 유명하다. 그는 서양의 전통 철학을 중시하면서도 폭넓은 관점에서 다양한 문제를 다룬 저작을 낸 바 있다. 또한 *Philosophy of Teaching* (1980)을 저술하여 교육철학에도 공헌한 바 있다. 본문에 소개된 *The Perfectibility of Man* (1970) 이외에 그의 대표작으로는 *Talking Things Over* (1945), *Hume's Intentions* (1952), *Philosophical Reasoning* (1961), *A Hundred Years of Philosophy* (1957, 1968), *Man's Responsibility for Nature* (1974, 1980), *Science and Its Critics* (1978), *The Limits of Government* (1981), *Recent Philosophers* (1985), *Serious Art: A Study of the Concept in All the Major Arts* (1991), *Memoirs of a Semi-detached Australian* (1997) 등이 있다.

17) enjoyment. '기쁨'의 번역어로 'joy'가 있다. 이 말은 종교적 희열 등과 같이 활동의 결과로 주어지는 기쁨이다. 베토벤의 '환희의 송가'를 연상하면 그 의미가 드러난다. 이에 비하여 'enjoyment'는 활동에 수반되어 얻어지는 기쁨이다. 아리스토텔레스가 『니코마코스 윤리학』제10권에서 강조하는 기쁨이 바로 이에 해당한다. 이 두 가지는 공리주의에서 주장하는 '쾌락'을 뜻하는 'pleasure'와 다르다. 이 용어는 육체적·감각적·금전적 쾌락만이 아니라 심리적·정신적인 쾌락을 모두 포함한다. 하지만 대부분 의미가 도덕적으로 저평가된다. 이에 비하여 'enjoyment'는 활동에 수반되어 얻어지는 기쁨이라는 뜻이 강하며 그만큼 활동의 가치를 정당화시켜 주며, 경우에 따라 도덕적 의미도 부여한다.

휘하는 데 빠지기도 하여, 자신의 논증이 왜 중요하게 검토되어야 하는지를 보여 주지 못하는 경우가 있습니다. 한 남성이 성행위에서 기쁨을 얻을 수도 있으며, 자신이 지닌 기량을 뽐내는 데 기쁨을 느끼기도 합니다. 그러나 이는 상대 여성에 대한 배려와 관심과는 완전히 동떨어진 일일지도 모릅니다. 그래서, 다음으로 중요한 논점으로서, 문명화된 태도는 주어진 기준에 맞추어 수행한 일에 대한 기쁨만이 아니라 활동의 저변에 깔린 관점에서 이탈하지 않은 데서 오는 기쁨을 요구합니다. 과학자는 진리에 관심을 갖지만 동시에 거기서 얻은 기쁨이 실험을 하는 절차상 원리에서 벗어나지 않아야 합니다. 교사는 아이들에게 인간으로서 그리고 학생으로서 관심을 기울여야 하지만 동시에 '공부시키는' 기쁨이 아이들에 대한 관심과 동떨어지도록 해서는 안 됩니다. 활동과 그 기준에 관심을 갖는 데에서 자기중심적인 사고를 배제해야만 하고, 자신의 영민함에 빠져 가르치는 일의 격을 떨어뜨려서는 안 됩니다. 교사는 가르치는 일의 소명과 엄격한 기준을 준수하는 데 있어서 겸손해야 합니다. 그리고 가르치는 일을 여타의 인간사와 관련시킬 줄 알아야 합니다.

이제까지 내가 설명해 온 실상을 보는 일과 이를 존중하는 일은 우리가 수동적이 아니라 능동적으로 수행해야 할 과업을 뜻합니다. 자연 세계에서 우리에게 주어진 것이 있다고 해도, 그것을 그냥 보는 것이 아닙니다. 우리가 보는 것은 우리의 흥미에 의존할 뿐만 아니라 우리의 지각을 구조화하는 개념과 이론에 의존합니다. 기묘한 백색의 작은 물체는 잉글랜드 남부 해안 주민들이 수세기 동안 보아 왔던 것임에 틀림없습니다만, 그것이 다윈의 이론에 비추어 보면 '화석'으로 새롭게 보일 것입니다. 자신이 똥 무더기 위에 한동안 서서 보았던 것에 대한 생생한 묘사를 콜리스[3][18]의 책에서 찾아볼 수 있습니다. 그는 그것에 끌려 자신의 발밑에서 바글거리는 생명을 볼 수 있었습니다. 오스트레일리아에서 '캥거루는 왜 그리도 빨리 뛸까?' 하는 의문이 나의 뇌리에 가득 찼습니다. 그러나 그 의문은 그곳에 캥거루의 포식자가 없었다는 나의 진화론 지식에서 야기되었습니다.

사람을 이해하는 것도 마찬가지입니다. 내가 미국을 방문했을 적에 미국인의 행동이 내게 이상하게 보였습니다. 낯선 상황에서는 매우 다감하면서 타인에게는 매우 냉정합니다. 그들의 마음속에 무엇이 지배하는 것일까요? 아니면 라일의 원형[19]과 같은 내면의 삶이 그들에게는 없을까요?[4] 사실 미국인들의 마음은 그들의 얼굴에 쓰여 있으며, 그들의 행동에 배여 있습니다. 이런 사실로 인하여 미국에서 행동주의 심리학이 나온 것이 아닐까요? 내 해

---

18) John Stewart Collis (1900~1984). 아일랜드 전기 작가, 생태운동에 관심을 지닌 농촌 작가. *The Worm Forgives the Plough*로 유명하다. 그 외에 *Shaw, Forward to Nature, Farewell to Argument, The Sounding Cataract, An Irishman's England, While Following the Plough, Down to Earth, The Triumph of the Tree, The Moving Waters, Paths of Light* (UK, 1959) / *The World of Light* (US, 1960), *An Artist of Life, Marriage and Genius: Strindberg and Tolstoy, Studies in Tragi-Comedy, Leo Tolstoy, Bound upon a Course: An Autobiography, The Carlyles, Christopher Columbus, Living with a Stranger* 등의 작품이 있다.

19) Gilbert Ryle (1900~1976). 데카르트 이원론을 부정한 것으로 유명한 영국의 철학자. 비트겐슈타인과 함께 영국 일상 언어학파를 대표하는 분석철학자이다. 우리에게는 그의 대표작 *The Concept of Mind*에서 주장한 방법적 지식(knowing-how)으로 잘 알려져 있다. 이는 제8장 역자 각주 17)에서 소개한 바 있다. 본문에서 'Ryle's prototype'을 언급한 것은 방법적 지식처럼 인간의 내면에 작동하는 심리기제를 미국의 행동주의 심리학이 인정하지 못함을 지적한 것이다.

석이 틀릴지도 모릅니다. 하지만 이러한 내 해석은 공적 삶과 사적인 삶을 명확하게 구분해 볼 때 미국인들이 어떻게 행동하는가에 관심을 갖게 된 나의 선입견에서 비롯되었을지도 모릅니다. 미합중국에서 그들은 정원에 담장을 치지 않습니다. 영국인들이 튜더 타운[20] 또는 산업혁명으로 급조된 마을을 들르게 될 때, 주택이나 회당을 어떻게 봅니까? 그냥 건물로 볼까요? 그러나 그 건물도 나름대로 의미와 의도를 담고 있는 석조양식이거나 석고양식입니다. 우리가 세상을 보게 만드는 개념과 배경 지식을 우리가 가진 걸까요?

> 오, 아무도 사랑하지 않는 뚱보 여인이여,
> 그대는 어찌하여 호사스럽게 들판을 거니는지요?
> 그렇게도 엄청나게 많은 것을 잃으셨나요?[21] [5]

이것이 우리가 처한 역경인가요? 우리가 크레타Crete에 갔을 때 무엇이 우리로 하여금 도자기에 관심을 갖게 할까요?

우리 삶에 종교적인 영역이 있습니다. 어떤 동물들도 생사를 사실로서 받아들이고, 우주 질서에 적응하려고 하며, 우연한 것으로 보이는 사실들을 개념적 틀에 비추어 파악할 수 없기 때문에

---

20) Tudor town. 튜더 양식의 건축물로 이루어진 마을을 지칭함. 튜더 건축 양식은 튜더시대(1485∼1603)에 르네상스 양식을 발전시킨 중세 영국 건축 양식을 말한다. 이후 영국만의 독특한 건축 양식을 뜻하게 되었다. 본문에서 영국인들이 일상에서 접하는 건축물이 나름대로 의미를 지니고 있으며, 이를 보는 '눈'이 필요하다는 뜻으로 언급되었다.

21) Oh fat white woman, whom nobody loves, / Why do you walk through fields in gloves, / Missing so much and so much?

동물들은 결코 종교적일 수 없습니다. 우리 인간은 사물의 요점을 파악할 수 있고, 어떤 것은 실존하는 논점이 없다는 것을 파악해 낼 수 있는 존재입니다. "종교는 개인이 자신의 외로움을 느낄 때 존재합니다. … 당신이 전혀 외롭지 않다면, 결코 종교적일 수 없습니다."[6] 이것이 화이트헤드의 관점입니다. 그러나 종교는 외로움의 문제라고만 볼 수 없습니다. 왜냐하면 우리는 다른 사람들과 난관을 타개해 가면서 같은 궁지에 몰리게 되기 때문입니다. 종교는 우리가 빠져 버린 궁지를 어떻게 헤쳐 나갈까를 함께 고민하는 것입니다.

내가 보기에 이러한 논점을 종교적 견지에서 더욱 발전시켜 나가자면 그것을 지루하리만치 상세하게 논의해야 합니다. 그러나 이러한 논점은 우리가 경험하는 도덕, 수학, 예술 등의 모든 측면에서 논증해 볼 수는 있을 것입니다. 이러한 활동들을 통해서, 우리가 보고 평가하는 것은 우리가 개념적 틀 속에서 어떤 경험을 어떻게 파악하는가에 달려 있다고 봅니다. 보는 모든 것은 '~으로' 보는 것이며, 우리가 사물을 무엇'으로서' 보는 것은 우리의 개념과 현재 지니고 있는 기대감에 의존합니다.

이제까지 나는 삶의 형식을 서술하면서 '교육'을 전혀 언급하지 않았습니다. 그러나 여러분 중에서 안목이 있는 분은 명시적으로 언급하지는 않았지만 이미 내가 교육에 관한 담론을 전개한 것임을 간파하였을 것입니다. 그러나 교육문제는 더 자세하게 살펴볼 필요가 있습니다.

'교육'이라는 용어는 학습, 길들이기, 양육의 과정을 지칭하는 기술적인 용법으로 사용됩니다. 『옥스퍼드 사전』에 따르면 19세기 사람들은 누에의 '교육'이라는 말을 사용했다고 합니다. 누에 고치를 길러 내는 일을 교육이라고 칭하는 데 기분은 좋지 않지만, 이와 같은 '교육'의 일반적인 의미가 아직까지도 이어져 내려옵니다. 근래 들어서 교육의 일반적인 의미는 학교에 다니는 것과 거의 동의어로 여깁니다.

하지만 우리는 19세기에 사람들이 '교육'과 '훈련'을 구분하기 시작했다는 사실을 알 수 있습니다. 그 당시 사람들도 '훈련' 또는 직업을 얻는 데 필요한 준비를 편협한 목적과 관련되지 않는 '교육'과 구분하였습니다. '교육받은educated'이라는 용어는 어떤 상태에 도달한 사람을 지칭하는 데 사용하였습니다. 그래서 '교육'은 우리가 오늘날 통용하는 보다 분명한 개념으로 발전하게 됩니다. 그래서 우리는 "당신은 학교는 다녔지만 교육을 받은 것이 아니다."라고 말할 수 있습니다. 그리고 교육의 용어는 같은 문장 안에서도 "그는 이튼 학교Eton School에서 교육을 받았는지는 모르지만 결코 교육받은 사람이 아니다."라는 표현에서처럼 대조적으로 사용하게도 됩니다. 그저 학교에 다닌다는 뜻을 지닌 '교육'의 일반적인 의미와는 확연히 구분해 주는 '교육'이라는 용어[22]의 보다 분명한 의미는 무엇일까요?

여기서 의미하는 것은 내가 앞서 말씀드린 볼 줄 아는 것, 그래서 아는 것을 존중하면서 탐구행위를 즐기는 일이라고 설명할 수 있습니다. 교육받은 사람은 이해를 할 줄 아는 사람입니다. 사실

---

22) '교육'이 구체적인 사실이나 활동을 지칭하는 것이 아니라는 뜻. 즉, 교육의 개념적 준거를 통하여 '교육'의 의미를 밝혀야 한다는 의미이다. 본서 제8장 역자 각주 19) 참조.

상 교육받은 사람은 자신이 보는 일에만 탐닉하지는 않습니다. 그는 자신이 세상을 보는 원리에 비추어 일을 도모합니다. 즉, 사물을 개념 틀에 맞추어 봅니다. 그러나 자신의 처지에 비추어 편협하게 해석하지 않습니다. 이를테면, 자동차를 몰 경우에 차가 작동하는 것을 이해하는 데 그치는 것이 아니라 자동차의 심미적인 특성, 역사, 인간에게 장점과 단점을 가져다줄 가능성 등에 민감하게 관심을 갖습니다. 자동차를 멋진 기계로만 보는 것이 아니라 도시 생활의 관점에서 바라봅니다. 한마디로, 교육받은 사람은 폭과 깊이에 있어서 지적 능력이 뛰어난 사람입니다. 그는 자신이 다루고자 하는 실상을 다각도에서 바라볼 줄 압니다.

또한 교육받은 사람은 어느 정도 사물을 대할 때 수단적으로 보지 않고 내재적인 관점을 취할 능력을 갖춘 사람입니다. 패스모어의 표현에 따르면 '관심'이 남다른 사람입니다. 교육받은 사람은 사물을 대할 때 "이것을 내가 어디다 써먹을까?" 하는 질문을 던지지 않고 기꺼이 일을 수행하는 사람입니다. 화학을 하는 경우처럼 요리하는 경우도 마찬가지입니다. 그는 어울려서 음악회 가는 것을 즐깁니다. 그는 자신의 일을 돈을 벌기 위한 따분한 일로 여기지 않습니다. 그는 과거와 미래 관점에서 현재 자신이 하는 일의 의미를 파악하는 기준도 지니고 있습니다. 그의 인생은 자신의 하는 일에 대한 관심과 헌신으로 이루어진 연속체입니다.

교육의 과정이란 곧 사람들이 이러한 가치 있는 삶의 형식에 입문하는 과정입니다.[23] 교육의 과정은 교육받은 상태라는 종착점

---

23) initiation. '입문'과 '성년식'. 본서 제8장 역자의 각주 1) 참조.

으로 가는 수단으로 삼지 않습니다. 왜냐하면 어떤 방식으로 사고하거나 행동하도록 배운다는 것은 애초부터 곧 그 활동의 목적을 결정짓는 특성을 드러내는 일입니다. 우리는 요리를 함으로써 요리를 배웁니다. 사고를 함으로써 사고를 배웁니다. 그림을 그림으로써 그림을 배웁니다. 학습은 정의상 모종의 기준에 도달하여 일을 온당하게 수행하는 것과 관련됩니다. 활동의 기준은 학습의 과정에 내재되어 있습니다. 그 기준은 학습이 도구적으로 사용될 정도로 멀리 떨어져 있지 않습니다. 물론 학습에는 성취하고자 하는 기준에 합당한 순서가 있고, 위계를 이룬 구조가 있게 마련입니다. 그러나 당장 온전하게 수행해야 할 측면이 있습니다. 그것은 멀리 떨어진 목표에 도달하고자 현재를 혹사할 일이 결코 아닙니다. 삶이 그렇듯이, 교육에서도 우리가 현재 여기서 당면한 일을 얼마나 질적 의미를 갖고 하는가가 중요합니다. 그러나 우리가 지금 하고 있는 일이 중요한 것은 우리가 그것을 이전부터 꾸준히 연마해 왔기 때문이며, 앞으로도 달성해야만 하는 일과 논리적으로 관련이 되기 때문입니다. 우리는 살아 있기 때문에 배우는 것이며, 또한 배우기 때문에 살아갈 수 있는 것입니다.

이러한 과정은 단지 자연적 발현 상태를 뜻하는 것이 아닙니다. 반대로, 내가 이미 지적한 바 있듯이, 학습을 못하게 하는 강한 요구가 가로막고 있습니다. 이 강연 앞부분에서 나는 이를 호불호wish and fear라고 하였습니다. 이는 다름 아닌 우리 대부분의 내면에 살아 있는 유아기적 잔재입니다. 유아의 마음은 제멋대로 튀어나오는 충동의 지배를 받습니다. 교육, 또는 실상을 그대로 보는 일은 어린 아이들이 현실과 상상의 구분을 배우는 데서,

또는 자신의 욕구와 관계없이 사물의 까닭을 배우는 데서 시작됩니다. 아이들은 사물의 주어진 특성을 파악하는 것부터 시작합니다. 정반대로 아이들은 자연적이지 않은 질서, 즉 도덕적 질서를 그것이 부여되는 인간 행위를 통하여 배우게 됩니다. 이것 역시 자연 상태에서 하고 싶다고 저절로 되는 것이 결코 아닙니다. 도덕 질서의 주된 기능은 인간 행위를 규율하는 데 있습니다. 아이들의 즉각적인 만족감은 대개 적합한 것으로 바뀝니다. 공격적인 충동은 억제되거나 방출되어 버립니다. 그리고 아이들에게 다른 사람의 관점이 궁극적으로 고려되어야 할 대상으로 인식하게 됩니다.

　혹자는 교육이 정립해야 할 인간의 자연적 성향이 있다고 주장할지도 모릅니다. 호기심이나 선천적인 구성능력이나, 또는 인간의 바탕에 깔린 동정심 같은 것이 있지 않느냐는 것입니다. 어쩌면 맞는 말일지도 모릅니다만, 이러한 자연적 성향은 북돋아주어야 하고 사회화되어야 합니다. 자연적 성향은 산만하며 격정적이어서 문명화된 삶의 형식을 유지할 수 있도록 다듬어져야 합니다. 하지만 호기심과 공부의 핵인 진리에의 열정 사이에는 엄청난 차이가 있습니다. 인간 존중은 동정심보다 훨씬 더 심각한 문제이지만 동정심처럼 특정인에 대한 감정적 편향이 아닙니다. 또한 내면에 동기를 유발하는 무엇이 있다고 하더라도, 아이들이 학교에서 공부하는 데에는 그것만으로는 부족하다는 점을 명심할 필요가 있습니다. 아이들은 저절로 사물을 발견하는 열의를 지니도록 서로를 자극하지 않습니다. 오히려 아이들은 세계를 보는 관점을 확대시키고자 하는 데 너무 자주 주저하는 것을 알 수 있습니다.

그러면 교육의 개념을 통해 볼 때 교사의 역할은 무엇일까요? 나는 상호 대비되는 두 가지 정형화된 교육 고정관념을 반대합니다. 먼저, 전통적이면서 권위주의적인 개념은 교사가 아이들에게 '자신만의' 방식을 강요하기 때문에 반대합니다. 왜냐하면 그렇게 하면 사실을 위조시키기 때문입니다. 교사는 세상을 보는 '자신만의' 방식을 남에게 강요해서는 안 됩니다. 왜냐하면 교사가 다른 사람들을 입문시키고자 하는 세심한 이해방식은 공적인 유산이지 교사 자신의 사적 소유물이 아니기 때문입니다. 학문을 통해 세계를 이해하고, 거기에 도덕적·심미적 의식을 갖게 된 것은 인류가 수천 년을 걸쳐 이룩한 것입니다. 우리가 의당 배워야 할 내용에는 자연이 우리에게 선사한 것도 있습니다. 자신의 신념을 권위주의적으로 강요하는 것은 아이들 스스로의 힘으로 사물을 바라보고 검증하는 탐구방법을 찾아내는 일을 방해합니다. 권위주의적 강요는 교사가 독단과 아집을 자의적으로 행사는 것밖에는 아무 것도 아닙니다.

권위주의에 대항하는 진보주의 입장도 개인 스스로 창의적으로 발견하는 것과는 반대 방향으로 나아가고 있습니다. 진보주의 입장에서 보면, 교사는 아이들이 성장하면 무엇이든지 아이들 혼자 힘으로 발견할 수 있다는 신념에서 '아이들 스스로 하는 것'을 관리하는 정원사와 같이 학습의 조력자로 간주됩니다. 그러나 사실을 확인해 보면, 수업 시간에 이와 같이 '아이들 스스로 하는 일'을 수행하는 것은 주로 중산층[24] 아이들뿐입니다. 그 이유는 전

---

24) middle class. 영국에서 '중산층'은 노동계급과 구분하여 사용되는 용어이다. 화이트칼라를 뜻하며, 노동자 계층은 블루칼라로 대비시키는 개념에 의존한다. 물론

반적으로 중산층 가정환경이 스스로 하는 일에 요구되는 언어능력과 동기 부여를 해 주기 때문입니다. 앞서 언급한 사실과 마찬가지로, 진보주의 관점도 발견의 도구라고 할 수 있는 과학, 도덕, 수학 등에서 사용하는 개념적 틀이 곧 아이들이 입문해야만 할 공적 유산이라는 사실을 무시해 버렸기 때문입니다. 이러한 공적인 유산은 아이들의 머리에서 거미줄이 뽑아 나오듯이 저절로 형성되는 것이 아닙니다.

이러한 두 극단을 배제하고 보면, 교사가 수행해야 할 역할은 두 가지 측면으로 볼 수 있습니다.[25] 한편으로, 교사는 '공적public' 특성의 역량, 감성과 함께, 교사 자신이 실상을 온전하게 볼 수 있었던 이해의 형식을 아이들이 '체현embody'하도록 전달해야 합니다. 교육받았다는 것은 모종의 마음 상태를 지닌다는 것이며, 마음의 상태는 '사람들'로 인하여 형성됩니다. 그러므로 학교에 가는 주된 목적 중 하나는 여러 가지 면에서 볼 때 이미 교육받은 존재인 '선생님'을 만난다는 데 있습니다. 물론 '선생님'은 어느 정도는 책을 통해서도 만날 수 있고, 텔레비전을 통해서 만날 수도 있을지 모릅니다. 그러나 그 방법은 교실에서 선생님을 생생하게 접하는 것과 비교할 수는 없습니다.

경제적 수입 면에서 노동자 계층이 중산층에 비하여 적은 것은 결코 아니지만, 여기서 초점은 문화적 생활 방식과 여건이 차이를 가져오는 요인이라는 것이다. 우리나라의 경우를 보면, 중산층의 개념이 넓고 모호하며, 상당수의 노동자 계층과 겹쳐 있어 이 문장을 언뜻 이해하기 쉽지 않다.

25) 이하 두 문단에서 교사의 두 가지 역할은, 저자 자신의 성년식 모형으로 보면, 곧 아이들을 공적 전통에 '입문'시키는 일과 '성년식'에 비유되는 상태를 성취하는 일을 말한다. 또한 앞의 두 문단에서 자신의 성년식 모형은 주형 모형과 성장 모형을 극복하는 대안임을 확인할 수 있다.

다른 한편으로, 교사는 아이들이 관심을 가지고 있는 역량, 감성, 이해의 형식과 관련한 내용을 보여 줄 수 있는 능력이 있어야 하며, 또한 다음 단계로 발전할 수 있도록 도와주어야 합니다. 그 결과 궁극적으로 교사는 아이들이 장차 스스로 힘으로 공부하여 실상을 볼 줄 알아, 더 이상 남들의 도움 없이도 자신만의 관점을 가지고 세상을 예리하게 파악할 수 있기를 소망합니다. 이것이 바로 훌륭한 교사가 항상 더 이상 자신이 할 일이 없는 상태가 되도록 노력하는 이유입니다. 교사는 공적 유산으로 물려받은 삶의 형식을 다시 물려주고 발전시키는 존재입니다. 교사가 수행하는 역할은 아이들이 각자 개성을 살리고 이에 맞게 가치 있는 일을 구현하도록 안내하는 데 있습니다. 그러나 우리는 하고 싶은 대로 하거나 자연을 있는 그대로 바라만 본다고 해서 무엇을 발견할 수 있는 것이 아닙니다. 태양의 크기는 얼마인가? 태양은 왜 지구 주위를 돌지 않는가? 이에 대한 답은 있는 그대로 관찰하는 것은 물론이고 천체를 수리적으로 파악하는 능력과 더불어 주어집니다. 프로이트가 무의식적 욕구를 중시한 이유는 신경증적 마비가 해부학적 지식이 아니라 환자의 개인적인 믿음만으로도 설명된다고 보았기 때문입니다. 이것이 오늘날까지도 현존하는 그의 명민한 가설을 낳게 한 논거입니다. 개인이 고안해 내는 것은 반드시 공적으로 내려오는 유산에 견주어 이해되어야만 합니다. 훌륭한 교사가 제아무리 아이들의 개성을 각기 존중한다고 해도, 그가 할 수 있는 일은 개성에 요구되는 자질을 갖추도록 하는 것입니다. 이러한 자질을 갖추게 하여, 아이들이 현재 지닌 조야한 욕구와 직관을 세련된 지식과 창의력으로 바꿔 주는 일이 바로 교육입니다. 왜냐하면 교육은 있는 실상을 그대로 보도록 훈련시키는 일이며, 동시에 남들이 전혀 보지 못한 것을 볼 수 있도록 훈련시키는 일이기 때문입니다.

교사는 당연히 자신의 업무를 수행하면서 모종의 실상을 보는 일을 성취한 존재입니다. 그러나 교사의 업무가 사회의 어두운 실상을 아이들에게 보여 줌으로써 동기 부여를 한다거나, 교육을 고역으로 만드는 소비중심 사회의 보이지 않는 압력에 민감하도록 하는 일에 있다는 뜻은 아닙니다. 어떤 사람들에게는 사회 현실이 실상을 보는 일이 아니라 사회의 어두운 측면, 쓰레기 문제, 매춘, 거리에 과다하게 나붙은 광고 등을 제대로 보게 하는 일이라고 주장합니다, 사회의 실상을 본다고 해서 그것이 곧 이상을 결여했다는 뜻은 아닙니다. 반대로 실상을 보는 일은 이상이 현실에 어느 정도 담기도록 하여 그것을 실현가능한 목적이 되도록 하는 것을 뜻합니다. 실상을 보도록 하는 일은 아이들 개개인의 자아실현을 어설프게 말하려는 것이 아니라, 아이들이 자신이 좋아하는 것을 선택하여 이루어 내도록 역량을 갖추도록 사물을 온전하게 파악하게 하는 일입니다. 만약 이상이 구체적인 현실 수준으로 내려오지 않는다면, 이상은 우리가 막연하게 바라는 것일 뿐이며, 판단을 흐리게 하고 헛된 희망만 부풀리는 우리 내면의 유치한 측면을 가리킬 뿐입니다.

내가 보기에, 역량 있고 훌륭한 다수의 교사도 허상에 사로잡혀서 자신의 과업을 비현실적으로 엄청나게 잔뜩 부풀린 결과 의기소침하게 됩니다. 이를테면, 사람들이 화이트 하트 레인 경기장[26)]에 몰려가듯이 '대중의 요구'가 무리하게 교사의 눈앞에 닥쳤을 경우처럼 말입니다. 교사는 우리가 그들에게 엄청나게 부풀려 부과한 과업을 충분하게 숙고하지 못합니다. 왜냐하면 그러한 과업은 인류 역사상 시도된 적이 없기 때문입니다. 그것은 국가 전체를 교육하는 일입니다. 그러면 교사는 스스로를 잠재적인 하멜른의 피리 부는 사나이[27)]라고 여기게 됩니다. 마치 조지 엘리엇[28)]

---

26) White Hart Lane. 영국 런던의 북부 지역인 토트넘(Tottenham) 지역에 위치한 프리미어리그 소속 팀인 토트넘 홋스퍼(Tottenham Hotspur Football Club)의 홈구장인 축구 경기장. 현재는 노후되어 허물고 새로운 '뉴 화이트 하트 레인' 경기장이 세워졌다고 한다. 토트넘 홋스퍼 축구팀은 손흥민 선수가 활약하고 있는 바로 그 구단이다. 축구 종주국인 영국 사람들에게 축구 경기는 그들 삶의 중요한 부분을 차지한다. 잉글랜드에만 프로 축구팀이 200여 개가 넘는다고 한다. 그중 프리미어리그 팀의 경기는 그 지역 주민들에게 열광적인 행사이다. 여기서는 영국민이 이처럼 축구에 열광하는 것처럼 일반인들이 교육에 대한 모호하면서 막연하지만 강렬하고 황당한 기대가 교사로 하여금 의기소침하게 한다는 점을 설명하고자 한 것이다.

27) Pied Pipers. 원래는 The Pied Piper of Hamelin. 그래서 '하멜른의 쥐잡이'라고 하기도 한다. 이와 관련된 이야기는 대략 1284년 6월 26일 발생한 것으로 추정되는 독일 하멜른의 실화를 바탕으로 전승되었다고 한다. 줄거리는 대략 다음과 같다. 평화로운 마을이었던 하멜른에 쥐가 나타나기 시작했다. 쥐는 마을 사람들에게 매우 큰 피해를 입혔다. 어느 날, 피리 부는 사나이가 마을에 나타나 천 냥이라는 큰 돈을 요구하며 자신이 쥐를 잡겠다고 나선다. 그는 거리로 나가 피리를 연주했는데, 그는 베저 강(Weser River)으로 쥐들을 유인해 물에 빠뜨려 죽이고 만다. 그러나 마을 사람들은 사나이에게 쥐가 강물에 빠져 죽은 것이지 피리 소리를 듣고 죽은 게 아니라며 천 냥을 주지 않는다. 잠시 후, 사나이는 거리로 나가 다시 피리를 연주했다. 이번에는 피리 소리에 마을에 사는 아이들이 따라 나왔다. 사나이는 아이들은 베저 강으로 데려갔으며, 아이들을 강에 빠지게 한다. 그러자 사람들이 돈을 지불하니 아이들을 돌려 보냈다고 한다. (이 이야기에 대한 여러 버전이 존재한다고 한다.) 이 이야기를 통하여 저자가 전달하고자 하는 메시지는 교사에게 전 국가적 관심사를 요구할 경우 이 이야기에서처럼 오히려 국가적 재앙을 초래할 수 있다는 사실이다.

28) George Eliot (1819~1880). 빅토리아 시대의 가장 중요한 작가로 평가되

이 그녀의 작품 '미들마치'의 끝부분에서 그녀의 영웅에게 말했던 것 이상으로, 아마 교사는 자신을 이 이상의 많은 일을 하는 존재여야 한다고 여길지도 모릅니다.

자신의 주변 사람에게 쏟은 그녀의 관심은 믿기 어려울 만치 소멸해 버렸다. 세상에서 점점 좋아 보이는 것은 부분적으로 역사적으로 어긋난 데서 나온다. 또한 당신과 나에게 과거에는 나빴을지도 모를 것들이 이제는 그리 나쁘지 않는 것은 어떻게 보면 그저 묵묵하게 살다가 아무도 찾지 않는 무덤에 잠들어 있는 수많은 사람들 때문인지도 모른다.[7]

는 영국의 소설가, 시인, 언론인. 본명 Mary Anne Evans. 여기서 인용된 소설 *Middlemarch*는 미들마치라는 가상의 마을에서 일어난 19세기 평범한 사람들의 일상사를 묘사한 작품이다. 소설의 부제가 '시골 생활의 연구(*A Study of Provincial Life*)'인 점이 이를 입증한다. 이 소설을 통해서 엘리엇이 전달하고자 하는 메시지는 인간의 삶을 좌우하는 가장 중요한 선택은 결혼과 직업이며, 그 선택에 따라 행복과 불행의 갈림길에 서게 된다는 점이다. 소설은 아무리 사람들이 높은 이상과 선의를 가지고 살더라도 특정한 사회적 여건 속에서 아무짝에 쓸모없는 평범한 인간으로 전락한다는 사실을 보여 준다. 한편, 본문에서 이 소설의 인용문을 통해서 저자가 전달하고자 하는 메시지는 '실상을 보는 일'은 교사의 평범한 일상 속에 있지만 동시에 이를 넘어서 과도하게 요구할 일이 아니라는 점이다.

◇ 저자의 미주

[1] E. M. Forster, *Room With a View* (Arnold, 1947).

[2] J. Passmore, *The Perfectability of Man* (Duckworth, 1970), Chs. 14, 15.

[3] J. S. Collis, *Dawn to Earth* (Cape, 1947), Ch. IV.

[4] G. Ryle, *The Concept of Mind* (Hutchinson, 1949)를 참조하라.

[5] F. Cornford, 'To a Fat Lady Seen From The Train.'

[6] A. N. Whitehead, *Religion in the Making* (C. U. P., 1926), p. 47.

[7] George Eliot, *Middlemarch* (Chatto, 1950).

제10장

교육자는 교육목적을 가져야만 하는가

철학자들은 교육문제를 다룰 때 자신들의 전통적인 과업을 게을리 한다고 종종 비난을 받습니다. 오래전부터 철학자들은 행복한 인생이란 무엇이며 좋은 사회가 어떤 것인지를 설명해 왔으며, 또 그것은 교육자들에게 어떤 지향점을 마련해 주었습니다. 그러나 리처드 리빙스턴 경[1]이 지적한 바와 같이, 오늘날 우리는 '선과 악의 학문'에 입각한 지식을 갖고 있지 못합니다. 이 점에서 대부분의 현대 철학자들은 자신이 철학의 전통적 과제 수행에 의도적으로 게을리했다는 점을 인정할 것입니다. 왜냐하면 이들은 철학자가 수행해야 할 과제가 무엇인지에 대한 선명한 의식을 가지고 있기 때문입니다. 이른바 20세기의 '철학의 혁명'[2]은 철학인 것과

---

1) Sir Richard Winn Livingstone (1880~1960). 영국의 고전학자. 옥스퍼드 대학 교수를 역임하였으며, 고전학을 강의하면서 플라톤과 관련하여 현대교육을 다루었다. 저서로 *Greek Ideals and Modern Life, Plato and Modern Education, Future in Education* 등이 있다.

2) revolution in philosophy. 19세기말 이후 논리실증주의의 영향을 받아 20세기 초 형성된 분석철학의 '혁명적' 경향을 일컫는다. 철학의 과제는 규범적 주장을 탐구하

아닌 것을 명백하게 구분시켜 놓았습니다. 그 결과 이들이 내린 결론은 철학은 선과 악을 절대적인 기준을 가지고 규정짓는 학문이 아니라는 것입니다.

하지만 교육과 관련된 철학적 논의를 해야 하는 철학자라면 이러한 철학 경향이 좋은 삶이 무엇인가에 관한 새로운 청사진을 제시해 주지 못한다는 비난을 면하기 어렵습니다. 새로운 철학적 탐구 방식이 더 이상 철학적으로 다룰 문제가 없다는 확신 때문에 나온 것은 아니라고 나는 생각합니다. 오히려 철학자들은 철학의 '혁명'이 철학에서 집중적으로 다루어야 할 핵심 주제로, 이를테면 지식과 신념, 현상과 실재, 자유의지와 결정론, 몸과 마음, 시간과 공간 등의 문제에 전력해야 필요가 있습니다. 그래서 '교육', '권위', '성격'과 같은 개념에서 파생되는 문제들은 더욱 다가서서 다루어야 할 것입니다. 이는 태양이 다른 별빛을 앗아가는 것처럼 보이는 것은 태양이 별들의 활동을 방해해서가 아니라 태양의

는 데 있지 않고, 우리가 사용하고 있는 언어와 의미를 탐구하는 것이다. 규범적 지침을 내려주었던 과거와 달리 철학의 성격과 역할, 기능이 모두 달라진 것이다. 그래서 철학의 '혁명'이라고 한 것이다. 주로 영국의 G. E. Moore와 L. Wittgenstein을 비롯하여 이들의 영향을 받은 철학자들이 주도하였다. 특히 형이상학은 끝났다고 보면서 형이상학적 주장을 철학의 탐구 대상에서 제외시켰다. 이 경향이 한발 물러가고 영미권에서 규범철학이 복귀한 것은 1971년 John Rawls의 *A Theory of Justice* 출간을 즈음해서이다. 하지만 철학에서 메타 활동과 관련된 분석적 탐구가 주류를 이루지 않더라도 개념 분석과 정당화 작업은 고대 희랍시대 이래로 철학의 중요한 작업이었다는 데 주목할 필요가 있다. 저자가 여러 곳에서 주장하듯이, 철학의 혁명은 갑자기 생겨난 '혁명'이 아니라 철학 본연의 과제를 부각시킨 데서 비롯된 것이다. 플라톤의 대화편에 담긴 주요 개념에 대한 논의가 바로 개념분석 작업과 정당화 논의 활동에 해당한다.

과다한 빛이 이 별빛들을 희석시킨 결과라고 홉스[3]가 비유적으로 표현한 바와 같습니다. 이제 철학자들은 별들을 잘 살펴봄으로써 자신들이 지닌 태양에 대한 지식을 보완해야 하는 것입니다. 그러나 이 작업이 과거 철학자들이 수행한 과업으로 회귀하여 교육목적 논의를 점성술에 의지하여 수립하자는 것은 아닙니다. 이하에서 나는 이를 밝혀 보려고 합니다.

나는 교육자가 교육목적을 가져야만 한다는 확신이 '교육'의 개념 그 자체에서 도출되어야 한다는 생각으로 바뀌어야 한다고 봅니다. 왜냐하면 우리가 준수해야 할 규범이나 기준은 바로 개념 안에 담겨 있기 때문입니다. '교육'의 개념을 언급한다는 것은, 그것이 비록 교실현장의 교육과 다소 동떨어진 면이 있다고 하더라도, 개념에 이미 담긴 가치판단에 참여하고 있는 것입니다. 어떤 사람은 밤중에 런던 피카디리 광장[4]을 배회하는 것은 울펜든 보고서[5] 지지자들에게 '진정한 교육'[6]이라고 말할지도 모릅니다. 이

---

3) 제1장 역자 각주 6) 참조. 여기서는 교육현안을 전통적으로 철학이 탐구한 문제로 집중적으로 다룰 필요가 있다는 뜻.

4) Piccadilly Circus. 런던을 가장 대표하는 중심가의 광장. 런던의 명소인 Oxford Circus, Trafalgar Square, Soho, West End 등이 인접해 있어서 각종 문화 행사를 목격할 수 있다. 지금도 각양각색의 많은 젊은이들이 이 광장에 모인다. 이 책이 쓰인 당시에도 그랬던 듯하다. 런던에 처음 들르는 관광객이라면 거의 다 배경으로 사진을 찍는 '에로스 상'이 이 광장 중앙에 있다.

5) Wolfenden Report. 1957년 영국에서 나온 동성애와 매춘에 관한 보고서. 1885년 법을 제정하여 동성애를 금지한 이래 제2차 세계대전 이후 동성애가 증가하고 사회적 쟁점이 되자 영국 정부는 John Frederick Wolfenden (1906 ~1985) 남작을 위원장으로 위원회를 구성하여 보고서를 작성하였다. 주된 내용은 21세 이상의 성인들의 자발적인 합의에 의하여 행한 동성애는 더 이상 불법이 아니며, 또한 동성애가 질병으로 간주되어서는 안 된다는 것이다.

6) real education. 의역하면 '살아 있는 현장교육'이다. 여기서 다루는 교육의 개념에

경우 권장할 어떤 마음의 상태를 이미 가정하고 있으며, 이에 기여할 수 있는 모종의 경험이 있다는 것입니다. 그러므로 이런 경우라면 어느 것이라도 교육의 일부분으로 여겨져서 광범위한 '교육'의 의미를 나오게 합니다. '교육은 우리가 자연으로부터, 인간으로부터, 그리고 사물로부터 비롯된 것을 배우는 것'이라고 루소는 말한 바 있습니다.[7] '교육' 개념이 광범위하게 적용된다면 루소의 이 말은 지당합니다. 그러나 인간이라면 일상적으로 준수해야 할 이보다 좁은 '교육' 개념이 있습니다. 즉, 교육을 통하여 의식적으로 나아지려는 무엇이 있다는 전제에서 우리는 교육을 다루어야 합니다.

우선 '교육' 개념이 함의하는 바람직한 마음의 상태가 있고, 또 그러한 상태에 도달하도록 기여하는 모종의 경험이 있고, 그런 다

집중하지 말고 현장체험을 중시하는 교육을 뜻한다. 이를 간혹 '실물교육'이라고 번역하기도 하는데, 그것은 교육방법상 책보다는 사물을 중시한다는 뜻으로 종종 해석된다.

7) 'Education comes to us from nature, from men, and from things.' 루소의 『에밀』제1권의 앞부분에 나오는 말로서, 제8장 역자 각주 9)에서 소개한 바 있다. 여기서는 앞과는 다른 각도에서 인용하였으므로, 이에 따라 다시 소개한다. 루소는 이른바 인간을 교육하는 주체로 자연, 인간, 사물의 세 가지로 본다. 사람의 능력을 내부로부터 발전시키는 것은 자연의 교육이고, 이것을 어떻게 이용할 것인가를 가르치는 것은 인간의 교육이며, 우리가 접촉하는 주위의 사물에 대한 경험을 얻는 것은 사물의 교육이라고 보았다. 그리고 이 세 가지의 교육이 서로 상충될 때에 그릇된 인간이 형성되고, 조화를 이루고 동일한 목적에 집중될 때에 사람은 비로소 완전한 교육을 받게 된다고 주장한다. 그러나 이 중에서 자연의 교육은 인간의 통제를 벗어나 있으므로, 자연의 원리가 나머지 두 가지를 이끌어야 한다고 주장한다. 이것이 자연에 따르는 교육 원리의 토대가 된다. 이에 대하여 교육을 이렇게 보면 교육은 학교라는 제도를 넘어서는 모든 것을 포함하게 되므로 교육이 지향하는 가치를 거둘 수 없다는 점을 저자는 지적하고 있다.

음 사람들이 이에 대한 실행을 숙고한다는 전제가 있어야만, 우리는 교량 건설이나 여행 계획처럼 구체적인 방안을 매우 용이하게 모색할 수 있습니다. 여기서 바람직한 마음의 상태는 교육이 목적하는 바가 되고, 모종의 경험은 바람직한 마음 상태에 도달하도록 기여하는 수단이 됩니다. 미리 계획하여 상정한 목적에 대한 수단을 채택하는 이 모델은 우리로 하여금 가치 있는 것을 도모해야 한다는 생각에 사로잡히게 합니다. 우리는 교량 건설에 요구되는 설비가 무엇이며 배가 정착해야 할 항구가 어느 곳인지를 생각하는 것처럼 교육적 측면에서도 그렇게 생각하는 경향이 있습니다. 그 결과, 우리를 충족시켜 줄 마땅한 방향이 설정되지 않으면 불평하게 됩니다.

이 모형은 교육을 오도한다는 것이 나의 확신입니다. 우리는 어떤 가치가 교육과 관련되어야 한다는 잘못된 생각을 가지고 있습니다. 이러한 잘못된 생각으로 인하여 우리는 합의된 목표가 없을 때 환멸에 빠져 중얼거리곤 합니다. 그러나 이러한 생각이 잘못이라는 것을 밝히기 위하여 우리는 수단-목적means-ends 모형이 어느 상황에 적절한지 '여부'를 가늠하는 맥락을 면밀하게 살펴보아야 합니다. 가장 먼저, 우리 자신이 설정한 목적을 달성하기 위하여 우리가 수행해야 할 일에 관한 계획plan과 의도purpose가 있습니다. 우리는 일하러 가기 위하여 버스를 탑니다. 우리는 안경을 맞추기 위하여 검안 서식을 작성합니다. 우리의 삶은 단지 한 가지 일을 하고 이어서 다른 일을 하는 데 그치는 것이 아니라, 우리는 어떤 것을 달성하기 위하여 다른 것을 수단으로 취급함에 따라 그 일에 계획과 일정을 부여합니다. 이 중 일부는 다른 것에 비하여 더 권장할 것으로 보며, 우리가 정한 가치의 척도에 따라 선택을 하게 됩니다. 수단-목적 모형이 적절한가를 가름하는 두 번째 맥락은 무엇인가를 제작하거나 생산성을 묻는 데 있습니다. 우리는 케이크를 만들기 위해 밀가루를 섞거나, 교량을 건설하기 위해 강철을 용접합니다. 우리가 따지는 것은 공장에서 나온 최종 생산물과 경제 시스템에서 생산 수단입니다.

이 두 가지 맥락에서 우리는 당사자에게 그가 무엇을 목표로 하고 있는지, 또는 그가 최종적으로 무엇을 얻어 냈는지를 물어볼 수 있습니다. 두 가지 경우 모두 상당히 구체적인 대답을 제시할 수 있어야 합니다. 첫 번째 맥락에서 당사자는 '더 좋은 직장을 구하려고' 또는 '훌륭한 혼처를 구하려고'와 같은 대답을 할 수 있을지도 모릅니다. 두 번째 문맥에서 '소음 없는 비행기 제작'과 같은 대답을 할 수 있을지도 모릅니다. 비슷한 맥락에서, 만약 교사에게 자신이 무엇을 목표로 하고 있는지 질문한다면, 그는 '초등학교 졸업시험[8]에 최소한 여섯 명 합격'이라는 한정된 목표를 제시할 수도 있을 것입니다. 그러나 이 경우에도 교사는 썰렁한 경쟁 개념에서 벗어나 '개인의 자아실현', '인격', '지혜' 또는 '시민교육'과 같은 보다 폭넓은 교육목적에 전념할 수도 있습니다. 하지만 여기서도 문제가 발생합니다. 학교에 가는 것은 버스를 타는 것이 일하러 가는 '수단'과 같은 것을 의미하지 않습니다. 그리고 교육목적은 구리로 동전을 만드는 방식처럼 마음속의 결과를 찍어 내거나 생산하는 것이 결코 아닙니다. 교육목적은 일반적인 것이어

---

8) 11 plus exam. 초등학교 졸업생이 치르는 시험으로서 11세에 치른다고 해서 붙여진 이름. 본서 제4장 역자 각주 10) 참조.

서 도달해야 할 목적지도 아니며 또한 산출해야 할 최종 생산품도 아닙니다. '행복'과 같은 교육목적은 왜 특정한 활동을 특정한 방법을 동원하여 가르쳐야 하는가를 격조 있는 방식으로 논의해야 합니다.

교육은 의술과 같은 기예이지만 누구나 수용하는 신체 건강이라는 최종 산물을 지향한다는 점에서 의술과 다르다는 반론에 부딪칠 수 있습니다. 그렇다면 의술에서 신체 건강을 추구하는 것처럼 교육목적을 정신 건강에서 유추해서 안 되는 이유는 무엇일까요? 답은 꽤 명백합니다. 의사들은 주로 신체를 다루며, 체온과 신진대사와 같은 물리적 측정 수치에 따라 정의되기 때문에 신체 건강이 무엇을 뜻하는지에 대체로 동의합니다. 또한 필요한 결과를 얻기 위해 신체에 처치를 가하는 등의 조작에 이의를 제기하지 않습니다.

반면에, 교육의 경우 정신 건강을 정의하는 데 합의된 기준은 없습니다. 왜냐하면 정신 건강은 무의식적 갈등을 없앤다는 소극적인 상태를 지칭하거나, 적극적으로 규정한다고 해도 정신 건강은 개인적·사회적 선호도 측면에서 논쟁의 여지가 매우 크기 때문입니다. 더욱이 교육은 의술이나 정신치료와 같은 교정업무가 아닙니다. 교육은 인간의 마음에 관심을 갖기 때문에 어떤 상태가 최선인지에 대한 반론이 있기 마련입니다. 교정 조치를 취하는 경우에도 전두엽 절제술을 도덕적으로 반대합니다. 마약 주입이나 태내 시술을 통하여 평화 사랑을 모든 사람의 마음에 보다 적극적으로 심어 준다고 해도 그것이 얼마나 많은 반론을 제기할지 추측할 수 있습니다. 내가 보기에, 교육논쟁 즉 실제로 교육목적에 관한 논쟁은 대부분 교육목적에 포함된 가치를 실현하는 절차와 관련된 다양한 원칙들에 대한 논쟁입니다. 가치는 교육을 통해 획득할 목표물이거나 최종 산물이 아니라, 바람직한 것을 도출하는 다양한 방식에 관하여 교육에 내재된 절차적 원리라고 할 수 있습니다.

물론 가치 전달 방식만이 아니라 교육내용에 어떤 가치가 포함되어야 하는가에 대하여 상당한 의견 차이가 있게 마련입니다. 예컨대, 교육이 자유교육을 지향해야 하는가, 아니면 기술교육이나 직업교육을 지향해야 하는가 하는 이견이 분분한 현안 문제를 들 수 있습니다. 그리고 이러한 현안은 교육내용을 통하여 전달해야 할 가치에 대한 각기 다른 의견을 드러내며, 또한 개인적 차원을 넘어서 정부 정책 차원에서 결정할 문제이기도 합니다. 교육자는 공동체에서 중요한 사회적 기능을 수행합니다만, 자신의 교육목적이 아무리 독특하다 하더라도, 특히 국가로부터 보수를 받는 경우 절박한 사회적 요구에 완전히 무관심할 수는 없습니다. 개별 아동의 필요를 충족시키는 일은 차치하더라도, 교육자는 다른 교육자가 공동체의 요구에 따라 부여한 가치를 고려해야 합니다. 실제로 교육목적으로서 '정신 건강'을 강조하는 교육자는 개인에 대한 집단의 압력에 대해 저항할 것은 당연한 일입니다. 정신 건강을 적극적으로 적용하려고 시도하는 대신, 개인의 가치를 손상할 만큼 사회적 가치 압력이 셀 경우 정신 건강을 이에 대한 대안으로 시의적절하게 활용하는 방안을 고려할 수 있습니다. 마치 교사가 지식과 기술의 전수와 직업 준비를 자신의 본질적인 사회적 기능 수행이라고 여기는 경우, 아이들이 불행해지고 신경증을 앓을 수 있으며, 성적인 불안이나 소외를 겪을 수도 있다는 점을 교사는 결코 잊지 말아야 할 것 같습니다. 그리고 교육자는 '전인 교육'과 관련된 제반 사항을 결코 소홀히 해서는 안 됩니다. 과거에는 '인격 형성'은 부당하게 지식교육이나 직업교육을 과도하게 강조한 데 따른 보완책으로 언급되었습니다. 그렇지 않으면 종교적 의미와 관련되었습니다. 그러나 오늘날 인격 형성을 주장하려면 학문적 토대를 바탕으로 해야만 가능해 보입니다. 그래서 '정신 건강'은 과거 아리스토텔레스의 '영혼의 조화'처럼 상당한 격식을 갖추어야만 교육적 논의를 할 수 있게 되었습니다.

하지만 '자유교육'의 중요성을 강조하는 사람들은 단지 아이들의 개인적 필요를 무시한다는 이유에서 학문적 또는 직업적 특성을 강조하는 데 저항의 목소리를 내는 것이 아닙니다. 그렇다고 아이들이 과학과 타자실습 이외에 인문 교과를 교육과정에 포함시켜야 한다고 주장하는 것도 아닙니다. 아이들의 저항은 교육내용뿐만 아니라 교육방법과도 관련되어 있습니다. 과학과 인문 교과 모두 자유로운 절차에 따라 가르칠 수도 있지만 그렇지 않을 수도 있습니다. 문학과 과학은 사실상 학생들에게 판에 박힌 '교과'로서 각인됩니다. 하지만 학생들이 도제제도 아래 훈련을 받는다 해도, 문학과 과학은 비판적 사고력이나 상상력을 길러 주는 생생한 과목으로 여겨질 수 있습니다. '자유롭다liberal'라는 말은 인간 존중, 사실 추구, 관용, 그리고 강압이 아닌 토론을 통한 의사결정과 같은 모종의 원리와 절차를 지칭하는 용어입니다. 이 말이 교육과정상의 '내용'과 관련을 맺게 될 경우 어떤 교과는 다른 교과에 비하여 이러한 원리를 잘 길러 준다는 뜻을 지니게 됩니다. 그러나 이러한 뜻은 과학 과목을 보충하기 위해 '인문학'에 어느 정도 시간을 할애하는 기술학교가 '자유롭다'고 하는 것처럼 어색하고 어리석은 것입니다. 왜냐하면 마음을 자유롭게 개발하는 데 결정적인 것은 관련 내용보다는 그것을 가르치는 방법상의 원리이기 때문입니다.

나는 '교육목적'과 '절차적 원리'를 명백하게 구분하기 위하여 정치에 견주어 설명해 보려고 합니다. 고드윈[9]과 같은 평등주의자는 사람들 간의 차이를 최소화하는 사회를 바람직한 것으로 보는 데에 우리는 현혹될 수 있을지도 모릅니다. 평등주의자는 부와 지위로 인한 일체의 차이를 제거하고자 할 것이며, 생태적인 차이를 아예 제거할 뿐만 아니라 타고난 차이를 해결하려고 종자 개량조차 시도하려 할 것입니다. 그는 특정인이 다른 사람들 위에 군림한다는 이유에서 심지어 군대나 교회의 제도적 폐지를 옹호할지도 모릅니다. 이와 달리 다른 한편에서 사회개혁가는 삶의 지향점을 구체적으로 제시하지 않는 보다 소극적인 의미의 평등 원칙을 고수할지도 모릅니다. 이런 사람은 사회가 어떤 방향으로 변화하든지 간에 불평등한 처우의 타당한 근거가 있는 경우를 제외하고 어느 누구도 다른 사람과 달리 대접받아서는 안 된다고 주장할

---

9) William Godwin (1756~1836). 영국의 저널리스트이자 급진적 정치철학자. 그는 기존 제도를 공격한 점에서 무정부주의자이기도 하다. 그의 대표작 두 권 중, *An Enquiry Concerning Political Justice*는 정치제도 자체를 비판한 책이며, *Things as They Are*는 유한계층의 특권을 비판한 소설이다. 그럼에도 그는 자신의 보수적인 성향으로 인하여 비판을 받기도 하였다. 일례로, 그는 최초의 페미니스트인 Mary Wollstonecraft와 결혼하여 아들을 낳기를 원하였으나 딸을 얻었다. 그 딸이 소설 『프랑켄슈타인』을 쓴 Mary Shelley이다. 본문에서 저자는 그를 무정부주의자가 아닌 평등주의자로 간주한다.

뿐입니다. 고드윈 류의 인간은 평등 추구가 인류가 마땅히 지향해야 할 일반적인 목적이라고 간주할 것입니다. 반면에 확고한 자유주의자라면 평등과 연계된 목적을 설정하지 않으려고 할 것입니다. 이런 사람은 자신이 추구하는 절차적 원리를 방해하지 않는 것이라면 어떤 계획이든 개의치 않을 것입니다.

나는 이러한 정치 사례가 내가 교육목적에 관하여 언급하고자 하는 논점을 잘 설명해 준다고 봅니다. 내가 보기에, 많은 교육목적 논의는 적절한 수단을 취함으로써 성취할 수 있는 '목적'에 관한 논의라기보다는 절차적 원리에 관한 논의입니다. 이른바 '목적'이라는 것은 '교육'이라는 개념에 모두 포함되는 훈련, 조건화, 권위의 사용, 예증, 합리적 설명 등과 같은 상이한 교육방법에 붙박힌 다양한 가치를 지칭하는 말입니다.

'교육'이라는 말의 유래에 관련하여 교육목적에 관한 논쟁을 예로 들어 생각해 보도록 합시다. 퍼시 넌 경[10]과 같은 사람들은 이끌어낸다는 뜻을 지닌 라틴어 에듀세레educere와 관련된다는 점을 강조한 바 있습니다. 결과적으로, 이들에게 교육목적이란 개인의 잠재 가능성을 실현하거나 개발하는 것입니다. 반면에 존 애덤스 경[11]과 같은 사람들은 어떤 틀에 맞추어 연마하는 뜻을 지

---

10) Sir Thomas Percy Nunn (1870~1944). 영국의 교육학자. 이어 소개되는 애덤스 경을 이어 런던대학 교사훈련원(London Day Training College: LDTC)의 2대 학장 (1922~1932)을 지내고, 런던대학 교육과학원(Institute of Education, London) 초대 학장(1932~1936)을 역임하였다. 그의 대표작으로 *Education: its data and first principle*이 있다. 본문에서는 넌 경이 전임자인 애덤스 경과는 달리 교육의 성장 모형을 강조하고 진보적인 입장을 취하고 있음을 설명하고 있다.

11) Sir John Adams (1857~1934). 스코틀랜드 출신의 교육학자로서 런던대학 교육과학원(UCL Institute of Education)의 전신인 런던대학 교사훈련원(London Day

닌 에듀카레*educare*와 관련된다는 점을 강조한 바 있습니다. 그들은 이를테면 아이를 기독교 신사로 육성하는 것처럼 소정의 결과를 산출하는 여러 과정을 교육으로 간주합니다. 이러한 전통적 교육관에 반대하는 진보주의자들은 단순히 기독교 신사를 배출하는 것만 반대하지 않습니다. 그들이 정작 꺼리는 것은 원료를 사용하여 물건을 찍어 내는 것과 같은 기술로 교육을 동일시하는 것입니다. 그 예로, 아이를 성인의 틀에 맞추어 찍어 낼 수 있는 작은 마네킹으로 취급하는 것에 대해 루소가 유난스럽게 항변한 것을 들 수 있습니다. 루소의 주장은 아동은 하나의 인격으로 대해야 한다는 것입니다. 그 결과, 듀이나 킬 패트릭과 같은 진보주의자들은 교육의 상이한 과정을 제시합니다. 즉, 아동의 흥미를 일깨워야 하고, 성인들이나 경주해야 하는 훈육이 아니라 아동이 좋아하는 학습과제가 놓인 상황에 있어야 합니다. 이렇게 함으로써 아동은 자신에게 유용한 습관과 기술을 습득하게 되며, 또한 타인과 공동 작업을 함으로써 자존감과 함께 타인에 대한 존중감을 키울 수 있을 것입니다. 진보주의자들의 관점으로 볼 때 아무리 절차적 원리라고 하더라도 권위는 지식과 기술을 전수하는 데 있어서 효율적이지 않을 뿐만 아니라 아동을 대하는 데 있어서도 도덕적이지 않은 방법일 뿐입니다. 상과 벌의 경우에도 권위는 기술적 측면에서 상과 벌 양쪽의 효과를 더욱 무력화시킵니다.

Training College: LDTC)의 창시자이자 초대 학장(1902~1922)을 역임하였다. 그의 대표작으로 *Herbartian Psychology Applied to Education*이 있다. 본문에서는 애덤스 경이 교육의 주형 모형을 강조하고 전통적 입장을 취하고 있음을 설명하고 있다.

정리하면, '교육'의 개념적 가계도의 한쪽에서 보면 바람직한 결과를 산출하기 위하여 훈계와 질책은 절차적으로 사용될 수 있습니다. 이렇게 보면 교육은 수단을 사용하여 결과물을 만들어 내는 기예와 닮았다고 생각됩니다. 다른 한쪽에서 보면 의도와 계획의 모델이 강조됩니다만, 그것은 성인이 아니라 아동의 기획이어야 합니다. 루소는 '애초부터 어떤 것도 시도하지 말아야 당신은 교육적 신동을 낳을 것'이라고 말하였습니다.

하지만 모든 교육자들이 알아야 할 점은 교육내용을 고려해 보면, 우리가 선택할 수 있는 방법은 제한될 수밖에 없습니다. 예를 들어, 도제제도 아래서 스승이 강압보다는 선도하려고 할 때 도제가 더 좋은 영향을 받습니다. 우리는 목공을 조금 더 잘하는 사람과 함께 함으로써 그에게서 목공을 배웁니다. 우리는 우리보다 나은 사람과 대화를 함으로써 보다 더 나은 사고방식을 배웁니다. 그리고 이 경우 가르쳐 주는 사람은 보이스카우트나 전통 사립학교에서 '모범'을 중시하는 카리스마일 필요는 없습니다. 그저 역량을 갖추고 있으면서 자신의 소임에 책임감을 느끼면서 이를 떳떳하게 제시할 수 있는 별도의 능력을 갖추면 될 듯합니다. 진보주의자들은 종종 전통적인 수업방식talk and chalk을 반대하고 언어를 사용한 수업방식을 권위주의적 방식이라고 혼동합니다. 그러나 대부분의 훌륭한 교사들은 수업 중 지시, 명령, 반복학습만 시키는 데 그치는 것이 아니라 진지하게 설명을 하는 데 있어서 생생한 육성을 사용합니다.

내가 보기에는 예증과 설명이 교육에서 가장 중요한 수업방식인 것 같습니다. 수업 중 지적인 요소가 명시적으로 제시될 경우에 태도, 이를테면 민감성, 비판적 사고, 인간 존중, 진리 추구 등의 태도가 하나의 기량으로 획득되어 개발됩니다. 그러나 수단-목적 모형은 실행하는 데 그렇게 요원한 것이 아닙니다. 물론 가치는 그 실행하는 데 포함되어 있습니다. 실행 과정에 가치가 포함되어 있지 않다면 그것은 '교육'이라고 칭할 수 없습니다. 그러나 가치는 교육의 과정상 종착점에서 얻을 수 있는 결과물이 아닙니다. 가치는 교육을 통하여 획득하는 기량과 절차상 대대로 이어져 온 문화적 전통과 양립해 있습니다. 과거 아리스토텔레스가 다음과 같이 말했습니다.

> 우리가 실행하기 전에 배워야 할 것들은, 우리가 그것들을 함으로써 배운다. 예를 들어, 인간은 건축을 함으로써 건축가가 되고, 리라를 연주함으로써 리라 연주자가 된다. 이와 같이 실행을 함으로써 성품이 획득되듯이, 정의로운 행동을 함으로써 정의로운 사람이 되고 온화한 행동을 함으로써 온화한 사람이 된다. … 하지만 정의롭고 온화한 사람은 단순히 정의롭고 온화한 행동을 해서가 아니라, 정의롭고 온화한 사람이 하는 행동을 함으로써 그가 정의롭고 온화한 사람이 되는 것이다.[12]

---

12) 아리스토텔레스, 『니코마코스 윤리학』 제2권에 나오는 내용이다. 원문에는 인용 부분 표시가 없다. 하지만 인용문의 앞부분은 제2권 제1장(1103a)이며, 뒷부분은 제4장(1105b)에 나오는 내용이며, 이 둘을 조합한 것이다. 이 인용문에서 아리스토텔레스의 논점은 도덕적 덕목(moral virtues)을 획득하는 데 난점이 있다는 점을 강조하는 데 있다. 하지만 피터스의 논점은 도덕적 덕목에 난점이 있는 것이 아니라 아리스토텔레스의 주장을 근거로 하여 덕목(즉, 교육목적이 추구하는 가치)은 훌륭한 교사와 함께 하며 일종의 모방에 의하여 획득될 수 있다는 점이다. 저자의 이러한 입장은 본서 제12장에서도 확인할 수 있다.
　아리스토텔레스의 저작 영역본이 제각기 번역이 다르다. 저자가 인용한 영역

이렇게 보면 우리가 경륜 있는 실천가들과 함께하면서 배우지 않는다면, 어떻게 이런 일이 일어날 수 있으며, 누가 그들이 하는 일은 이해할 수 있으며, 또한 누가 그것을 다른 사람들에게 설명할 수 있을까요?

전달되는 모든 교육내용은 가치가 있습니다. 내가 앞서 말씀드린 것처럼, 어떤 것이건 교육적인 가치가 있다고 볼 수 있습니다. 그리고 특정한 방식을 선호하는 사람은 그것에 부합하는 내용을 선정하고 자신이 선호하는 모형에 따라 전달될 수 있는 최선의 방식을 채택하게 됩니다. 권위와 반복 훈련을 중요하다고 여기는 사람은 규칙을 준수하는 것이 명료하고 엄격하며, 초기 단계에서도 합리적인 설명이나 경험 학습이 필요하지 않는 라틴어와 산술 교과를 선호합니다. 진보주의자들은 예술, 드라마, 체험학습처럼 인위적인 요소가 전적으로 배제되어 있는 교과를 선호합니다. 그리고 합리적인 교수방법을 신봉하는 사람은 대부분 과학, 역사, 기

문은 David Ross가 번역한 Oxford Classics 중 *The Nicomachean Ethics* (1925, Oxford University Press)이다. 물론 희랍어 원본을 토대로 번역한 번역서도 있지만, 애석하게도 국내에 번역된 내용도 각기 다른 영역본에 상응할 만큼 다르게 번역되어 있다.

한편, 위의 영역본과 함께 많이 참고하는 Penguin Classics 중 J. A. K. Thompson이 번역한 *Ethics* (1953, Penguin)에는 위의 인용 부분이 다음과 같이 영역되어 있다. 전혀 다른 의미를 전달할 가능성을 확인할 수 있다.

Anything that we have to learn to do we learn by the actual doing of it: people become builders by building and instrumentalists by playing instruments. Similarly we become just by performing just acts, temperate by performing temperate ones, brave by performing brave ones. ⋯ but what makes the agent just or temperate is not merely the fact that he does such things but the fact that he does them in the way that just and temperate men do.

하학과 같은 교과를 선호합니다. 현명한 교사라면 일차적으로 자신의 학생들에게 관심을 쏟을 것이라고 나는 생각합니다. 화이트헤드가 주장한 바와 같이, 낭만의 단계가 엄밀성의 단계에 선행하기 때문입니다.[13] 그러나 흥미가 주어진 경우, 교사는 자신이 가르치고자 하는 교육내용에 합당한 절차를 선정해야 합니다.

일반적으로 사람들은 사회생활을 하면서 삶을 즐겨야 할 경험의 총체 또는 극복해야 할 역경의 연속으로 여기지 않고, 오히려 위안의 장소에 심신이 편히 쉴 수 있도록 극복해야 할 장애의 연속이나 아니면 개인적으로나 사회적으로나 선호하는 유형에 맞추기 난해한 상황으로 여기는 경향이 있습니다. 물론, 많은 일들이 구체적이고 한정된 상황에서 우리가 달성해야 할 목표로 짜여 있습니다. 그러나 이렇게 각박하게 삶의 목표를 추구하게 되면, 삶의 의미나 정치활동의 목적을 과장되게 부풀릴 수 있습니다. 그러면 자아실현, 최대 다수의 최대 행복, 계급 없는 사회와 같은 거창한 구호가 삶의 위대한 여정을 향한 멀고먼 종착지로 가도록 우리를 유혹할 것입니다.

이처럼 교육목적을 너무 포괄적으로 설정하면, 마치 암흑 속에서 공허한 신호를 보내듯이, 수단-목적의 편협한 모형을 넘어서 터무니없이 집착을 하게 됩니다. 왜냐하면 인간은 어리석기도 하고 환상적이기도 한 인종 순수성과 같은 목표를 달성하기 위해 다른 인종에게 잔악무도한 짓을 할 수 있기 때문입니다. 사람들이

---

13) 학생들의 흥미가 중요하다 하더라도 그 다음 단계 교사에 의하여 주도되는 절차가 있어야 흥미가 교육적인 의미를 갖게 된다는 뜻이다. 제8장의 역자 각주 29) 참조.

자신이 추구하는 목적에 열광할 때 반드시 물어야 할 중요한 질문은 그 목적을 실행하기 위하여 어떤 방법이 채택되었는가 하는 점입니다. 그런 다음 우리는 그것의 도덕적 문제를 현실적 차원에서 다루어야 합니다. 사실 사람들은 왜 기술공학을 토대로 한 목표 달성 방식을 선호할까요? 군수품의 조달처럼 권위주의적인 규제 방식을 선호하는 사람들이 있습니다. 또한 자신들의 목표 달성을 위하여 다른 사람들을 이용하고 거기에 꿰맞추는 사람들도 있습니다. 반면에 합리적 원리에 입각하여 의사결정을 하고 자신과 견해를 달리 하는 사람들에게 최대한 관용을 베푸는 사람들도 있습니다. 또한 선입견이란 바로 자신에게 사적 이익이 곧 동료에게는 지옥이라고 믿는 사람들도 있습니다.

이러한 절차상의 차이는 가족 문제, 경제 문제, 정치 문제를 다루는 데 있어서 유독 강조할 필요가 있습니다. 교육 영역에서는 사람이 다른 사람에게 미치는 영향이 더욱 부각되므로, 그리고 자신이 선호하는 절차를 채택할 수 있는 권위를 행사하는 사람들이 존재하는 영역이어서 이러한 절차상의 차이는 강조되어야 합니다. 내가 말하고자 하는 논점은, 교육목적 논의가 곧 절차적 원리상 차이를 드러낸다는 것입니다. 과거 청교도나 가톨릭 모두 하나님 나라를 전도한다고 생각하였지만, 서로 그 추진 방식이 현격히 다르다고 생각하였습니다. 그 결과 그 방식의 차이가 엄청난 하나님 나라를 만들어 버렸습니다.

물론 교육의 일반 목적에 관한 논의가 오로지 절차상의 원리 또는 공적 요구와 사적 욕망 중 어느 것이 중요한가에만 영향을 미치지는 않습니다. 교육목적 논의는 교육내용의 가치, 즉 예술 교과가 과학이나 역사와 달리 어떤 장점을 지니는지를 평가하도록 합니다. 그러나 이러한 교과 간의 가치 비교에 포함된 중요한 논점은 자아실현, 삶의 질, 행복 등과 같은 논의를 하면서 묻혀 버립니다. 이를테면, 어떤 자아를 실현해야 하는가? 어떤 삶의 질이 영속할 가치가 있는가? 오랜 기간 사용된 사례를 들어 말하자면, 교사는 실용적 기술보다 시를 가르치는 것[14]이 가치 있는지 여부를 늘 염두에 두어야 합니다. '보다 가치 있는' 활동의 정당화 문제는 윤리학에서 가장 어렵고 끈질긴 문제 중 하나입니다. 그러나 자아실현의 경우처럼 총괄적인omnibus '종착점ends'을 언급하는 것은 정당화 문제를 모호하게 하는 데 그치지 않으며, 오히려 정당화 문제를 '도구적' 관점에서 바라보게 합니다. 가치 있는 활동이 모호한 목적에 이끌려 가는 이유는 그 활동의 외적인 목적을 설정한 다음에 그것에 비추어 교육을 정당화해야 한다는 그릇된 가정 때문입니다. 교육을 구성하는 가치 있는 활동에 내재되어 있는 삶의 질을 존중해야 하며, '자아실현'과 같은 교육목적은 이러한 활동에 비추어 설명할 수 있다는 가정이 진실입니다. 그러므로 '삶'의 의미를 자아실현의 경우처럼 학교와 대학 밖에서 일어나는 일에 비추어 찾고자 하는 경우에도, 삶을 위한 교육이 아니라 교육을 위한 '삶'에 함의된 의미를 찾아야 합니다.

---

14) poetry rather than push-pin. 교육철학 논의에서 자주 인용되는 상용구로서, 직역하면 '제도용 판보다는 시가 중요하다'는 뜻이다. 본문에서는 교사는 실용적인 교과에 앞서 시와 같은 비실용적인 교육내용을 왜 가르쳐야 하는지에 관하여 늘 경각심을 지니고 있어야 한다는 뜻이다.

제11장

지성 계발과 인격 형성[1]

아리스토텔레스 이래로 교육자들 사이에서 이어진 가장 오래 된 논쟁이 있어 왔습니다. "인류는 최상의 교육내용으로 덕에 초점 을 맞추어야 하는지, 아니면 최상의 삶에 초점을 맞추어야 하는지 결코 동의한 바 없다. 교육이 지성 계발에 초점을 맞추어야 하는 지 아니면 도덕적 덕목에 초점을 맞추어야 하는지도 분명하지도 않다. 교육 현실은 매우 난감한 것이어서 어떤 원리에 입각하여

---

1) 이 장의 원제목은 'Training Intellect and Character'이다. 우선 'training'은 '훈련'이 아니라 '양성(養成)'으로 번역해야 옳다. 이 용어는 저자의 다른 책 『윤리학과 교육』 제1장과 본서에서 제8장에서 언급한 교육의 인지적 준거를 결여한 개념인 '훈련'이 아니다. 만약 '훈련'으로 번역하게 되면, 이 글의 제목이 지성을 훈련한다는 뜻이 되 므로, 자신의 주장과 일치되지 않는다. 이때 훈련은 도야(discipline)를 수단으로 하 는 희랍의 '테크네'에 근거하여 채용된 말이다. '교사 양성'이 'training for teacher'의 번역어라는 데서 알 수 있듯이 'training'이라는 말은 '양성', '육성' 또는 '형성'의 의미 를 갖는다. 이어 'intellect'는 미국 프래그마티스트들이 사용하는 '지력(intelligence)' 와 구분하여 '지성'이라고 번역한다. 그리고 'character'는 의미상 '성격'도 되고 '인격' 도 모두 가능한 번역어이므로, 문맥에 따라 달리 번역하기로 한다. 따라서 이어지는 두 번째 문단에서 'character-training'은 '인격 형성'이 된다. 하지만 이 역시 문맥에 따라 '인격 훈련'이라고 번역한다.

교육이 실행되어야 하는지 아무도 모른다. 즉, 양성의 초점이 일상적 유용성에, 도덕적 덕목에, 고등지식에 맞추어져야 할지는 아무도 모른다."[2]고 아리스토텔레스는 말한 바 있습니다.

킬패트릭[3]은 이 문제가 미국의 교육자들을 양분하는 기본적인

---

2) 이 인용문은 아리스토텔레스의『정치학』제8권 제2장(1337a)에 나오는 말이다.『정치학』의 이 장은 매우 짧지만, 오늘날로 보면 교육목적을 따로 다룬 장이다. 각기 영어본의 번역문이 다르지만, 이 인용문을 중심으로 아리스토텔레스가 주장하는 논점은 대체로 두 가지이다. 하나는 교육목적이 덕의 함양에 있어야 하는지, 아니면 그가 최종 목적이라고 칭한 유대모니아(*eudaimonia*)에 맞추어야 하는가에 있다. 이 논점은 본서에서 피터스 교수가 논의를 이끌어 가는 단초가 된다. 이는 곧 지성을 개발해야 하는가, 아니면 인격(덕성)을 함양해야 하는가의 문제가 되기 때문이다. 다른 하나는 이를 위하여 교육현장에서 무엇에 초점을 두고 가르쳐야 하는가에 있다. 이는, 인용문에서 보면, '유용성', '도덕적 덕목', '고등 지식'이라고 되어 있지만, 이 세 가지는 그의『니코마코스 윤리학』제1권 제1장(1094a)에 나오는 인간 활동인 포이에시스(*poiesis*), 프락시스(*praxis*), 테오리아(*theoria*)와 이에 상응하는 능력인 테크네(*techne*), 프로네시스(*phronesis*), 에피스테메(*episteme*)를 각각 가리킨다. 그러나 아리스토텔레스는 자신의『니코마코스 윤리학』전반에 걸쳐서 오늘날 기술이라고 하는 테크네는 유용성(*utilitas*)만을 추구하는 능력으로서 폄하하고, 인용문 뒤에 이어지는 내용에서도 알 수 있듯이, 이 능력을 다른 활동(즉, 프락시스와 테오리아)에 수단으로 활용되는 능력으로 간주한다. 앞의 각주에서 지적하였듯이 'training'이라는 말을 지성과 성격의 양성에 적용한 것은 희랍의 '테크네'가 다른 활동의 수단으로 사용된다는 것을 보여 준다. 그리하여 그는 도덕적 능력으로서 습관과 이성적 능력으로서 이론적 활동, 또는 도덕적인 덕(moral virtues)과 지적인 덕(intellectual virtues)으로 나누어 언급한다(1103a).『니코마코스 윤리학』은 제1권에서 제시한 세 가지 활동에 바로 이어 제2권에서 도덕적 덕을 논의하기 시작하여 제10권에서는 이론적 활동을 강조하면서 마무리된다. 정리하면, 저자는 도덕적 습성과 이론적 능력 중 어느 것에 초점을 두어야 하는가를 논의함에 있어서 아리스토텔레스의 이분법을 단초로 하여 논의를 전개하지만, 이 두 가지가 별개의 교육적 과업이 아님을 논증한다.

3) William Heard Kilpatrick (1871~1965). 미국의 진보주의 교육자. 컬럼비아 대학 교수를 역임했으며, 존 듀이 등과 함께 진보주의 교육운동(미국의 신교육운동)의 지도자로서 활동하였다. 여기서는 도덕적 습성 함양과 이론적 능력 개발의 양론을 킬패트릭이 각기 페스탈로치와 알렉산더식 교육으로 소개하고 있다.

쟁점이라고 말한 바 있습니다. 한쪽에서는 알렉산드리아의 학교가 고대 희랍의 지혜를 전승하기 위하여 노력했던 것처럼 서적 위주의 교육내용을 강조하는 이른바 '알렉산더식 교육'을 말하며, 다른 한쪽에서는 "교육의 최종 목적은 인격 형성이어야 한다."는 페스탈로치[4]식 새로운 교육 개념을 말합니다.

이 강연에서 나의 목적은 이처럼 상이한 교육목적에 근거한 교육정책 방향을 설정하거나 축구 연습보다는 철학 수업에 시간 배당을 하는 교육과정 설계를 논하자는 것이 아닙니다. 그보다도 나는 지성 도야와 인격 양성에 있어서 근본적인 차이가 없음을 보여주고자 합니다. 교육자들이 지니고 있는 근본적인 차이는 그들이 교육현장에서 채용하는 교육방법에 있다고 봅니다. 지난 10번째 강연에서 말씀드린 바와 같이, 갈등은 교육목적에 있는 것이 아니라 절차상의 방법론에 있습니다. 인격 형성은 주로 알렉산더식 교육방법에 의존하며, 지성은 루소[5]조차도 인정해야 할 방법에 의하여 계발되어야 합니다.

지성의 경우를 먼저 살펴보기로 합니다. 킬패트릭과 같은 진보주의자들이 지성의 계발에 반대한다는 점을 고려할 때, 그들이 반대하는 것은 지성이 계발되는 방법적 측면임을 발견하게 됩니다.

---

4) Johann Heinrich Pestalozzi (1746~1827). 교육이상으로 전인적 인격 도야를 주장한 스위스의 교육자. 그의 저서 『은자의 황혼』, 『린하르트와 게르트루트』는 우리 교육계에 친숙하게 알려져 있다. 이 글의 맥락으로 보면, 페스탈로치가 이성의 작용보다는 덕성의 함양을 통하여 '전인'을 강조한 점을 말한다.

5) Jean Jacques Rousseau (1712~1778). 본서 제8장 역자 각주 8) 참조. 여기서는 전통교육에서 강조하는 지성의 계발을 전통교육을 반대했던 루소조차도 수용하고 있다는 점을 지적하고 있다.

그 방법상 절차에는 권위가 작용하고 반복적 학습이 동원된다는 것을 확인할 수 있습니다. 아동이 흥미를 가지고 있는 내용이 어떤 것인지를 일체 고려하지 않은 것입니다. 즉, 아동에게 이익이 되는 것을 그 자신이 알아야 한다는 문제가 도외시되었다는 것입니다. 어느 교육자는 "기본 교육[6]이란 아이가 세상의 온갖 알아야 할 것을 기억하도록 머리에 집어넣는 것이 아니라 아이 자신에게 좋은 것이 되면 그뿐이다. 당장에는 그것을 내팽겨 쳐도 나중에 아이가 자라면 그것을 즐기게 될 것이다."라고 말하기도 합니다. 이 말은 아동이 현상태에서 형성되어 가는 성인이라는 뜻입니다. 그러나 아이가 암기해야 할 것은 암기해야 합니다. 책에 담긴 내용과 교사가 가르치는 내용은 모두 아이에게 중요합니다. 아이는 가끔 시험도 치러야 합니다. 시험은 학생이 교사에게서 배운 내용을 과연 제대로 알고 있는가를 확인해야 하는 정해진 방식입니다. 채점은 기계적이기 마련입니다.

　　다른 활동에 비하여 교육이 많은 양의 정보를 전달해 준다는 데 이의를 제기할 사람은 없습니다. 교육은 정보를 제공해 주는 절차이고 다소 혐오감을 불러일으키기도 하지만 그로 인하여 직업상 요구되는 자질을 갖추게 합니다. 화이트헤드는 이 문제를 다음과 같이 피력한 바 있습니다.

---

6) elementary education. 이 용어는 미국과 달리 영국에서 초등교육을 의미하지 않는다. 이 용어는 기술교육, 직업교육에 대한 일반교육이라는 뜻과, 고등교육에 대하여 기초교육이라는 뜻을 가진다. 그러므로 '기본교육(basic education)'에 가까운 뜻을 가진다. 참고로 영국에서 초등교육, 초등학교는 각각 primary education, primary school이라고 표현된다.

문화는 생각하는 활동이며, 인간만의 감수성과 아름다움을 받아들이는 활동이다. 주워 담은 정보들은 문화를 획득하는 데 아무 소용이 없다. 단지 많은 것만 알고 있는 사람은 신이 내린 이 땅에서 가장 쓸모없는 한심한 인간이다.[7] … 교육은 지식의 활용 능력을 획득하는 것이다.[8] … 교육의 문제는 학생에게 사물을 통하여 의미를 보게 하는 데 있다.[9]

듀이와 마찬가지로, 화이트헤드도 단순한 지식의 습득을 '무기력한 아이디어'라고 하여 비판하였고, 흥미와 관련된 지식의 습득이 중요함을 강조하셨습니다. 또한 루소가 지적하였듯이, "학문적 분위기는 정작 학문을 파괴한다."[10]는 말을 자주 합니다. 그러나

---

7) 원문에는 출처를 표시하지 않았으나, 이 글은 화이트헤드의 논문 '교육의 목적'이 시작하는 문장들이다. A. N. Whitehead, 1932, The Aims of Education, in *The Aims of Education and Other Essays*. 1950, (2nd ed.) London: Ernest Been. p.1. 원문은 다음과 같다. Culture is activity of thought, and receptiveness to beauty and humane feeling. Scraps of information have nothing to do with it. A merely informed man is the most useless bore on God's earth.

8) 상게서 6쪽. 원문은 다음과 같다. Education is the acquisition of the art of the utilisation of knowledge.

9) 상게서 10쪽. 원문은 다음과 같다. The problem of education is to make the pupil see the wood by means of the trees. 즉, 잡다한 사실과 정보의 습득이 아니라 사물을 온전하게 지각함으로써 거기에서 의미를 파악하도록 하는 것이 교육이라는 것이다. 이상 세 가지가 조합된 이 문장들을 통하여 저자 피터스는 두 가지 방식의 교육이 모두 요구되며, 그 결과로 '교육받은 사람'은 세계와 실상을 의미 있게 보는 능력을 지닌 사람임을 강조한다.

10) The scientific atmosphere destroys science. 루소의 『에밀』 제3권에 나오는 말. 이 말은 아이들의 자발성이 중요하다는 점과 함께 아이가 스스로 알게 된 것보다 타인(교사)에게서 배운 것은 명료하지도 않고 확실하지도 않다는 주장을 담고 있다. 루소에 따르면, 이어지는 문장에서 알 수 있듯이, 주어진 여건에 따라 학습을 하는 것은 '이성이 권위에 노예적으로 굴종하는 습관'을 갖게 하는 것이다. 그러나 피터

반드시 엄밀성과 도야가 있어야 공부를 할 수 있습니다. 하지만 공부는 아이들이 노력을 경주할 경우에 가능한 것이지, 교사가 일러 주는 대로 따라한다고 되는 것은 아닙니다.

한편 알렉산더식 절차도 아동의 흥미와 그 효용성을 무시할 뿐만 아니라, 배울 내용을 경솔하게 보는 태도를 조장합니다. 교사는 제도적으로 권위를 부여받은 존재이지만, 자신이 가르치는 내용에 대하여 선불리 권위를 내세우기 쉽습니다. 교사는 학생들에게 자신의 말은 자신이 말했기 때문에 또는 책에 그대로 나온 내용이기 때문에 곧이곧대로 받아들여야 한다고 주장할 수 있습니다. 그러나 이런 주장은 라틴어 격변화나 수학 공식을 가르칠 경우에만 타당하게 들립니다. 왜냐하면 이 교육내용에는 정확성이 엄격하게 준수되어야 할 기준이 있으며, 논란이나 정당화할 의문의 여지가 없기 때문입니다. 하지만 역사나 과학의 경우는 다릅니다. 비판이나 검증이 목숨처럼 중시됩니다. 그러나 역사나 과학도 지적 모험이 아니라 기존 지식의 축적으로 여겨지기도 합니다. 지식은 전수되지만 그 자체가 비판적으로 사고하는 습관이 아닙니다.

자연 상태에서 또는 권위자로부터[11] 정보를 습득함으로써 비판적 사고를 배웠다고 생각하는 것은 정말로 해괴한 발상입니다. 루

스는 과학이나 역사를 공부함에 있어서 거기에 담겨진 규칙을 '엄밀하게' 준수하지 않는다는 것이 과연 타당한가에 의문을 제기한다. 또한 교사의 역할을 부정하는 소극적 교육도 비판한다.

11) '자연 상태에서' 또는 '권위자로부터'라는 표현은 킬패트릭 방식과 알렉산드라아식에 상응하지만, 결과적으로 각기 본서의 제8장에서 소개한 성장 모형과 주형 모형을 뜻한다.

소가 경험에 의하여 사고의 방법을 배운 로빈슨 크루소와 책을 통해 배운 사람을 구분한 것[12]은 터무니없습니다. 사실 사람은 사고하는 법을 이미 배운 사람을 통하여 사고하는 법을 배웁니다. 학문은, 여러 가지 동기가 있을 수 있지만, 선대로부터 전수받은 지식에 대하여 의문을 가지게 될 때 성립하는 것입니다. 마치 고대 희랍 초기의 밀레토스 학파가 그러했듯이, 학문은 호기심에서 촉발된 비판적 토론입니다. 학문이 전제하는 내용이 심각하게 도전을 받게 되면, 그것을 방어할 근거와 함께 대체할 새로운 전제의 근거가 나오게 마련입니다. 학문에서 이 점은 사실입니다. 특정인의 권위에 의존해야 소용없는 일입니다. 학문에서 추구하는 사실은 사람들이 의존하고자 하는 최신판 교재에 포함되길 기대하는 내용이 아닙니다.

사고할 줄 아는 사람은 스스로의 생각에 반론을 제기하는 사람입니다. 플라톤이 주장했듯이, 철학은 영혼이 스스로와 하는 대화입니다. 그러면 비판적 사고를 하는 사람과 함께 하지 않고도 이런 일이 가능할까요? 비판적 사고란 탐구의 여정에 몸담고 있는 과학자나 역사가가 도달해야 할 목적지가 아닙니다. 비판적 사고는 그들이 과학자로서 역사가로서 따라야 할 절차입니다. 그리고 만약 그들이 지성의 계발이 중요하다고 믿는 교사라면 알렉산더식 교육자일 필요는 없습니다. 그들은 자연의 섭리에 호기심을 품고서 학생들에게 자신이 이전에 품었던 호기심을 전달해 주려고

---

12) 역시 루소의 『에밀』 제3권에 나오는 예시이다. 루소는 책을 통한 학습을 반대하면서 무인도에서 체험을 통하여 살아가는 법을 터득한 로빈슨 크루소의 예를 들고 있다.

합니다. 그들은 정보를 전달하는 방식에 따르기는 하지만, 어디까지나 비판적 사고력을 길러 주려는 데 관심이 있습니다. 학생에게서 잘못을 전혀 지적받을 수 없다면 그는 참으로 형편없는 교사입니다.

지성의 계발은 교육자가 진정으로 해야 할 과업인 인격 형성에 반대된다고 비판을 받습니다. 그러나 나는 이제부터 인격 형성이 지성의 계발을 뜻하는 알렉산더식 교육에 따른다는 점을 밝히고자 합니다.

교육학 언어로서 '인격character'은 사회학에서 '차별폐지group integration'와 같은 기능을 합니다. 사람들은 인격이나 차별폐지에 기여했다고 하면서 들뜬 기분에 휩싸이기 쉬우나 그들이 무엇을 증진시켰는지 결코 분명하지 않습니다. 인격 형성은 상황에 관계 없이 사내아이를 거칠게 또는 과감하게 만드는 것을 뜻합니다. 리처드 리빙스턴 경[13]과 '아웃워드 바운드 운동'[14] 지지자들이 인격 훈련을 세상에 어디에도 통용될 만병통치약으로 여길 것입니다. 그러나 그들이 과연 자신의 입장에 맞는 주장을 하는 것일까요? 내가 보기에, 한 인간의 인격character이란, 마치 '기질trait'이라는 말처럼, 그를 드러내 주는 특징을 말합니다. 따라서 인격이란 곧 자신의 일을 처리하는 방식에 있어서 나름대로의 특징, 이를테면 정직하게, 이기적으로, 완고하게 처리하는 특징을 말합니다. 그 사

---

13) Sir Richard Winn Livingstone (1880~1960). 영국의 고전학자, 교육학자로서 자유교과의 중요성과 고전을 통한 전인교육을 강조한 인물이다.
14) Outward Bound. 1941년 영국에서 로렌스 홀트(Lawrence Holt)와 커트 한(Kurt Hahn)이 설립한 국제기구로서 모험적 훈련을 통해 협동심을 기르는 국제적 단체이다.

람의 본성[15]은 그가 추구하는 바에 따라 형성된 욕망이나 성향을 통하여 알 수 있습니다. 그러나 한 사람의 성격은 그의 욕망과 성향을 토대로 하여 추구하는 일의 방식에 비추어 파악됩니다.

하지만 이러한 의미상 구분을 정교하게 한다고 해도 '인격'이라는 말이 어김없이 다른 용법으로 사용되기도 합니다. 우리가 이 말을 가치중립적으로 사용할 경우, 성격 유형처럼 서로 구분할 수 있는 '성격'의 두 번째 뜻으로 사용할 수 있습니다. 그래서 우리는 이 구분을 통해서 '성격을 지녔다having character'라는 표현을 할 수 있습니다. 내가 보기에, 이 구분은 인격 형성을 논의하는 데 매우 중요합니다. 왜냐하면 이 말의 두 가지 의미는 알렉산더식 교육방식과 다소 덜 권위적인 교육방식의 구분과 관련되기 때문입니다. 하지만 성격이라는 뜻으로 사용한다고 하여, 프로이트, 라 브뤼에르[16], 테오프라스투스[17]와 같은 성격학자들처럼 성격 유형을 분류하는 데 초점을 맞출 의도는 없습니다. 또한 한 개인의 성격 형

---

15) nature. 이 말이 관사 없이 사용되면 '자연'을 뜻한다. 그러나 관사가 붙거나 인물을 수식할 경우는 '본성(essence)'이라는 뜻이다. 이하에 설명이 나오지만 '성격'은 어떤 일을 수행하면서 드러나는 특징이지만, 본성은 이와 관계없이 그 사람의 바탕을 뜻한다. 하지만 우리말의 '인격'은 간혹 바탕을 뜻하기도 하여 영어 'character'의 번역어로서 혼동을 일으킬 수도 있다. 그러나 '인격'이라는 말의 쓰임새를 보면, '본성'은 영어 'character'에 상응한다고 볼 수 있다. 이를테면, "그는 그들의 유혹에 넘어가지 않는 인격자였다."처럼 일을 당하여 드러나는 특성을 가리키기 때문이다.

16) Jean de La Bruyère (1645~1696). 프랑스의 철학자, 도덕론자. 그는 당시의 풍속과 사람들의 성격을 풍자적으로 묘사한 것으로 유명하다.

17) Theophrastus (371~287 BC). 고대 아테네 아리스토텔레스를 계승한 소요학파의 한 사람. 동물학, 물리학, 심리학, 형이상학 등 다방면의 역작을 남긴 바 있으며, 여기서는 도덕적 성격에 관한 주장을 하여 소개된 것으로 보인다. 이와 관련된 그의 저술이 Characters (Ἠθικοὶ χαρακτῆρες)이며, 여기서 30가지의 도덕적 성격 유형을 구분했다고 한다.

성을 가지고 지루하게 끌 의도도 없습니다. 내가 원하는 바는 가치중립적인 첫 번째 의미에서 성격과 '인격을 지녔다'처럼 규범적 세 번째 의미를 다루고자 합니다. 만약 하녀가 어떤 성격을 지녔다면, 장차 그녀를 고용할 사람은 하녀가 시중을 들면서 드러내는 특성, 즉 그녀에게 각인된 사회적 코드의 일부를 알게 될 것입니다. 이런 의미의 '성격'은 '낙인stamping'이라는 비유가 적절한 설명을 해줍니다. 내가 십대 학창 시절에 교육의 절차로서 밟은 학업 성취의 결과는 일종의 낙인에 해당할 것입니다. 대체로 이러한 낙인은 권위와 훈령의 결과로 얻어지게 됩니다.

다른 한편, 어떤 사람이 '인격을 지녔다having character', '인격자a man of character'라고 할 경우, 그 뜻은 그의 성격 특성을 종합해 놓은 것을 뜻하지 않습니다. 알렉산더 교황이 여성은 인격을 지니지 않았다고 언급한 경우, 그는 여성이 부정직하거나, 이기적이거나, 거짓말 잘한다는 뜻으로 한 말이 아닙니다. 모르기는 해도 교황은 여성이 분위기와 유혹에 약하다는 소신에 따라 그들이 변덕스럽고, 정숙하지 못하며, 산만하다는 점을 지적한 것입니다. 아니면 여성이 모든 행동 기준을 전적으로 남편에게 의존하거나 파당에 휩싸여서 행동한다는 점을 말하고자 한 것인지도 모릅니다. 우리는 인격의 고결성[18]을 언급합니다. 이 말은 어떤 사람이 특정한

---

18) integrity of character. 이 용어의 정확한 우리말 번역어는 완결한 인격을 갖추는 것만큼 찾기 어렵다. 그러나 우리가 그는 '나무랄 데 없는 인격자', '인격을 완성한 분', '고매한 인격' 등의 표현에서 알 수 있는 바와 같이 여기서 'integrity'는 완결성, 고결성, 정직함, 성실성, 청렴함 등을 뜻한다. 그러나 도덕적으로 '완결'이 불가능하므로 '고결성'이라고 번역한다. 마침 영어사전에도 'uprightness'라는 뜻의 '고결성'이라고 나와 있다.

특징을 드러낼 경우에 사용하지 않고, 어떤 성격 특성을 보이더라도 그 특성을 드러내는 방식에 있어서 자기 통제력과 일관성을 지닌다는 뜻입니다. 인격의 고결성을 지닌 사람은 욕구에 이끌려 행동하지 않고, 쉽게 타락하지 않으며, 주변 사람들에게 자기 자신을 내세우지 않습니다. 프로이트 용어로 그는 강력한 에고ego를 지닌 사람이어서 자신의 이드id나 슈퍼에고super-ego에 흔들리지 않습니다. 그는 고대 스파르타의 용감하고 절제할 줄 아는 스파르타 군인과 다르지만, 독재자, 광신자, 폭군의 타락한 압제에 놓이게 되면 과감하게 자신을 희생할 줄 아는 사람입니다.

'인격을 지닌' 사람은 시류에 따라 살지 않아 일관되지 않게 보일지도 모릅니다. 그는 친구를 추켜세우는 데 인색할지는 모르지만, 자신의 가족을 즐겁게 하는 일에는 지극정성을 다합니다. 집안에서는 말쑥하게 차려 입지 않지만, 직장에서는 단정하게 차려 입습니다. 그는 이혼하는 커플의 양쪽 어느 편도 들어 주지 않습니다. 자신의 규칙을 준수하는 데 일관되어 보이지 않아도 그것은 그의 사적 욕구에 이끌리거나 사회적 압력에 굴복해서 그런 것이 결코 아닙니다. 그는 자신이 정한 범위 속에서 스스로가 정한 규칙을 늘 준수하지만, 예기치 않은 상황 변화에 따라 현명하게 규칙을 변용할 수도 있습니다. 대체적으로 그가 준수하는 규칙을 결정하는 준거는 보다 상위의 도덕 원리에서 나옵니다.

자신의 고전적 저술인 『성격 심리』에서 로백[19]은 '성격'을 '일정

---

19) Abraham Aaron Roback (1890~1965). 유태계 미국의 심리학자. 이어 소개된 그의 정의는 'an enduring psycho-physical disposition to inhibit instinctive impulses in accordance with a regulative principle'이다.

한 원리에 따라 본능적 충동을 억제하는 지속적인 심리적-육체적 성향'이라고 정의한 바 있습니다. 여기서 원리는 영화 '콰이강의 다리'[20]에서 니콜슨 대령Colonel Nicholson이 보여 준 원리, 즉 장교는 어떤 상황에서건 부하를 돌보아야 하며, 상관에는 복종해야하고, 포로에 관한 국제협약을 존중하는 원리에 상응할 것입니다. 아니면 인격에 담긴 원리는 자신의 이익을 위하여 타인을 악용하지 않으며, 타인의 재앙을 최소화하도록 도와주는 데서 찾을 수 있습니다. 오히려 그 원리에 따르면, 국가, 교회, 정당의 이익을 증진하는 일에 의구심을 갖게 됩니다. 그가 '인격을 지녔다'고 할 수 있는 것은 자신이 세운 대전제에 비추어 유사시에 특정 규칙을 적용함에 있어서 유혹에 넘어가지 않고 사회적 압력에 굴복하지 않기 때문입니다. 물론 인격을 지닌 그 사람이 나쁜 짓을 하는 경우도 있을지 모릅니다.

이러한 인격을 형성하는 교육적 절차가 무엇인지를 확인하는 것이 난제입니다. 피아제는 발달단계에 따라 아이가 다른 근거에서 규칙을 갖게 된다고 주장합니다. 그에 따르면, 아이들은 약 7세가 되기 전에는 규칙의 의미를 알 수 없으며 규칙에 따라 행동을 통제할 수 없습니다. 그때까지 아이들은 자기들을 초월하여 부여되는 불가항력의 규칙을 수용할 뿐입니다. 내가 보기에, 아이들은 여러 규칙이 상충하는 상황에서 자신이 선택할 수 있을 경우에 인격을 형성하기 시작합니다. 그러나 이는 진보주의자들이 좋아하는 방식인 일상적 행동을 이행하는 평범한 경험에 따라 일어나지 않습니

---

20) *The Bridge on the River Qwai*. 제3장 역자 각주 16) 참조. 여기서는 리더십에 해당하는 성격과 도덕적 인격을 다루고 있다.

다. 어른이 인격을 지닌 경우도 자신의 원리에 맞는 행동 근거가 있어야 합니다. 인격을 지닌다는 것은 감정적 찬사pep-talk와 다릅니다. 실천적 지혜는 설교로 전달할 수 없습니다.

인격 형성에 관한 모든 것을 말로는 다할 수 있습니다. 하지만 현장의 교사나 청소년지도자는 이미 인격을 갖춘 아이들이 거의 없음을 압니다. 또한 청소년들은 친구들의 영향을 받거나 짝패 우두머리가 설정한 기준에 따르는 것이 상례입니다. 그러나 그 우두머리를 따르는 것도 은밀하게 이루어집니다. 아이가 고민을 안게 되었을 때, 상담교사로부터 성격은 5세 이전에 결정된다는 말을 듣게 될까 하여 상담받기조차 망설입니다. 이런 상황에서 교사들이 그나마 할 일마저도 교사에 앞서는 부모들이 틀어 버립니다.

사실상, 나는 이렇게 암울한 상황에 처한 교사를 도와줄 방법에 대하여 아는 바가 거의 없습니다. 결정적 시기에 어머니의 돌봄을 받지 못하면, 아이가 인격을 지니지 못하게 만드는 정신산만distractability, 의리부동unreliability, 자기억제력self-inhibition 결핍 등의 특성을 갖게 한다는 볼비[21]의 주장이 사실인 듯합니다. 그리고 슈퍼에고와 성격 특성을 결정할 유아기의 원인에 관한 이론을 통

---

21) John Bowlby (1907~1990). 가까운 인물에게서 강한 정서적 경험을 느낀다는 애착이론(attachment theory)을 주장한 영국의 정신의학자. 애착이론은 애착행위가 근본적으로 박해자로부터 유아를 보호하기 위한 진화생존전략이라는 생각을 전제로 하고 있다. 애착은 양육자와 얼마나 가까운 상태에 있는가를 바탕으로 한 양육자와의 상호작용을 통해서 발달된다. 양육자와 정서적으로 연대하며 형성해 나가는 의미 있는 결합은 기본적 생존전략이며, 이는 선천적으로 중추신경계에 고정되어 있기 때문에 계속해서 양육자와 근접성을 유지하고자 하는 것이다. 유아에게 애착대상자, 즉 양육자는 유아의 안전기지로 이용된다. 이 같은 안전보장이 있어야만 아동의 건강한 심신의 발달을 보장받을 수 있다.

하여 프로이트는 성격 유형, 이를테면 인색한 성격이나 강박관념에 사로잡힌 사람이 바로 이 발달단계에서 결정된다는 유형에 관한 연구를 많이 내놓았습니다. 그러나 내가 보기에 성격 형성을 적극적으로 결정하는 요인으로 알려진 것은 별로 없습니다. 프로이트 이론 체계에서도 자아 발달에서 인격을 적극적으로 결정하는 어떤 이론도 찾아볼 수 없습니다. 만약 적극적인 요인이 만들어지는 조건이 있다면, 그것은 합리적인 절차를 따를 수 있는 이전 단계에서 규칙이 전달된 방식일 것입니다. 예를 들어, 초기 아동기에 권위적 목소리로 작용하는 슈퍼에고 현상이 '내면의 목소리'로 얼마나 영향을 줄까요? 부모가 보상과 벌을 가지고 체계적으로 아이를 조건화시킨다면 어떤 일이 일어날까요? 즉각적인 모방을 통하여 동화 작용이 얼마나 가능할까요? 아이들에게 읽기 역량을 길러 주는 데 가장 적절한 연령이 있습니다. 이 시기 이전에 반복 연습시키는 것은 읽기 역량에 오히려 해가 됩니다. 그러면 도덕 수업에서도 이와 비슷한 수준이 있을까요? 부모에게 도덕적 훈련을 지속적으로 받아 온 아이에게 교사가 인격 형성을 위한 수업을 하는 것이 아무짝에 쓸모없는 일일까요? 아니면 반대로 부모에게 아무런 훈련도 받지 않은 아이에게 교사가 인격 형성을 위한 수업을 하는 것이 아무짝에 쓸모없는 일일까요? 나의 견해로는 우리가 인격 형성에 특히 관심이 있다면 도덕 규칙을 전해 주는 방법이 어떤 규칙을 전해 주고자 하는가만큼 중요합니다. 아이들에게 도덕 규칙을 전수해 주려고 아무리 좋은 노력을 기울여도 그것이 의도하지 않게 가져올 결과가 무엇인지 알려진 바 없습니다. 심리학 교수가 "양심은 조건화된 반사 결과인가?"라는 질문을 심각하게 제기했다는 사실만으로 목하 논의를 해결하기에 부족한 심리학자들의 '순진함*naïveté*'을 드러내기에 충분합니다.

교육자가 헤쳐나가야 할 어떤 난관이 있다 하더라도, 분명한 점은 인격 계발에 관심을 지닌 교사라면 청소년기가 인격 형성을 시켜야 할 중요한 시기라고 여기면서, 인격 형성이 곧 지성의 계발이라는 점을 염두에 두면서 교사 자신이 직접 겪은 경험과 사례를 합리성 계발로 연결해서 가르쳐야 한다는 사실입니다. 만약 교사가 스파르타인처럼 특정 성격을 각인시키도록 하고자 한다면, 그는 아마 권위, 반복 연습, 그리고 보상과 벌을 사용한 교수법을 활용할 것입니다. 이러한 절차상의 차이는 알렉산더식 교육과 지성을 계발하려는 다른 사람과의 차이에 상응합니다. 가치중립적 견지에서 성격 문제는 인격 형성 문제와 다르듯이, 인지 능력이 잘 갖추어져 있다는 것과 비판적 사고를 하도록 훈련되어 있다는 것과는 다릅니다. 이 문제는 자기가 부여한 일관성을 지니고 있는가 여부, 그리고 아리스토텔레스가 강조한 '사물의 까닭을 아는 일'을 수용할 수 있는가 여부에 달려 있습니다. 그리고 그 성공 여부는, 전적으로 그렇지는 않지만, 교사로부터 전달받은 정보와 규칙이 곧 아이들 자신의 방법으로 굳힐 수 있도록 교사가 그것을 어떻게 전달하는가에 달려 있습니다.

플라톤은 교육의 목적이 동굴 밖의 빛으로 영혼의 눈을 돌리는 데 있다고 믿었습니다. 그러나 그가 '빛'이라 한 것은 자신이 이해하고 있는 진리 또는 절대 선을 뜻합니다. 그가 설계한 교육체제는 이른바 플라톤식 지배계급을 양성시키는 목적을 가집니다. 그러나 플라톤 자신은 변증법적 절차에 따라 소크라테스가 양성한 인물입니다. 플라톤은 전제가 도전을 받으면서 절차에 입각하여 반증된다는 것을 통하여 자신의 사상을 형성하였습니다. 변증법적 절차는 플라톤으로 하여금 본질을 파악하게 해 주었습니다. 그러나 아리스토텔레스를 비롯한 제자들은 다시 플라톤의 사상 자체에 의문을 갖고 그의 주장을 부정해 버렸습니다. 그의 교육방식은 그가 가르친 교육내용에 의문을 갖도록 부채질한 셈입니다. 이것이 내가 이 글을 통하여 파헤치고자 했던 패러다임입니다. 즉, 내가 말하는 패러다임이란 인간을 만들어 주는 교육방법은 지성과 인격 모두에 포함되어 있다는 점입니다.

제12장

도덕교육의 형식과 내용

교육과정 개혁과 마찬가지로, 도덕교육은 오늘날 교육자들에게 매우 시의적인 주제이지만, 또 그만큼 불안할 만치 요동치는 주제이기도 합니다. 어떤 입장을 지녔건 간에 교사들에게 '선'과 '악' 또는 '옳음'과 '그름'과 같은 개념에 관한 질문이 던져진다면, 대체로 응답은 두 가지 부류로 나누어집니다. 하나는 도덕적 절대 가치는 시대착오적이라는 견해입니다. 도덕은 주관적인 문제여서 개인이나 집단이 선호하는 바 또는 그들이 성장해 온 방식에 의존합니다. 다른 하나는 전자와 평행을 이루는 것으로서, 젊은이들에게 도덕적 측면에서 영향을 주는 것은 교화를 하는 것과 다르지 않다는 것입니다. 즉, 도덕은 젊은이들의 미성숙한 마음속에 자신의 취향을 강요하는 것이 됩니다.

이런 상황에서 교사들의 입장은 여전히 편치 않습니다. 교사는 자신이 가르치는 학급에서 유색인종 아이들을 차별하는 것이 나쁘다는 것을 잘 알고 있습니다. 또한 자신의 학생들이 담배 피우는 것에 무관심하지 않습니다. 그리고 10대 임신을 결코 아이들

271

이 사려 깊지 못한 결과라고 간주하지 않습니다. 이와 같은 교사들의 교육적 신념이 홍차 대신 커피를 선호하는 개인적 취향과 같지는 않을 것입니다. 자신들의 신념에 비추어 교사들이 일본군 수용소에서 행해진 세뇌와 같은 행동을 하지는 않을 것입니다. 또한 교사 자신들이 생각하고 행동하는 바와 자신들이 전문가나 타인들로부터 들은 바 사이에 불일치가 있을 수도 있습니다. 그럼에도 빅토리아 시대의 선배들의 교육방식이 결코 옳지 않다고 반성할 것입니다. 사정이 이러하니 교사들의 심기가 여전히 편치 않음은 수긍이 갑니다.

교사들의 심기가 편치 않음은 오히려 당연합니다. 그들의 선택이 단지 주어진 도덕률을 따르는 것이 아니며, 또한 극단적인 주관 사이에서 하나를 택하는 것이 아니기 때문입니다. 이와 마찬가지로 아이들에게 불변의 도덕률을 주입할 것인가, 아니면 아이들 스스로 도덕성을 발견하게 할 것인가를 선택하는 것도 단순한 문제가 아닙니다. 방법상으로 보면 전통적 입장과 낭만적 저항 사이의 중간 지대가 있습니다. 이러한 중간 지대 방식은 이성을 면밀하게 구사해야 가능합니다. 이 방법을 통해 사람들은 기존의 도덕성에 대하여 비판적인 태도를 취할 수 있습니다. 사람들은 전통적 도덕성의 진가를 보고 이를 수용할 수도 있고 거부할 수도 있습니다. 하지만 그 판단이 항상 자신들의 주관적인 입장에 따른 것은 아닙니다. 예를 들어, 어른들이 하는 일에 매우 비판적인 젊은이들이 어른들의 과오로 야기된 불의, 착취, 상실 등을 근거로 기존의 가치관을 비판한다는 것에 주목해 보십시오. 젊은이들은 자신의 비판의 기조가 타당하다는 전제 아래 동일한 노선을 유지합니다. 즉, 유색인의 차별, 교육의 선발 체제, 교사의 권위적 간섭 등에 젊은이들은 개인적인 선호도를 떠나 반대하는 것입니다.

도덕성 논의에서 이성을 구사한다는 의미를 명백히 알려면 도덕적 사고의 형식과 내용을 구분하는 것이 중요합니다. 이 구분은 세계에 대한 믿음의 구분과 유사합니다. 지구가 둥글다는 사실은 우리가 믿는 내용입니다. 하지만 이 믿음은 각기 다른 방식으로 뒷받침될 수 있습니다. 즉, 지구가 둥글다는 믿음은 책을 통해서도 가능하고, 권위자가 말한 내용을 받아들여서도 가능합니다. 반면에 어떤 사람은 마치 과학자처럼 증거를 수집하고, 이를 비판적으로 검토했기 때문에 그것을 믿을 수 있습니다. 따라서 동일한 내용에 대한 믿음이라도 각기 다른 방식에 의하여 뒷받침되며, 이것이 곧 믿음의 형식이라고 할 수 있습니다. 이와 마찬가지로, 도덕 영역에서 어떤 사람은 단지 자신의 부모가 도박이 나쁘다고 가르쳤기 때문에 도박이 나쁘다고 믿을 수도 있습니다. 하지만 그가 도박의 실상을 관찰하고 그로 인한 폐해를 근거로 하여 도박이 나쁘다고 판단할 수도 있습니다.

합리적 방식으로 신념을 지닌다는 것은 그 신념을 지지하는 형식을 수용하였다는 뜻입니다. 그러므로 사람들이 각기 다른 형식을 지녔지만 내용이 같은 신념을 공유할 수 있다는 것은 가능합니다. 예를 들어, 사고할 줄 모르는 문외한과 철학자는 약속을 어기는 것이 나쁘다는 신념을 공유할 수 있습니다. 반대로 사람들은 신념을 파악하는 방식이 같기는 하지만 그 신념을 뒷받침하는 근거에 가중치를 달리하기 때문에 신념의 내용에 있어서 동의하지 않을 수도 있습니다. 예를 들어, 사려 깊은 사람들은 낙태의 찬

반양론을 모두 타당하게 받아들이지만, 여러 가지 점을 고려한 다음, 낙태에 동의하지 않을 수도 있습니다. 이처럼 형식과 내용의 구분은 도덕성만이 아니라 도덕교육의 논의에 있어서 매우 타당합니다. 만약 합의가 내용과 형식 중 어느 쪽에 관련이 있는지를 고려하지 않는다면, 합의에만 전적으로 무게를 두거나 아예 합의를 보지 못하는 경우를 낳게 됩니다.

도덕교육 논의에서 가장 먼저 고려해야 할 사항은 도덕교육 내용을 어떻게 구성할 것인가에 있습니다. 수학적 사고의 구조를 전혀 고려하지 않는다면 수학 교육에 관한 올바른 논의는 시작조차 할 수 없었습니다. 비록 도덕교육의 내용에 관한 의견이 분분하기 때문에, 도덕교육의 경우에도 사정은 마찬가지입니다. '무엇'을 가르쳐야 하는가를 명백히 하기 위하여 형식과 맥락을 구분하는 것은 매우 중요합니다. 마찬가지로, 학습이 어떻게 일어나는가를 논의하는 과정에서 형식과 내용 사이의 구분이 역시 중요하다는 것을 발견하게 될 것입니다. 특정 내용들이 어떻게 학습되는지 여부는 신념의 형식이 어떻게 획득되는지 여부와 일치하지 않습니다. 예를 들어, 직접적인 교수방법은 특정 신념의 내용을 가르치는 데 효과적일 수 있지만, 신념을 형성시켜 주는 데에 별로 도움이 되지 않을 수도 있습니다. 이 경우라면 학생 스스로 직접 해보는 방식의 학습 유형이 오히려 훨씬 더 효과적일 수 있습니다.

이런 상황을 고려할 때 나의 접근 방식은 다음과 같습니다. 우선, 나는 도덕교육의 내용이 어떻게 구성되어야 할지를 검토해야 한다고 봅니다. 그런 다음, 그 내용을 어떻게 가르칠지를 생각해 보아야 한다고 봅니다. '무엇을'과 '어떻게'를 함께 논의하면서 내용과 형식을 구분하게 됩니다. 이는 도덕성과 도덕교육 논의에서 결코 주관적인 견지는 아니더라도 기존의 가치를 비판할 여지가 있기를 바라는 나와 같은 사람들이 추구하는 중간 방식을 찾기 위하여 요구되는 필요한 구분이기도 합니다. 이러한 입장이 바로 이성을 사용하고자 하는 태도와 밀접한 관련을 맺고 있습니다.

이것이 바로 사람이 자신의 시간을 어떻게 보내야 하는지 또는 자신의 삶을 위하여 무엇을 해야 하는지를 포함하는 윤리적인 것 또는 바람직한 것의 광범위한 뜻입니다. 이와 같은 넓은 의미에서, 코를 후비는 것과 같은 사적인 일로 자신의 많은 시간을 보내는 것이 과연 바람직한가를 생각해 볼 수도 있습니다. 하지만 나는 이와 같이 인생의 가치 문제를 광범위하게 고려하는 데 관심이 없습니다. 그래서 나는 도덕성의 주된 관심사인 상호 간의 규칙과 실제적 삶에 한정하여 논의하고자 합니다.

이런 의미에서 '도덕성'은 많은 사람들에게 성관계, 절도, 이기심을 금지시키는 고정된 도덕률로 여기게 만들어 버립니다. 여기서 '규율code'이라는 용어가 전통 윤리에서는 곧 도덕 규칙이 담고 있는 내용을 뜻합니다. 아마도 이것은 명확한 검증 없이 자의적으로 형성된 형식과 내용이 혼합된 경우입니다. 전통적 관습에 의해 속박되는 것에 대항하여, 특히 빅토리아 시대에는, 여러 유형의 저항이 있었습니다. 로렌스[1]와 같이 거세게 저항하는 사람들은 인간은 자신의 내면의 진정한 감정, '내면의 어두운 신dark God

---

1) David Herbert Lawrence (1885~1930). 영국의 작가이자 시인. 본서 제8장 역자 각주 23)과 제9장 각주 8) 참조. 여기서는 로렌스가 전통에 대항하여 '튀는 작가'로 소개된다.

within'을 따라야 하고, 실존적 고통이 따르더라도 스스로가 결정하여 '그릇된 신앙'을 피해야 하며, 즉 현대적 감각으로 말하자면 '자기 자신만의 삶'을 살아야 한다고 선언하기에 이르렀습니다.

이러한 반응은 전통적 도덕률에 갇힌 데 대항하는 반작용으로 수긍할 여지가 있습니다. 하지만 이러한 반작용은 너무 극단적이어서 우리가 지각하는 해당 사안을 공정하게 대처하지 못하도록 만들지는 않을까요? 심지어 도덕성의 주관주의 입장을 고수하는 러셀[2]조차도 스페인 투우를 비난하면서도 이에 대하여 개인적인 반감을 표출하는 데 불편한 심기를 드러낸 바 있습니다. 그는 자신이 지닌 반감이 합당하고, 다른 사람들도 이에 동의할 것이라는 점을 알고 있었습니다. 심지어 그는 자신이 나치를 좋아하지 않는다는 사실을 개진하는 것도 꺼려 했습니다. 반면에 도덕을 기존의 도덕률로 보는 것도 마찬가지로 만족스러워 보이지는 않습니다. 왜냐하면 도덕률이라는 것도 사실 도덕적 비판을 받아가면서 변화하는 것이기 때문입니다.

밀[3]과 러셀처럼 기존 관습을 날카롭게 비판하는 사람들이 주장하는 비판적인 논점조차도 삶에 있어서 무엇이 '중요한가', 비판의 논점이 타당한가, 행위와 존재의 근거에 관한 합의에서 비롯된 것입니다. 예컨대, 도박이 그르다고 말할 경우, 그것은 우리의 사적 선호만을 표현한 데 그치는 것이 아닙니다. 우리는 도박이 나

---

2) Bertrand Arthur William Russell (1872~1970). 제9장 역자 각주 2) 참조. 여기서는 러셀의 급진적 도덕론을 언급하고 있다.
3) John Stuart Mill (1806~1873). 제4장 역자 각주 7) 참조. 여기서는 밀이 기존 도덕률에 비판적인 진보사상가로 소개된다.

쁘다고 누구나 수긍할 수 있는 논거, 이를테면 도박은 파멸을 가져온다는 논거를 중요한 고려사항으로 제시할 수 있어야 합니다. 물론 이러한 고려가 기존 도덕률에 호소하는 것은 아닙니다. 사회 변화, 경제 성장과 개발이 세계관의 갈등과 도덕률의 충돌을 부채질하기 때문에 과학적 사고에 입각하고 보다 합리적이고 보편적인 유형의 도덕성 확립이 더욱 요구됩니다. 실생활 측면에서 어떤 것을 미신으로 여겨 파기해야 할지를 결정해야 합니다. 그래야 기존 도덕률에서 버려야 할 요소를 찾아낼 수 있으며, 이성의 구사가 단지 그림자놀이에 그치지 않도록 해 줄 기본 원리를 설정할 수 있습니다. 이것이 바로 인생에 무엇이 중요한가를 가르쳐 주는 근본 원리입니다. 그러면 그 원리는 무엇일까요?

제일 먼저 어떤 행동을 표준으로 삼을 것인가를 논의하기 위하여 우리는 인간의 생존 여건을 개선해 주고 이익을 증진시키는 데 관심을 기울여야 합니다. 영향력 있는 사람의 이익이나 특정인의 이익을 떠나 엄정하게 준수해야 할 행위 준칙을 고려하는 논의를 해야 합니다. 또한 이성을 구사하는 두드러진 특징은 '타당한' 근거를 설정하는 것, 즉 자의적인 근거 설정을 막는 데 있으므로, 여기에는 사람들의 각기 다른 요구를 공정하게 다룰 불편부당성 impartiality이 요구됩니다. 사람들의 요구를 단지 그들의 눈 색깔을 근거로 묵살해서도 안 되며, 또는 단지 그들의 피부색을 근거로 배제해서도 안 됩니다. 사람들의 요구와 그에 대한 논거를 토대로 그들을 대해야만 합니다. 만약 사람들이 진실을 말해야 한다는 너무 당연한 가정을 받아들이지 않는다면, 어떤 합리적인 논의도 불가능할 것입니다. 왜냐하면 일상생활 속에서 체계적인 거짓말을 하는 것은 마땅히 수행해야 할 행위를 찾아내고자 하는 공통의 관심과는 정반대의 결과를 낳기 때문입니다. 마지막으로, 자유를 존중하는 가정도 수용해야 합니다. 언론의 자유가 없다면 그 공동체는 사안의 해결책을 찾는 데 있어서 결정적인 방해를 받게 될 것입니다. 심지어 비속한 사람이나 어리석은 사람도 사회에 공헌할 여지는 충분히 있기 때문입니다. 또한 행동의 자유를 존중하는 가정도 수용해야 합니다. 왜 그런가 하면, 합리적으로 숙고한 내용을 행동에 옮길 수 없다면 어떻게 합리적인 사람이 진지하게 무엇을 할 것인가를 논의할 수 있겠습니까?

물론 이러한 기본 원리만으로 우리가 해야 할 바를 구체적으로 알 수 있는 것은 아닙니다. 달리 말하자면, 기본 원리가 우리 도덕적 삶의 구체적인 '내용'을 알려 주지 않습니다. 오히려 우리에게 도덕적 사고의 '형식'을 제공해 줍니다. 그래서 우리가 옳고 그름의 판단에 무엇이 합당한지 예리하도록 해 줍니다. 예컨대, 길거리에서 침을 뱉는 행위의 경우, 그 행위가 곧 다른 사람에게 해를 끼치며 또한 타인을 배려하지 못함을 알게 하고 결과적으로 우리 자신의 자유까지도 제약한다는 것을 생각하게 해 줍니다. 우리의 도덕의식을 형성하는 원리에 입각하여 이러한 행동에 의문을 제기함으로써, 우리는 그 원리를 행위를 규율하는 규칙으로 수용할 수도 있고 거부할 수도 있게 됩니다.

논의 결과를 종합하면, 한편으로 도덕 원리를 구성하는 내용이 전통적인 규율과 같은 규율 형식을 넘어서는 도덕성을 갖도록 해 줍니다. 행위의 규율은 도덕의 근본 원리에 의하여 수용될 수도 있고 기각될 수도 있습니다. 다른 한편으로, 도덕 원리는 개인이 스스로를 방어할 수 있는 타당한 논거를 제공해 줍니다. 개인이 스스로 설정한 독자적인 행위 준칙은, 예를 들어 자신이 고통을 당하거나 불의의 상황에 빠졌을 경우 자신을 일관되게 보호해 줍니다. 하지만 마치 과학의 전제인 절차적 원리가 예견된 결과를 보장해 주지 못하는 것처럼 이러한 원리를 수용한다고 해서 그것이 일관된 내용을 보장해 주지 않는다는 점을 유념해야 합니다. 과학과 도덕의 경우, 모두 우리가 얻을 수 있는 것은 경험을 구조화해 주는 사고의 형식입니다. 과학의 경우, 세계관은 곧장 과학적 논의와 체계적인 검증 방식에 영향을 받습니다. 그래서 어떤 세계관은 기각되고 어떤 세계관은 살아남아서 과학적 지식 형성에 기여하게 됩니다. 도덕의 경우에도 이와 유사하게, 현존하는 도덕률이 기본 원리에 비추어 검증됩니다. 이는 마치 17세기 그로티우스[4]를 포함한 합리적인 법학자들이 해적행위를 막으려고 해양법을 제정하려 했을 때, 모든 준칙이 동등하게 고려되지 않았던 것과 유사합니다. 인간 존엄성과 격조 있는 삶의 조건과 같이 웬만한 삶의 여건을 마련해 주는 사회생활을 지속하는 데 반드시 필요한 일련의 규칙, 이를테면 계약법, 아동보호, 재산권에 관한 규칙들이 있습니다. 하지만 이외의 다른 규칙들, 이를테면 고리대금업, 산아 제한 및 독점 금지에 관한 규칙들은 특정 지역의 경제

---

4) Hugo Grotius (1583~1645). 네덜란드의 인문학자, 외교관, 변호사, 신학자, 법학자. 그로티우스는 토마스 아퀴나스에 의해 합리화된 자연법을 더욱 진전시켜 자연법의 기초를 신이 아니라 인간 이성에 둠으로써 자연법을 세속화시켰다. 그래서 그를 '자연법의 아버지'라고 한다. 또한 국제 사회에 자연법을 적용하고, 개인의 자연권에 상당하는 국가 주권 간의 자연법적 질서를 국제법의 기초로 삼았기 때문에, 흔히 그를 '국제법의 아버지'라고 한다.

적 여건에 의존합니다. 기본적으로 사회 안정과 합의가 필요하다면, 이에 상응하여 다른 차원에서 변화와 실험정신이 요구됩니다. 그리고 실질적인 사회 안정의 정도는 공정과 타인의 이익 고려와 같은 기본 원리에서 도출되는 다양한 이유에 따라 결정될 수 있습니다. 이와 같은 적용 원리는 모든 도덕적 문제가 상대적이거나 개인적 선호에 따라 결정된다고 확신하는 사람의 주장에 직면할 때 매우 의의가 있습니다. 이렇게 주장하는 사람은 성도덕, 체벌 또는 베트남 전쟁에 대한 의견 불일치를 근거로 내세웁니다. 하지만 이는 오히려 도덕성의 내용이 천편일률적으로 적용될 수 없다는 사실을 보여 줄 뿐입니다. 마치 과학의 경우처럼, 도덕 문제를 담은 내용은 당연히 천편일률적으로 적용되지 않습니다.

　도덕적 불일치를 보여 주는 이러한 사례를 고려할 때 염두에 두어야 할 몇 가지 문제가 야기됩니다. 첫째, 특정 내용을 다루는 데 있어서 사람들은 비록 서로 다른 '가중치'를 부여하더라도 타당성의 근거만은 다소 비슷하게 제시한다는 사실입니다. 예를 들어, 성 문제를 논의함에 있어서, 사생아가 도덕적으로 타당하다는 주장은 아이에게 해가 되며, 결혼 여부와 관련 없이 매춘을 허용하는 것은 인간 존중의 정신이 결여된 것이 아닐까요? 계약 파기의 경우, 그로 인한 물질적 피해는 차치하고라도, 도덕적 타당성을 지닌 신의성실의 원리가 결여된 것이 아닐까요? 카드놀이 테이블 제작이 세계 환경에 기여한다는 점을 도박의 장점이랍시고 내세우면서 도박의 찬반 논의를 하고 있는 것은 아닐까요? 어떤 사람을 사악하다고 보는 근거로 그 사람의 신장을 들고 있지는 않은가요? 어쩌면 우리는 도덕 문제의 내용에 있어서 항상 무엇이 옳고 그른지에 대하여 동일한 결론에 도달하지 않을 수도 있을 것입니다. 그러나 도덕 원리에 비추어 설정되는 도덕적 사고의 형식만이 모든 도덕적 문제를 타당하게 고려할 수 있지 않을까요?

둘째, 근본 원리에서 도출되는 도덕적 사고의 형식과 그 내용 간의 구분은 차치하고, 실제로 합리적인 사람들이 '모든' 문제에 대해 의견 불일치를 보이는 경우가 있을까요? 성 문제, 범죄와 처벌, 마약 복용에 대해 사람들이 동의하지 않는다는 점을 진부한 소재로 여기면서 안이하게 대처하게 되면 도덕성 전체가 불안에 빠지게 됩니다. 그러나 이것이 사실인가요? 대부분의 사람들은 아이들이 보살핌을 받아야만 하고, 일반적으로 약속은 준수되어야 하며, 재산권을 보호하는 규칙은 반드시 있어야 한다고 생각하지 않습니까? 의심의 여지없이 도덕의 일반 원리를 실행함에 있어서 적용되는 상황의 차이가 있을 수 있지만, 이 경우에도 존중해야 할 일반 원리가 있다는 데에 대다수 사람들의 확실한 의견 일치가 있습니다.

셋째, 인류학자들의 보고에 따르면 우리가 도덕적으로 인정하지 않는 해괴한 의식, 이를테면 사춘기 통과의례와 영아 살해를 도덕적 의무로 여기는 사회가 있다고 합니다. 하지만 그러한 기발한 행위들이 그들의 삶의 관행으로 실행된다고 하더라도, 그들 사회가 이러한 관행을 온전하게 인식할 수 있는 분화된 의식 수준이 없다는 점을 근본적으로 지적하지 않을 수 없습니다. 다시 말하자면, 그들은 과학을 마술이나 신화와 구분하지 못하는 것과 마찬가지로 도덕적 문제를 법, 관습, 종교 문제와 구분하지 못한다는 점입니다. 따라서 나는 도덕성을 하나의 독특한 사고와 행동의 형식으로 보기 때문에, 그들의 이러한 현상을 도덕적으로 부적합한 것이라고 판단합니다. 이들의 관행에 대하여 도덕적 무게를 싣는 것은 마치 뉴턴의 운동 법칙을 가지고 트로브리안드인[5]의 자연관을 연구하는 것처럼 어색한 것입니다. 이들의 관행은 문화적 고립과 상대주의라는 변명조차도 통하지 않을 만큼 반박하기에 충분합니다. 이들의 행태를 분석해 보면 사회학적으로 일반화하는 데 필요한 어떠한 타당성도 찾을 수 없기 때문입니다. 게다가 이러한 사고방식이 17세기도 아닌 20세기에 수용될 수 있다는 가정을 할 수는 없습니다. 과학적 사고방식을 동원하더라도 그들의 사고방식은 특정한 형태의 경제적 조건하에서 설명될 수 있을지 모르지만, 그렇지 않을 수도 있습니다. 또한 사회의 특정 계층에 집중해서 설명할 수 있을지도 모르지만, 그렇지 않을 수도 있습니다. 이도 저도 아닌 것이어서, 이들의 사고방식의 타당성을 어떤 합의에 따라 찾는다는 것도 불가능합니다. 만약 이들의 사고가 합리적으로 설명된다면, 그것은 과학이 대부분의 인류와 동떨어진 이질적

---

5) Trobriand Islanders. Trobriand people. 남태평양 파푸아 뉴기니에 있는 트로브리안드 섬에 사는 주민을 뜻하는 말. 이 섬의 명칭은 프랑스 탐험가 Jean François Sylvestre Denis de Trobriand (1765~1799)가 1793년에 이 섬을 방문한 데서 유래한다. 이 섬 주민들은 모계집단 사회를 이루며 산다고 한다. 본문에서 이들을 예시하는 것은 이 부족의 생활양식이 서양의 도덕성에 비추어 수용하기 어려운 내용을 포함하기 때문인 것으로 보인다. 이를테면, 이 부족은 아이가 7~8세가 되면 성적 유희를 즐기며 11~12세가 되면 성적 파트너를 정해 성관계를 맺을 수 있으며, 수시로 성적 파트너를 바꿀 수 있다고 한다. 이는 앞서 저자가 예시한 서양에서 도덕적으로 금지하는 사춘기 통과의례에 해당한다. 또한 그들은 선조의 영혼이 여성의 몸 안에 들어와서 임신을 한다고 믿는다고 한다. 여자가 아이를 낳으면 모계 풍습에 따라 여성의 남자형제가 돌보는 등의 관행이 있다고 한다. 부족장의 지위도 아들이 아니라 맏누이의 아들이 승계한다고 한다.

사고방식이 되어 버리는 매우 유감스러운 상태에 처하게 만들 것입니다. 현재 우리가 처한 입장은, 마치 과학이 신화와 형이상학으로부터 분화되어 나온 것처럼, 약 17세기경부터 행위의 뚜렷한 사고방식으로서 도덕성이 신화, 관습, 법제와 구분되어 점차적으로 발전을 이루어 왔다는 점입니다. 또한 인간이 결정할 수 있는 모든 것들은 정치적이건 종교적이건 간에 합의에 의하여 그리고 이성을 구사함으로써 이루어진 결실이라는 점입니다. 정치적 관점에서 보면 민주 정부는 이러한 결정으로 인하여 제도화된 산물입니다.

우리 사회처럼 의식의 분화가 이루어지는 열린 사회 체제에서는, 이미 내가 주장했듯이, 도덕적 문제에 대한 일치만이 아니라 불일치하는 부분이 더욱 많습니다. 그리고 일치와 불일치가 모두 가능한 것은 내가 줄곧 주장하는 도덕적 기본 원리, 특히 자유권을 순응하지 않을 권리로 당연하게 수용하기 때문입니다. 실제로는 기본 원리가 하나가 아니라 그 이상이어서 이에 따라 비중을 달리 매기기 때문에 의견의 불일치가 가능합니다. '선의의 거짓말white lie'을 하는 사람은 개인의 이익이나 영달을 위해서 그러는 것이 아닙니다. 그가 선의의 거짓말을 하는 것은 그가 생각하기에 그렇지 않을 경우 더 큰 고통이 따르기 때문입니다. 이 점은 기본 원리도 경우에 따라 수그러들 수 있기 때문에 도덕은 '절대적'일 수 없다고 주장하는 사람에게 시사하는 바가 있습니다. 그러나 기본 원리는 타당한 판단 근거를 제공하기는 해도 구체적인 칙령을 제공하지 않습니다. 그리고 행동 지침으로서 기본 원리는 항상 '다른 조건이 같다면other things being equal'이라는 단서 조항을 달고 제시됩니다. 예를 들어, 선의의 거짓말을 하는 경우, 타인에게 커다란 해를 끼치지 말아야 한다는 다른 기본 원리가 개입하기 때문에 다른 조건이 같지 않습니다. 자유의 원리가 작동하는 방식은 바로 이 논점을 보여 주는 또 다른 사례가 됩니다. 일반적으로 자유를 존중해야 한다는 기본 원리는 곧 자유가 절대적 권리임을 뜻하지 않습니다. 자유의 행사가 막대한 불공정을 야기하거나 타인에게 해를 끼칠 경우 그 자유를 행사할 권리는 폐기됩니다. 하지만 기본 원리가 가끔 갈등을 야기한다는 사실이 도덕적 행동 지침을 제공한다는 기본 원리의 역할에 영향을 미치지는 않습니다.

그렇게 본다면 합리적 도덕성에 관하여 우리가 배워야 할 내용이 많을 것입니다. 나는 도덕 문제의 형식과 내용을 구분하려고 시도하였습니다. 나는 전통적 도덕성의 형식보다는 이제까지 관심을 가지고 본 합리적 도덕성의 형식에 더 집중하고자 합니다. 따라서 나는 도덕성이 어떻게 학습되어야 하는 문제에 앞서 도덕성의 합리적인 형식을 어떻게 가르쳐야 하는 문제에 보다 많은 주의를 기울이고자 합니다.

도덕성 발달 문제와 관련하여 피아제[6]와 그의 후계자인 콜버그[7]의 저작을 살펴보는 것이 합당할 것입니다. 왜냐하면 그들은 도덕성의 합리적 형식의 발달에 관심을 가지고 있으며, 특히 콜버

---

6) Jean Piaget (1896~1980). 제2장 역자 각주 6) 참조.
7) Lawrence Kohlberg (1927~1987). 도덕성 발달로 유명한 미국의 심리학자. 그는 피아제의 도덕 발달 이론을 계승하여 도덕 판단의 단계를 설정하였다. 방법론적으로 도덕적 딜레마, 도덕적 전형(exemplar)을 사용하였다. 이후 그가 주장하는 보편적 도덕성의 실재 여부, 그리고 그 이후의 도덕성 문제 존재 여부 등이 비판적으로 논의되었다.

그는 도덕성의 내용과 확연하게 구분되는 도덕성 형식의 발달에 초점을 맞추고 있기 때문입니다. 나는 이 두 사람의 공통된 일반적인 이론적 특징 이외에 시시콜콜한 차이에 관심을 두지 않을 것입니다.

콜버그는 피아제의 도덕 발달을 세 가지 수준으로 나누고 이를 다시 여섯 단계로 세분화했고[8], 도덕성의 내용이 문화마다 다르지만, 그 형식이 발달하는 데에는 불변하는 질서가 있다는 논점을 뒷받침하는 문화 간 연구도 수행하였습니다. 아이들은 규칙이 단지 처벌을 피하고 보상을 받기 위해 존재한다는 자기중심적 단계를 거쳐, 규칙을 세계 질서의 일부로 여겨 칭찬과 수치심, 사회적 인정 여부를 중시하는 이른바 '착한 소년 도덕성Good-boy morality' 단계에 이르게 됩니다. 이때 도덕성은 관습과 전통의 도덕성입니다. 규칙은 짝패들이나 부모와 같은 권위를 지닌 구체적인 인물로부터 비롯됩니다. 세 번째 수준에 이르면 아이들은 도덕 규칙이 타당한가에 의문을 품는 자율성을 지니게 됩니다. 즉, 아이들은 기존 도덕 규칙에 대하여 다른 대안이 없는가를 인식하기 시작합니다. 이때 아이들은 사회생활에 도덕 규칙이 필요하다는 것을 인식하고 규칙을 준수하지 않을 경우 어떤 일이 일어나는가를 상상하게 됩니다. 아이들은 다른 사람들의 입장에서 자신을 볼 줄 알게 됩니다. 비로소 동의와 상호주의의 도덕성이 관습과 제약의 도덕성을 대체하게 됩니다.

---

8) 본문에서 저자는 콜버그의 세 가지 수준(levels)과 하위 여섯 단계(stages)를 묶어서 세 가지 단계라고 표현하였다. 번역문에서는 내용상 이를 구분하여 각기 '수준'과 '단계'라는 용어로 번역한다.

물론, 모든 특징은 간단하게 그려 볼 수 있습니다. 각 단계는 전부 아니면 전무의 특징을 지니는 것이 아니라 규칙이 지니는 두드러진 특징을 부각시킵니다. 개인별로 각 단계에 도달하는 데 차이가 있을 수 있으며, 문화에 따라 차이가 있을 수도 있습니다. 또한 일부 문화에서는 두 번째 수준 이후 발달을 찾기 어려우며, 이런 문화 속에서 개인은 초기 단계에서 발달을 멈출 수도 있습니다. 이와 같은 예외적인 것들이 일어날 수 있으며 현실적으로 일어납니다. 하지만 일반적인 특징은 여전히 유효합니다.

이러한 문화적 불변성은 무엇을 설명하는 것일까요? 피아제와 콜버그는 여러 가지 이유에서 그것이 성인들이 그렇게 가르쳤기 때문이라는 주장을 강하게 부인합니다. 그들의 견해에 따르면, 규칙이 특정한 방식으로 제한되어 있으며, 논리적으로 말하자면 규칙들이 일종의 위계질서를 형성한다는 것입니다. 예를 들어, 어떤 사람이 특정 단계에서 규칙을 따르는 것이 무엇인지 알지 못하는 한, 특정 규칙을 채택하는 데 요구되는 도덕성의 자율적이고 합리적인 형식에 도달할 수 없었습니다. 그래서 세 번째 수준은 두 번째 수준을 전제로 합니다. 각 단계에 모종의 질서가 내재되어 있다면, 무엇이 다음 단계로 이행하도록 할까요? 답은 아이들이 점차적으로 사회적 상호작용의 결과로 사물을 다르게 보게 된다는 데서 찾을 수 있습니다. 이 과정에서 아이들은 '인지 자극cognitive stimulation'의 도움을 받아 사물을 달리 볼 수 있겠지만, 그렇다고 아이들을 과학적 영역에서 용량 보존 원리를 평가할 수 있도록 가르칠 수 없는 것처럼 의도적으로 원리를 다르게 보도록 가르칠 수 없습니다. 적절한 경험을 하게 되면 마침내 서서히 알아듣게 됩니다. 하지만 특정 원리가 담고 있는 내용은 명시적으로 가르칠 수 있습니다. 일단 아이가 초기 단계에서 무수히 많은 구체적인 사물들을 인식하면서 그에 대한 개념을 획득하게 되는 것과 마찬가지로, 이를테면 두 번째 수준에 이르면, 아이는 수업 시간에 순응에 대한 칭찬을 받음으로써 거기에 포함된 많은 원리를 배울 수 있게 됩니다. 따라서 도덕성의 내용은 명시적으로 가르칠 수 있지만, 도덕성의 형식은 암묵적으로 서서히 얻어지게 됩니다.

학습의 영역에서 형식과 내용을 유독 구분해야 한다면 도덕 발달을 온전하게 활성화하기 위하여 무슨 조치를 해야 할까요? 그렇게 하기 위해서는 내가 보기에 그것은 몇 가지 요건을 갖추어야 합니다. 가장 먼저 도덕성의 형식을 개발하도록 하는 문제를 살펴보겠습니다. 그리고 나서 도덕성의 내용을 가르치는 문제를 다루도록 하겠습니다.

가장 먼저 확실하게 해야 할 점은 아이들에게 도덕성을 일러 줄 telling 수 있게끔 아이들을 다잡을 수 있는 교수방법이 어떤 것인가를 명확하게 하는 것입니다. 콜버그에 따르면, 이 도덕 교수방법은 소크라테스가 『메논』 편에 나오는 노예 소년에게 힐문하여 기하학적 진리를 파악하도록 인지적 자극을 주는 방법과 상반된다고 합니다. 그러나 소크라테스가 기하학적 지식을 명시적으로 일러 주어 가르치지 않으면서 온전하게 가르치는 일에 성공했다는 점만은 확실해 보입니다. 왜냐하면 가르친다는 것은 누군가에게 어떤 식으로든 그의 이해 수준에 맞게 무엇을 배우도록 한다는 것을 뜻하기 때문입니다. 이렇게 가르치는 일은 명시적으로 일러 주는 일 없이도 이루어질 수 있습니다. 실제로 소크라테스의 교수법은 초등학교에서 수학과 여타 교과를 가르치는 데 있어서 많이 선호하는 방법입니다.

둘째, '인지 자극'은 면밀하게 구조화된 유형의 교수방식에 비하여 훨씬 간접적인 영향을 미치도록 해야 합니다. 콜버그에 따르면, 인지적 자극이 여타의 방법보다는 훨씬 더 안정적이며, 또한 아이들로 하여금 도덕적 이해를 보다 빠르게 할 수 있는 이유가 됩니다. 이러한 자극에는 성인과 나이 많은 아이들이 설정하는 전례example가 포함되어야 하며 아이들 스스로 제기하는 상당한 정도의 토론과 힐문이 이어져야 합니다. 또한 이러한 자극에는 어느 정도 추론을 이어 갈 수 있는 추상적인 형태의 언어가 포함되어야 합니다. 이러한 점들이 추론의 발달에 여러 면에서 중대한 영향을 준다는 사회학 및 인류학 연구로부터 나온 충분한 증거가 있습니다. 따라서 '인지 자극'은 교수방식의 여러 면에 걸쳐서 합당하게 영향을 미치는 것임에 틀림없습니다.

셋째, 도덕 발달의 이러한 측면은 도덕적 판단의 발달을 명백하게 설명해 주기도 합니다. 하지만 도덕 발달의 인지적 측면이 모든 것을 다 설명한다고 주장하는 것은 위험합니다. 지독한 오해를 낳을 소지가 있습니다. 예컨대, 자율적 인간의 추론 발달을 생각해 봅시다. 만약 그의 추론이 그의 행동에 영향을 미친다면, 그는 이를테면 약속을 지키는 일이 다른 사람에게 어떤 영향을 미치는가를 적절하게 성찰할 줄 아는 사람임에 틀림없습니다. 하지만 동시에 약속을 지키는 일로 다른 사람들이 겪게 될지도 모를 불편을 충분히 예견할 수 있지만, 그로 인하여 그들이 당면할 곤란한 상황을 개의치 않을 수도 있습니다. 이 경우 아이들을 어떻게 가르쳐야 할까요? 아이들의 초기 단계에서 이를 가르쳐야 하지 않을까요? 그리고 그것은 부모가 감당해야 할 일이 아닐까요? 피아제는 초기 연령에서 아이들이 규칙의 정당성 문제를 다른 사람들에게 해를 끼치는 구체적인 문제와 관련시키는 인지적 작업을 수행해 낼 수 없다는 것을 단적으로 보여 준 바 있습니다. 하지만 이와 같은 인지적 추론이 발달하기 이전에 타인에 대한 동정심이 강하게 작용하지 말라는 근거는 없습니다. 그리고 다른 사람에 대한 관심에 더욱 민감해지는 것은 차후에 합리적 도덕성에 따라 행동할 원리를 형성하게 해 줍니다. 하지만 애석하게도, 피아제-콜버그 이론 체계에 동정심이 발달단계에서 어떻게 생겨나는지에 관한 설명은 없습니다. 그러므로 적어도 그들의 이론에 도덕성에서 동기부여와 정서적인 측면과 관련한 보충이 필요합니다. 소크라테스 이래 논의되어 온 바에 따르면, 도덕적 판단과 도덕적 행동 사이에는 밀접한 관계가 있습니다. 합리적 도덕성 형식의 발달은 추론능력의 발달을 통해서 만족스럽게 설명할 수 있을 뿐만 아니라 차후에는 도덕 원리로 해결해야 할 타인의 고통 문제와 같은 도덕적 상황을 초기에 민감하게 파악할 수 있는 능력과 관련되는 만큼 주의를 집중해야 가능합니다. 그리고 이러한 주장을 하려면 행동에 영향을 미치는 아이들의 잠재력도 함께 고려해야 합니다.

이러한 조건들을 만족시켰음에도 불구하고 도덕성의 합리적 형식을 개발하는 데 영향을 미치는 요소와 관련해서 피아제-콜버그 이론에 보강해야 할 점이 또 있습니다. 비록 관련 없어 보이는 간접적 영향과 인지 자극도 명시적 수업 방식에 타당합니다.

그렇다면 이제 도덕교육의 내용을 가르치는 문제를 살펴보기로 하겠습니다. 피아제와 콜버그는 이 문제를 중요하지 않다고 보고 별다른 언급을 하지 않았습니다. 예를 들어, 콜버그는 도덕성을 '덕 주머니'[9] 개념을 통하여 설명함으로써 이 문제를 교묘하게 빠져나가는 경향이 있습니다. 비록 증거 제시 방식이 옳기는 하지만, 그는 도덕적 인격 형성에 도덕적 형식과 관련 없는 습관들이 구체적으로 영향을 주지 않는다는 증거에 입각하여 자신의 입장을 견지하는 듯합니다.

그러나 도덕성의 이러한 측면에 더 많은 관심을 기울여야 한다고 주장하는 데는 이유가 있습니다. 무엇보다도, 아이들과 비합리적인 사람들도 다른 사람들과 더불어 살아가야 합니다. 그들에게 몇 가지 필수적인 덕목조차도 갖추어지지 않는다면, 그들은 사회적 골칫거리가 되기 쉽습니다. 한때 홉스[10]는 어린 아이도 사람이 자고 있을 때 죽일 수 있다는 것이 인간의 엄연한 특징이라고 말한 적이 있습니다. 만약 내가 길거리에서 도둑을 맞아, 도둑이 수작을 거는 방식이 도덕 발달의 1단계, 2단계, 3단계인지 이치를 따져 보는 것은 사소한 문제일 뿐입니다. 진정한 나의 관심은 도

---

9) bag of virtues. 콜버그가 자신의 도덕성 발달 이론에서 도덕교육의 내용을 설명하면서 사용한 용어로서 대개 '덕 주머니'라고 번역한다. 그에 따르면, 덕 주머니는 '사람마다 그 자신의 자루를 가지고 있는 것'이다. 하지만 그는 이러한 도덕교육의 내용에 치중하지 않고 형식적 발달 원리를 다루고 있다. 주머니에 담기는 내용은 전수된 문화와 관련된 덕목들이다. 이에 대하여 피터스는 그가 도덕교육의 내용을 제대로 다루지 않는다고 비판한다. 피터스는 적어도 도덕교육은 내용과 형식을 함께 다루어야 하고, 이를 통하여 도덕적 상황에서 합리적 판단 능력을 발휘할 수 있어야 이성을 구사한 것이라고 본다.

10) Thomas Hobbes (1588~1679). 제1장 역자 각주 6) 참조. 그의 정치철학에서 자연법 사상은 생존권에 근거하여 성립한다. 여기서 홉스가 인용된 것은 생존과 관련된 이기심이 도덕성의 합리적 판단에 앞선다는 점을 들기 위해서이다.

둑이 내 지갑을 훔쳐 갔는가, 시궁창에 빠진 내가 희미하나마 의식을 회복할 수 있는가에 있습니다. 또한 앞서 지적된 바와 같이, 아이들은 자율성을 획득하기 이전에 도덕 발달의 두 번째인 '착한 소년' 단계를 거쳐야만 합니다. 말하자면, 아이들은 규칙은 어디까지나 규칙이라는 것을 내면에서 배워야만 합니다. 그리고 모르기는 해도 아이들은 '덕 주머니'의 특정 덕목에 상응하는 경험을 일반화함으로써 도덕 규칙을 배웁니다. 반면에 현 수준의 발달단계에 아이들을 묶어 두거나 아이들의 도덕 발달을 저해하는 교수 방법이 존재하는 것 또한 사실입니다. 관대한permissive 부모들은 아이들이 자율적 존재가 되기 바라는 마음이 간절한 나머지 아이들이 다소 관습적이고 권위적인 2단계를 거치지 않고 초기의 자아 중심 단계에서 자율성 단계로 곧장 넘어갈 것으로 기대할 가능성도 있습니다. 그래서 그 부모들은 자신이 보기에 훈계하려거나 아이들 편에서 본보기가 되는 어떤 것도 시도하려 하지 않습니다.

이런 경우에 어린 아이들에게 '덕 주머니'를 제공하는 경우를 가정해 봅시다. 이 경우 두 가지 질문이 제기됩니다. 첫째, 덕 주머니에 담긴 덕이란 무엇일까요? 둘째, 그것들을 어떻게 가르쳐야 할까요? 첫 번째 질문에 대한 답은 기존에 설정된 도덕성의 구조를 수용할 수 있다면 명백하게 주어질 수 있습니다. 이러한 덕목은 차후 자율 단계에 이르렀을 때 기본 원리로 작동하는 타인에 대한 고려, 진리 준수, 공정성과 같은 덕목일 것입니다. 아니면 어떠한 사회적 여건 속에서도 준수되어야만 사회생활이 가능해지는 필수 불가결한 기본 원리로서 훔치지 않기, 약속 준수와 같은 규칙일 것입니다. 만약 조기 학습이라는 이유로 아이들이 이러한 원리를 통하여 다소 완고한 태도를 갖게 된다면, 적어도 이 아이들은 사회 변혁의 시기에 요구되는 사회 적응을 위한 규칙에도 완고한 태도를 갖게 될 것입니다.

그러면 도덕 규칙에 포함된 내용들은 어떻게 가르쳐야 할까요? 확실히 아이들이 보다 자율적인 태도를 개발할 수 있는 역량을 저지하지 않는 규칙들을 배우도록 해 주는 어떤 방법이 있을 것입니다. 아이들이 명백하게 자율 단계 또는 그에 인접해 있다면, 토론, 설득, '참여for themselves' 학습, 즉 어른들과 또래 아이들이 함께 하는 게임이나 드라마 제작과 같은 활동 등은 모두 아이들의 성장을 명백하게 자극하고 상대방의 관점을 보도록 하는 데 도움을 줍니다. 그러나 이전의 어린 아이들에게 이와 같은 합리적 유형의 기법이 무슨 의미가 있을까요? 이 아이들에게는 이들이 따라해야 할 부모와 나이 많은 아이들의 행동 모델과 일정한 교훈이 의미 있을 것입니다. 왜냐하면 합리적 판단 단계의 규칙의 대부분은 복잡한 사회적 여건들을 전제로 하기 때문입니다. 예를 들어, 아이가 소유에 대한 인지적 관념이 형성되어 있지 않은 상태에서 훔치지 말라는 가르침을 이해한다는 것은 불가능할 것입니다.

그러나 이러한 가르침과 예시만으로는 아마 충분하지 않을 것입니다. 비록 종종 이 단계에서 아이들이 게임의 규칙을 즐기는 것처럼 도덕 규칙에 순응하는 것을 즐길지는 모르지만, 규칙이 금지한 것을 수행하는 데 따른 반감이 인간 본성에 존재하지 않는다면 도덕 원리 획득이 아무런 의미가 없다는 것은 사실입니다. 따라서 이러한 반감이 도덕 규칙에 순응하는 성향을 강화하는 데 작용하도록 해야 합니다. 이러한 반감은 보상과 처벌, 칭찬과 비난,

승인과 거절의 심리 경향과도 관련됩니다. 또한 이러한 반감은 규칙에 순응하는 경로로 아이들을 인도하는 방향타가 됩니다.

스키너 학파 심리학자들은 이 문제와 관련하여 부모와 교사에게 많은 선택지를 제시하려고 합니다. 그들은 보상, 칭찬, 승인과 같은 정적 '강화'가 부적 '강화'보다 학습이 잘 되도록 한다고 주장합니다. 부모의 따뜻한 태도가 어떤 종류의 거부적인 태도보다 도덕 발달에 훨씬 더 도움이 된다는 것을 입증하는 많은 증거가 있습니다. 또 프로이트 학파 심리학자들이 연구한 사례 중에는 이 단계에서 사람들이 징벌적이고 거부적인 부모의 양육방식의 희생자가 되어 극도의 비합리적인 죄의식과 자신의 행동의 무가치함에 매이게 된다는 것도 있습니다. 이러한 연구결과는 아이들이 자율적 도덕성의 형식을 온전하게 수용하도록 발달한다면, 아이들은 초기 단계에서 순응에 따른 일련의 규칙을 일관되게 수용할 것이라는 점을 시사해 줍니다. 도덕성 발달은 일관되지 않게 예상하거나 확고한 기대를 하지 않는 데서 저지될 가능성이 있습니다. 이러한 갈등이나 아노미에 의해 야기되는 불안은 학습에 도움이 되지 않기 때문입니다. 또한 이러한 불안정한 조건은 아동이 자신이 처한 사회적 환경에서 계획 수립과 논증에 필요한 예측 가능성의 근거를 흔들어 놓습니다. 징벌적이고 거부적 양육방식은 여타 영역의 발달도 저해하게 됩니다. 즉, 이러한 양육방식은 학습을 방해하고 동시에 자신감과 신뢰감 발달을 저해하는 불안감을 조성합니다.

이러한 방식은 아이들에게 직접적인 진정성을 결여하게 만든다고 여겨질지도 모릅니다. 이러한 방식은 아이들이 행동의 적절한 이유를 모른 채 순응하면서 끌려다니는 점 때문에 반대에 부딪칠지도 모릅니다. 이것은 아이들이 직접 체험하는 합리적 삶의 형식을 갖추는 데 턱없이 부족한 대비 방식입니다. 그러나 이 외의 다른 실행 가능한 대안이 있는가 하는 문제에 직면하지 않을 수 없습니다. 만약 초기 연령의 아이들이 행위 규칙의 논점을 파악할 수 없기 때문에 규칙을 획득하기 어렵고, 설사 규칙의 논거를 설명해 준다고 해도 결과적으로 '덕 주머니'를 통하여 도덕적 사고를 시작하게 된다면, 아이들에게 모든 가능성을 열어 놓고 도덕성을 다룬다는 것은 매우 어려운 일입니다. 만약 아이들이 초기 단계에서 규칙에 대해 달리 생각할 수 없다면, 아이들에게 규칙 부과의 고통을 지게 해서는 안 될 것입니다. 또 공정이나 타인에 대한 배려와 같은 일부 덕목에 대해, 어떤 논거를 추가적으로 부가해서도 안 될 것입니다. 아이들에게 감수성이란 행위의 이유를 갖게 하는 전제 조건이 됩니다. 도덕적 행동의 타당성을 결정하는 것은 바로 이와 같은 원리이기 때문입니다.

한편 교훈과 정적 '강화'를 대신하여 교화를 시행해야 한다는 주장에 대하여 반박해야 할 논거가 있습니다. 물론 교화는 이 발달단계에서 원용할 수 있는 수업의 특정한 형태로 간주할 수도 있습니다. 교화는 아이들로 하여금 도덕 규칙을 '고정된' 형태로 수용하게 하여, 결과적으로 아이들이 비판적인 자율적 사고를 하지 못하도록 무력화시키는 방법이 됩니다. 사람들에게 도덕성을 '착한 소년' 유형으로 영구히 고착화시킬 수 있는 여러 가지 기법들이 있습니다. 따라서 그러한 기법들은 고착화된 유형의 규칙들을 통하여 특정 집단에 충성하도록 하거나 특정 권위에 복종하게 하여 감히 그 규칙들에 의문을 품을 수 없게 만들어 버립니다. 영국 전통 사립학교나 공산주의 집단이 사용하는 가공할 기법들이 이 유형에 해당합니다. 그러나 영국의 사립학교들은 적어도 좀 더 자율적인 도덕성을 지닌 지도자를 육성하도록 장려한 바 있습니다. 사립학교 방식은 소수 지도자에게는 세 번째 수준의 도덕성을, 나머지 다수 학생에게는 두 번째 수준의 도덕성을 장려하였습니다. 그러나 사립학교의 모든 수업이 이와 같은 교화의 형태를 지니는 것은 아닙니다. 실제로 합리적 도덕성을 개발하고자 한다면 수업이 교화의 형태를 띠게 해서는 안 됩니다. 따라서 내가 이 논의 초반에 지적했던 바와 같이, 아이들을 교화시키는 데 부모와 교사가 느끼는 불편함은 아마도 교화를 대치할 수 있는 특정한 교수 기법을 통하여 떨쳐 버릴 수 있을 것입니다.

도덕교육에서 가르칠 내용을 설정하는 문제와 더불어 '도덕성을 어떻게 가르쳐야 할 것인가' 하는 질문에 답하기 위하여 도덕성의 형식과 내용을 마땅히 구분해야 합니다. 초기 도덕교육 방법에서 핵심적인 사안은 다음과 같이 진술될 수 있습니다. 즉, 아이들에게 도덕성의 자율적인 형식을 길러주는 것이 바람직하지만 피아제와 콜버그의 주장에 따라 아이들이 이를 수용할 수 없다는 전제 아래, 우리는 아이들에게 합리적 판단 능력의 개발을 저해하지 않으면서 확고한 도덕적 행동을 수행할 수 있게 하는 도덕교육의 내용을 제공할 수 있는가 여부입니다. 합리성 개발을 증진하면서, 아니면 적어도 그것을 저해하지 않는 비합리적 교수방법이란 무엇인가요? 이것이 도덕교육 초기 단계에서 드러나는 가장 근본적인 문제입니다.

민감한 부모들과 교사들이 교화가 야기하는 문제점을 회피하지 않고 적극적으로 아이들에게 도덕적 모범을 스스로 보여 줌으로써 대처하는 문제는 보다 세심하게 다루어야 할 사안입니다. 왜냐하면 전형적인 모범을 보이고 직접 가르치는 일을 회피하고 거부하는 것은 오히려 부모와 교사들이 바라는 자율적 도덕성의 발달을 저해하는 위험에 빠지기 때문입니다. 도덕교육에서 방법은 단지 메시지 전달 방법이 아닙니다. 왜냐하면 합리적 도덕성은 전통적인 관습에서 비롯되어 발전해 온 것이기 때문입니다. 소크라테스식 토론과 설득 기법은 이상적입니다. 그러나 소크라테스는 전통과 권위에 담긴 오묘한 지혜를 활용하였습니다. 전통과 권위가 없었더라면 그는 비판적 태도를 취할 필요가 전혀 없었을 것입니다. 하지만 여전히 기존의 전통은 그 자체로 다소 합리적이지 못한 방식으로 전수되어 왔습니다. 아이들은 부모에 의해 '양육'되어 왔습니다. 결국 문제는 소크라테스와 같은 천재적인 교육자의 노력조차도 무력화시켜 버리는 알키비아데스[11]가 취한 방식과는 다른 방법으로 초기 도덕교육을 할 수 있는가에 달려 있습니다.

---

11) Alcibiades (Άλκιβιάδης Κλεινίου Σκαμβωνίδης, c. 450~404 BC). 고대 희랍의 정치가, 웅변가, 장군. 소크라테스의 제자이지만, 아테네 중우정치를 대표하는 데마고그로서, 펠로폰네소스 전쟁 와중에 자신의 정치 신조를 여러 번 바꾼 인물이다. 구체적으로 그는 재능, 외모, 집안, 덕망 모두에서 탁월한 인물이며 출중한 용모까지도 갖추고 있었으며, 언변도 뛰어나 민중을 선동하는 것이 능했다고 한다. 또한 세속적인 이익을 위하여 덕이든 악덕이든 가리지 않았다고 한다. 스승 소크라테스와 관련하여 그는 겉으로는 자신보다 뛰어나다고 판단하여 존경과 열정을 쏟는 척하였지만, 소크라테스를 질투하고 유혹하기까지 하였다. 본문에서 그의 이러한 태도가 합리적인 도덕성에 상반될 뿐만 아니라, 전통과 관행을 존중하더라도 소크라테스마저 무력화시켜 버리는 그의 세속적 태도를 경계해야 한다는 점을 지적하고 있다.

본서 『권위, 책임, 교육』의 가치와 저자 리처드 피터스의 학문적 위상은 앞서 역자 해제에서 간략하게 소개한 바 있으므로 재론하지는 않는다. 본서의 가치를 두 가지로 소개하였다.

역자가 피터스라는 철학자를 처음 접한 것은 지금부터 40여 년전인 1978년 가을 서울대학교 은사 李敦熙 교수님의 '교육철학개론'을 수강할 때이다. 이후 피터스라는 거목은 내가 공부를 하는데 있어서 하나의 '좌표'가 되기도 하였지만, 듀이와 더불어 내 앞에 우뚝 선 '거장'으로 남아 있었다. 그리고 다소 늦은 나이에 시작한 나의 영국 수학의 동기도 피터스가 세운 '런던 라인'에 있었다. 당시 나의 공부 편향은 지금과 달리 미국의 존 듀이보다는 피터스로 기울어졌다. 아이러니하게도, 듀이에 대한 관심은 이후 영미철학이 아닌 유럽 대륙철학을 접하게 되면서 갖게 되었다.

상당 기간 피터스는 내가 공부할 과제였으며, 나의 공부 기준이었다. 하지만 부끄럽게도, 그간 별다른 결실을 세상에 보이지 못하였다. 그러던 중 그가 1969년 집필하고 편집한 『플라우든 비평

Perspectives on Plowden』(권영민과 공역, 교육과학사, 2021)과 본서를 번역하여 그간 나름대로 지니고 있던 '마음의 의무'를 일부나마 덜게 되었다. 하여 향후 피터스의 이론과 사상을 우리 관점에 맞게 소개하는 일을 게을리하지 않을 참이다.

이미 앞서 피력한 번역 '이유'와 관련되기는 하지만, 역자가 마음의 의무 이외에 나름대로 마음 깊이 자리한 '동기'를 고백하지 않을 수 없다. 번역 '동기' 역시 두 가지이다. 하나는 영국 생활에서 얻은 체험이다. 거기서 얻은 나만의 소득에 대한 보답을 해야겠다는 생각이다. 흔히 영국은 보수의 나라이며, 영국인은 고답적이라고snobbish 한다. 그러나 영국은 전통과 개혁, 명분과 실리가 한 데 어우러지는 나라이다. 영국인은 전통과 개혁, 명분과 실리를 각기 따로 떼어놓고 생각하지 않는다는 점을 알게 된 것은 역자가 얻은 귀중한 소득이었다. 만약 영국이 보수적이라면, 그것만 가지고는 과학혁명과 산업혁명이 어째서 영국에서 먼저 발흥하여 성공하였는지, 그리고 급진적 개혁 성향을 지닌 섬머힐 학교가 왜 영국에 존재하는지를 설명할 수 없다. 영국에서는 전통이 개혁이고, 개혁이 전통이다. 전통을 존중하지만 정형화된 것으로 여기지 않고 유동적인 삶의 양태로 받아들인다. 동시에 개혁을 하나의 중요한 전통으로 삼는 나라이다. 전통 속에서 개혁을 이룬 인물로 대처Margaret Thatcher 수상을 들 수 있다. 그녀는 보수당의 전통 속에서 낡은 제도를 과감하게 뜯어 고친 인물이며, 20세기 중반 영국을 '해가 뜨지 않는 나라'라는 오명을 씻어 내고 선진 강국의 반열로 올린 인물이다. 반대로, 개혁 속에서 전통을 존중한 인물로 노동당 출신 토니 블레어Tony Blair 수상을 들 수 있다. 그가 1997년

총선에서 승리할 수 있었던 것은 노동당의 낡은 이념인 '국유화' 강령을 과감하게 철폐한 데서 찾을 수 있다. 이를 흔히 전통과 개혁의 조화라고 하는데, 이는 그릇된 인식이고 잘못된 표현이다. 전통과 개혁 사이에 대충 절충하는, 우리나라 식으로 하면 보수와 진보 사이에, 마치 제3의 길이 있는 것처럼 호도하기 때문이다. 전통과 개혁 문제는 전통 속에 개혁이 있고, 개혁 속에 전통이 있다고 보는 것이 옳다. 달리 표현하면, 전통이 곧 개혁이고 개혁이 전통이다.

명분과 실리도 같은 방식으로 이해된다. 명분에는 반드시 실리가 따르며, 실리 없는 명분은 내세우지도 않는다. 명분이 실리이고, 실리가 명분이다. 이러한 정신적 소양과 문화적 토양이 과거 '해가 지지 않는 나라' 영국을 이룩하였고, 한때 기울었던 국운을 다시 회복하여 여전히 선진국의 면모를 과시할 수 있는 원동력이기도 한다. 한편, 과거의 철지난 이데올로기를 명분이랍시고 집착하는 21세기 우리나라 일부 위정자들이 본받아야 할 내용이다. 요즈음 이들의 행태를 보면 조선시대 망국적인 어설픈 사림들과 구한말 기회주의적 지도자들의 그것과 다르지 않다는 생각이다. 이들의 공통점은 모두 '명분'으로 현실과 괴리된 낡은 이념을 내세우고 거기에 함몰되었다는 점이다. 작금의 위정자들을 보면, 과거 위정자들이 갓 쓰고 상투 틀었다는 것 이외에 아무것도 다르지 않다. 또한 거대한 세계화와 국제 사회의 현실이 명분과 실리를 따로 보지 않는다는 사실을 그들이 외면하는 듯하여 안타깝기도 한다. 낡은 명분에서 헤어나지 못하고 아무런 실리도 챙길 수 없는 자기모순에 그들은 '편 가르기'를 자행한다.

명분과 실리가 없는 낡은 이데올로기와 자기 합리화는 본서 제7장에서 설명하는 '언어적 기생충'이다. 이것이 책임을 회피하는 사회병리 현상을 야기한다. 그렇게 되면 제10장에서 강조하는 세계의 실상實相을 제대로 파악할 수 없다. 이러한 병리현상을 부추기는 사회지도층 '높은 분'들께서는 부디 본서 제7장과 제10장을 읽어 볼 것을 권하는 바이다.

명분과 실리가 두 가지가 아니라[不二] 하나라는 것은 교육을 보는 데도 유용하다. 본서에 소개된 피터스의 '성년식' 이론(제8장과 제9장)이나 도덕교육의 딜레마(제11장과 제12장)를 해소하고자 하는 노력을 이와 같은 시각에서 보는 것은 지적으로 매우 흥미로운 일이다. 또한 피터스의 교육론은 보수와 진보의 이분법을 넘어선다는 점을 제8장과 제9장을 통해서도 확인할 수 있다.

역자의 또 다른 동기는 21세기 중반을 향해 가는 대한민국이 처한 세태를 쉽게 설명하지 못하였던 답답함을 해소하는 데 있다. 이러한 답답한 마음을 간직하던 차에 역자의 갑년甲年에 이르러 본서를 다시 읽어보니 저자가 논의하는 1950∼1960년대 영국의 상황과 오늘의 우리 처지가 빼다 박은 듯이 유사함을 확인하게 되었다. 그래서 역자는 이 책을 소개하여 우리가 처한 혼란스러운 사태의 본질과 실상을 파악하고 해결방안을 함께 모색할 수 있는 공론의 장을 마련하고 싶었다.

우리 사회는 본문과 역자 해제에 여러 번 다룬 '남 탓', '네 탓', '과거 탓', '부모 탓', '가정 탓', '환경 탓'을 빌미로 피아를 적대 관계로 가르는 세태, 급기야 악습, 구습, 악폐라는 말을 뜻하는 '적폐積弊'가 아니라 '적폐敵弊'가 되어 심각한 편 가르기식 갈등으로 불안한 사회, 상식의 범주를 넘어선 요설妖說이 판치는 사회가 되었다. 이제는 외국 유명 시사지에도 소개된 '내로남불'은 그것이 사회지도층의 일상이 되어 버린 데 그친 것이 아니다. 장삼이사張三李四의 도덕적 기준을 흐리게 하고, 자라나는 아이들과 허황된 명분에 현혹되기 쉬운 청년층이 이를 본으로 삼아 도덕적 판단 기준을 망각하거나 도덕적 해이에서 빠지는 것이 더욱 우려스럽다.

번역 원고를 최종적으로 수정하고 마무리하는 사이 2021년 봄에 일어난 사건은 본서의 가치를 다시 한번 더 생각하게 한다. 어느 장관 후보자의 배우자가 절도 행각을 벌여 상당한 벌금형을 법원으로 받은 모양이다. 그런데 그 후보자가 이에 대하여 낸 변명이 '아내의 갱년기 우울증'이라고 한다. 그는 이를 과학적 증거로 제시함으로써 책임을 회피할 수 있다고 생각하는지도 모를 일이다. 이 말은 본서에서 피터스가 지적한 책임을 회피하는 사회병리현상의 표본이다. 국무위원으로서 영이 제대로 서려면 그는 본서의 제5장에서부터 제7장까지를 반드시 읽어 보아야 할 것이다.

또한 '내로남불'을 넘어서 '내가 하면 체크리스트, 남이 하면 블랙리스트'라는 뜻의 '내체남블'이라는 신조어가 나온 모양이다. 도덕적 위선이 급기야 사회지도층의 개인 일탈을 넘어서 정치 행위의 도덕적 정당성 기준마저 흔들어 놓는 듯하다. 법을 집행하는 최고위직에 있는 이들이 피의자이거나 피고인이라는 점에서, 그리고 최근 이러한 인물을 검찰총장에 실제로 임명한 사실은 이 점에서 매우 우려스러운 일이다.

기존의 전통과 권위를 모두 '적폐'로 보는 사회병리 증후군이 또 하나 있다. 얼마 전 보도에 따르면, 대법원은 전국 각급 법원에 있는 구내식당에서 판사 전용 식당을 폐지한다고 한다. 이 조치는 본서의 저자가 지적한 동지애적 평등주의라는 낡고 닳은 이데올로기의 결과이다. 판사 전용 식당은 판사의 권위를 존중하는 상징이다. 판사도 그 '직' 이전에 사람인 점에서 판사 아닌 사람과 동등한 존재이다. 하지만 판사는 만민평등의 인간이기도 하지만 헌법에 '법관'이라고 명기된 헌법기관이다. 그렇다고 전용 식당이 과연 판사 아닌 이들의 존엄성을 훼손한다는 것인가. 같은 논리라면 군에서 장교 전용 식당, 장군 전용 식당도 폐지해야 한다. 낡아빠진 동지애적 평등주의에 빠져서 아들을 아버지 자리에 올려놓아도 된다고 믿는 이들이 정치권만이 아니라 사법부에도 존재하는 듯하다. 이런 결정을 내린 사법당국의 '높으신 분'들은 본서의 제1장에서부터 제4장까지를 반드시 읽어 보기 바란다.

요즈음 들어 존중해야 할 권위가 '꼰대'라는 속된 말로 사회적 비아냥거림의 대상이 되어 버렸다. 하지만 나는 젊은 세대가 기성세대를 비꼬는 '꼰대'라는 말이 사실은 위선적인 권위주의자만을 지칭한다는 사실을 보고 그나마 작은 희망을 갖게 되었다. 그들은 위선적인 '내로남불' '내체남불'의 신(新?) 기득권층을 '꼰대'라고 한다. 본서에서 강조하는 바와 같이, 권위는 합리성과 도덕성에서 나온다는 사실에 비추어 우리 젊은이들은 세태를 직시하고 있는 듯하여 그나마 천만다행이다. 또 다른 꼰대 유형은, 본서에서 경계한 '카리스마'에 해당하는, 별반 능력을 갖추거나 뛰어난 공적 없이 높은 지위에 앉아 자화자찬하거나 스스로를 미화하려는 이들에게 향하고 있다는 점이다.

권위가 교묘하게 오용되는 것은 우리나라에서 쉽게 발견할 수 있는 사회병리 현상 중 하나이다. 권위를 지닌 권위자와 카리스마는 혼동되어서는 안 된다. 본서에서 저자는 합리적이고 도덕적인 권위를 지닌 권위자는 대중이 신비스러운 힘에 끌려가는 카리스마와 다르며, 이 점에서 카리스마를 경계해야 한다고 강조한다. 국가로부터 권력을 위임받은 분들은 권위의 근원이 합리성과 도덕성이라는 점을 새겨서 스스로 카리스마의 위험성을 경계해야 한다. 흔히 카리스마를 자산으로 한다는 인기 연예인들도 자신의 인기가 신비스러움이 아니라 그들의 출중한 예술 능력에 있다는 점을 잘 알고 있다. 예능이 변변치 않은 대중 연예인들이 카리스마에 매달려 신비스러움으로 위장하려다 인기가 하락하고 심지어 예기치 않은 낭패를 보는 것은 드문 일이 아니다. 연극, 영화, 음악, 여러 형태의 공연 등 각 분야에서 활약하는 진정한 예술인, 연예인들은 뛰어난 능력을 갖추고 예술정신으로 무장한 분들이며, 오랜 시간 동안 대중의 사랑과 지지를 받는다는 것도 바로 그 때문이다. 같은 맥락에서 국민으로부터 권력을 위임받은 분들도 카리스마를 경계해야 한다. 그렇지 않을 경우 카리스마는 포퓰리즘과 결합하여 우상숭배로 변질될 가능성도 있다. 역자는 본서가 이에 대한 경각심을 일으키는 데 일조하기를 바란다.

권위는 상당히 높은 도덕성에서 비롯된다. 그 사회의 품격을 유지하는 도덕성을 한마디로 꼽으라면 그것은 '황금률'이다. 황금률을 어긴 것이 바로 '내로남불', '내체남불'이다. 자신의 안팎의 생활에서 이 황금률을 가장 엄격하게 적용해야 할 이들이 법관들이다. 황금률을 지키지 못할 경우, 그들의 삶만이 망가지는 것이 아니라 나라 전체의 법과 도덕질서의 근간이 흔들린다. 설사 정치적 술수나 요행으로 자신의 '직'이 유지된 경우라 하더라도 황금률을 지키지 못하면 그들은 거짓말의 패러독스에 빠진다. 거짓말 패러독스는 자기 언명이 지칭하는 행위자와 대상자가 같아질 때 야기되는 패러독스이다. 흔한 예로, 거짓말쟁이가 "나는 거짓말쟁이이다."라고 언명하면, 그것이 행위자와 언명의 대상자를 동시에 지칭할 경우 풀릴 수 없는 패러독스에 빠지게 된다. 작금 대한민국 대법원장과 일부 법관들의 경우에 대입하여 쉽게 설명하면, '거짓말의 패러독스'는 행위자와 심판관이 동일인이 되어 해결 불능의 사태를 야기한다는 점이다. 거짓말을 하여 들통난 판사가 사기범(거짓말쟁이)에게 일정한 실형을 선고하는 경우, 거짓말쟁이 피고가 "판사님 지금 그 판결은 거짓말이지요."라고 할 수 있다. 그들은 법정모독죄를 물으면 될 간단한 문제라고 주장할지 모른다. 또한 거짓말쟁이 피고는 "내가 진술한 내용이 거짓말인데, 어떻게 실형을 선고합니까."라고도 항변할 수 있다. 이 경우 거짓말쟁이 법관은 피고를 위증죄로 잡아넣으면 된다고 할지 모른다. 그러나 그렇게 쉽게 끝날 문제가 아니다. 두 경우 거짓말쟁이 피고에게 법정모독죄나 위증죄를 물을 수 있으려면, 판사 자신이 거짓말 패러독스의 '덫'에 걸리지 말아야 한다. 그 덫에 걸리면, 우리나라 사법체계가 일순간 무너지고, 사회 전체의 존립까지도 위협하게 된다. 거짓말쟁이가 거짓말쟁이에게 내린 처벌은 정당화되지 않으며, 사회적으로 용납될 수도 없기 때문이다. 얼마 전 불거진 우리나라 사법부 수장의 거짓말 논란은 그 폐해가 매우 심각하다. 국가 사법 기강 전체가 무너지기 때문이다. 그리고 고위직 또는 선출직에 계신 일부 판사들의 최근 행태를 생각해 보라. 따라서 우리나라 사법부 수장을 비롯한 사법기관 요직에 계신 '높은 분'들은 권위의 중요성(제1부), 사회병폐의 본질(제2부), 도덕성과 도덕 판단의 성격(특히 제11장과 제12장)을 밝힌 본서를 꼭 읽어 보기 바란다.

교육학을 공부하는 사람으로서 심히 우려되는 점은 우리 사회에 벌어지는 작금의 사태가 젊은이들에게 돌이킬 수 없는 악영향을 미치지 않을까 하는 점이다. 본서에서 지적하는 권위의 몰락, 책임 회피의 사회병리 현상, 내로남불, 실상을 제대로 보지 못하도록 하는 포퓰리즘 등이 그들로 하여금 도덕적 해이 또는 도덕적 해체 상태에 빠지지 않게 하는 것은 아닌가 우려된다. 그들이 이런 상태에 빠지게 되는 것이 매우 은밀하게 진행된다는 점은 더욱 심각한 사안이다. 은밀한 병폐 현상을 리플리 증후군Reply Syndrome, 가스등 효과Gaslight Effect라고 하며 설명하기도 한다. 젊은이들이 판단할 도덕적 근거가 기성세대, 특히 '내로남불'을 자행하는 이들에 의하여 여지없이 흔들리고 있다. 국회의원으로 있으면서, 국무위원으로 있으면서 또는 지방교육의 책임자 자리에 있으면서 특목고, 자사고 폐지 입법과 집행을 한 이들이 자신들의 자녀들을 그 학교에 입학시키는 행태, 그리고 국무총리와 국무위원 그리고 사법기관의 최고위층에 앉은 이들이 자동차 압류처분을 수십 번이나 받은 부끄러운 현실은 자라나는 아이들과 젊은이들에게 어떻게 비추어질 것인가. 이는 그들의 개인적 영달과 자리 보전 여부의 문제에 그치지 않는다. 어떻게든 국회 인사청문회만 통과하면 그만인가. 자신들의 모습이 성장하는 아이들과 방황하는 우리 젊은이들에게 어떻게 비추어질지 생각조차 하지 못한다는 말인가, 그리고도 국가 지도자 지위에 있고 싶다는 말인가. 그러려면 국회 인사청문회라는 합리적·법적 절차는 왜 만들어 놓은 것인가.

자유민주주의 사회는 절차를 존중하는 사회이다. 다른 측면에서 보면 본서는 자유민주주의 사회가 요구하는 절차적 원리를 다룬 책이다. 최고선, 절대 선을 상정하지 않는 자유민주주의 사회에서 최선最善은 없으므로, 민초民草의 입장에서는 차선次善을 선택해야 한다. 그런데 작금의 대한민국 민초들은 그나마 선택해야 할 차선도 여의치 않은 듯하다. 그래서 최악最惡을 피하여 차악次惡을 선택해야 하는 딱한 처지에 놓여 있다. 그래도 차악을 통하여 점진적으로 차선을 택할 수 있다면 희망을 버리지 말아야 한다. 그러려면 우리 사회의 책임 전가 병폐, 내로남불, 편 가르기를 일소하는 절차적 원리를 준수하는 일에서 착수해야 한다. 비록 50~60년 전에 일어난 문제를 지적한 것이지만 이러한 병폐를 정확하게 진단하고 처방한 저자 피터스 교수의 혜안에 고개 숙여진다. 저자를 역자의 좌표이자 거목이라고 한 이유는 여기서도 찾을 수 있다.

번역의 지난한 작업에 힘이 되어 준 분들을 소개하지 않을 수 없다. 나의 동료 李相益 교수님과 陸受禾 박사님은 번역문의 거친 부분을 지적해 주었다. 두 분의 노고 없었다면 현재 모습으로 번역되었으리라 생각하지 않는다. 하지만 번역에 남아 있을지 모르는 과오는 전적으로 나의 부족함 때문이다. 부산 사남초등학교 金相烈 부장 선생님과 우리 대학 김하민, 정윤희 군은 영어 공부의 일환으로 이 책의 상당 부분을 같이 읽은 바 있다. 이들과 함께한 공부가 역자의 고단함을 덜어 주었다. 이 모든 분들에게 감사의 말씀을 드린다. 시각 디자이너인 딸 芝暎은 이번에도 아빠의 의도를 헤아려 이에 맞게 표제화를 그려 주어 이에 고마움을 전한다. 끝으로, 여러 가지 여건이 어려운 때 번역을 수락해 준 학지사 김진환 사장님과 완벽에 가까운 편집을 해 준 김진영 차장님께 감사 드린다.

辛丑 新綠 玄山齋에서

金正來 謹白

찾아보기

※ 이하 소개하는 색인은 저자의 본문을 토대로 작성한 것이다. 따라서
역자 해제와 역자 각주의 내용에만 담긴 사항은 제외된다.

인명

내용

리처드 피터스(Richard Stanley Peters)는 1919년 인도에서 태어나 영국 브리스톨에서 성장하였다. 그는 영국의 전형적인 사립학교인 브리스톨 소재 클리프턴 칼리지(Clifton College, Bristol)를 졸업하고 1938년 옥스퍼드 대학 퀸스 칼리지(Queens College, Oxford)에서 고전학을 공부하였고, 1949년 런던대학 버크벡 칼리지(Birkbeck College, London)에서 심리철학을 연구하여 박사학위를 취득하였다. 다양한 교육 경력과 미국 하버드 대학의 이스라엘 쉐플러 교수(Israel Scheffler)와의 학문적 교류는 그가 교육철학자로 입신하는 계기가 된다. 런던대학 교육과학원의 교육철학과로 옮긴 그는 이른바 '런던 라인'의 창시자로서 영국교육철학회를 창립하였으며, 영국을 교육철학의 메카로 만드는 데 공헌하였다. 일중독이라 할 피터스 교수는 건강상의 이유로 64세인 1983년 런던대학 교수직에서 은퇴하였으며, 2011년 만 92세의 나이로 서거하였다. 여러 가지 면에서 대비되는 미국의 듀이(John Dewey, 1859~1952)보다 60년 후에 태어나 59년 후에 서거한 셈이다.

피터스 교수가 출간한 단행본은 다음과 같다.

Brett's History of Psychology (1953); *Hobbes* (1956); *The Concept of Motivation* (1958); *Social Principles and the Democratic State* (with S. I. Benn, 1959); Authority, *Responsibility and Education*. Allen & Unwire. (1959; Revised and enlarged 1973, 본서); *Ethics and Education* (1966); *The Logic of Education* (with P. H. Hirst, 1970); *Reason, Morality and Religion* (1972); *Reason and Compassion* (1973); *Psychology and Ethical Development* (1974); *Education and the Education of Teachers* (1977); *Essays on Educators* (1981); *Moral Development and Moral Education* (1981)

　　김정래(金正來)는 서울대학교 사범대학 교육학과와 동대학원을 졸업하고, 영
국 University of Keele에서 교육철학으로 박사학위를 받았다. 이후 서울대학교
교육연구소와 한국교육개발원에서 근무한 바 있으며, 또한 한국청소년개발원
객원연구위원과 문화관광부 청소년정책자문위원, 한국교육신문 논설위원, 그리
고 한국교육철학회 제15대 회장을 지냈다. 현재 부산교육대학교 교수이며, 관심
분야는 교육형이상학과 새로운 문명 패러다임 문제이다. 저서로는 연작인『증
보 아동권리향연』,『아동권리향연 플러스』,『아동권리향연 마당』과,『문맹기초
연구』,『민주시민교육비판』,『진보의 굴레를 넘어서』,『고혹평준화 해부』,『전교
조비평』등이 있으며, 공저로는『교육과 한국불교』,『교육과 성리학』,『교육과 지
식』,『학생과 시민의 자원봉사활동』등이 있다. 역서로는『봄의 창의성』,『지식의
조건』,『암묵적 영역』,『초등교육문제론』,『교육과 개인』,『아동의 자유와 민주주
의』,『교육목적론』이 있으며, 같이 번역한 책으로는『플라우든 비평』,『대중을 위
한 경제학』이 있다.

권위, 책임, 교육
Authority, Responsibility and Education

2021년 8월 5일 1판 1쇄 인쇄
2021년 8월 10일 1판 1쇄 발행

지은이 • Richard S. Peters
옮긴이 • 김정래
펴낸이 • 김진환
펴낸곳 • (주) **학지사**

04031 서울특별시 마포구 양화로 15길 20 마인드월드빌딩
대표전화 • 02)330-5114 팩스 02)324-2345
등록번호 • 제313-2006-000265호

홈페이지 • http://www.hakjisa.co.kr
페이스북 • https://www.facebook.com/hakjisabook

ISBN 978-89-997-2463-3 93370

정가 19,000원

출판 · 교육 · 미디어기업 학지사

간호보건의학출판 **학지사메디컬** www.hakjisamd.co.kr
심리검사연구소 **인싸이트** www.inpsyt.co.kr
학술논문서비스 **뉴논문** www.newnonmun.com
교육연수원 **카운피아** www.counpia.com